Bibliografische Information der Deutschen Nationalbibliothek:
Die Deutsche Nationalbibliothek verzeichnete diese Publikation in
der Deutschen Nationalbibliografie; detaillierte bibliografische
Daten sind im Internet über http://dnd.dnb.de abrufbar.

© 2015 Pia Walch-Liu
Lektorat: Claudia Perc
Zeichnungen: Antonia und Lena Schweinesbein

Herstellung und Verlag:
BOD – Books on Demand, Norderstedt

ISBN: 978-3-7386-3117-3

Für meinen geliebten Liu Yong Zheng
und in Erinnerung an Prinz

Inhaltsverzeichnis

Wanderroute..7
Steckbrief der Wanderer..9
Kapitel 1: Startschusspanik...15
Kapitel 2: Und los geht's!..35
Kapitel 3: Garten Eden..91
Kapitel 4: Die Wanderbewährung..113
Kapitel 5: Die phantastische Belastungsprobe............................201
Kapitel 6: Opteamiertes Ringelreigen..237
Kapitel 7: Das große Hadern mit dem Ende................................263
Kapitel 8: Nachbesprechung..271
Anhang...289

Wanderroute

Steckbrief der Wanderer

Prinz:

Alter:	8 Jahre
Beruf:	Bürohund
Lebensform:	Weißer Schäferhund
Nationalität:	Deutsch
Geschlecht:	männlich
Chronische Leiden:	Arthrose und Darmentzündungen
Erwartungen:	Abenteuer, Leben
Gemütszustand:	unzufrieden, unterfordert, gelangweilt
Aufgabe:	Beschützer für Mensch und Tier
Wandererfahrung:	keine
Eigenschaften:	unsicher, bestimmend

鹏 鹏 **Pengpeng:**

Alter:	4 Jahre
Beruf:	Grundschüler
Lebensform:	Welsh Mountain Pony
Nationalität:	Britisch
Geschlecht:	männlich
Chronische Leiden:	keine
Erwartungen:	Spaß
Gemütszustand:	zufrieden, glücklich, neckisch-zärtlich
Aufgabe:	Lastenträger
Wandererfahrung:	keine
Eigenschaften:	in sich ruhend, fröhlich

Pia:

Alter:	40 Jahre
Beruf:	Wissenschaftlerin
Lebensform:	Mensch
Nationalität:	Deutsch
Geschlecht:	weiblich
Chronische Leiden:	Migräne
Erwartungen:	Klärung existenzieller Fragen
Gemütszustand:	verzweifelt, traurig
Aufgabe:	Ernährer, Führer
Wandererfahrung:	3-wöchiger Wanderritt vor 20 Jahren
Eigenschaften:	verantwortungsbewusst, stur

Kapitel 1: Startschusspanik

Nur noch drei Wochen und ich hatte eigentlich noch nichts Wesentliches vorbereitet. Vor einem Monat schien unsere Wanderung wegen Krankheit fast gestrichen. Gerade als ich im Begriff war, mir ernsthafte und konkrete Gedanken über die Durchführung zu machen, erhielt ich einen alarmierenden Anruf aus dem Stall: „Pengpeng sabbert, Pengpeng sieht schlapp aus und Pengpeng liegt demonstrativ am Boden und mimt überzeugend den sterbenden Schwan." Der gerufene Tierarzt sorgte sich über seinen schwächlichen Zustand. Da der Jüngling Peng mitten im Zahnwechsel war, konnten - ganz naheliegend - seine Zähne das Problem sein. Doch Peng fand trotz großer Schlappheit genügend Energie, sich mit verbissenem Eifer gegen eine Zahnuntersuchung zu wehren. Um ihn nicht noch mehr zu belasten, beschränkten wir uns lediglich auf eine Blutprobe und verschoben alles Weitere bis zum Eintreffen der Ergebnisse. Schlagartig erlahmten meine sämtlichen Planungsaktivitäten und wurden durch banges Warten, Sorge und Enttäuschung ersetzt. Es schien mir sehr unwahrscheinlich, dass der arme Peng mit seiner undefinierten Krankheit in einem Monat wieder fit sein und durch Deutschland marschieren konnte.

Pengs Blutbild zeigte eine starke Infektion an. Sehr beunruhigend war allerdings, dass der Ort des Infektionsherdes noch völlig im Verborgenen lag. Mit Hilfe eines Beruhigungsmittels wollte der Tierarzt diesmal einen genauen Blick in Pengs Maul werfen. Und er sah und roch das Grauen. Eine sehr scharfe Zahnkante hatte links seine Zunge von vorne bis hinten aufgeschlitzt. Die Wunde war stark entzündet und Teile des Gewebes waren schon abgestorben. Mit der bloßen Hand zog er einen abgebrochenen und vereiterten Backenzahn heraus. Es stank bestialisch! Eine Bagatelle war da ein Milchzahn, der sich vor den schon vorhanden neuen Zahn geschoben hatte und unmotiviert wackelte, ohne herausfallen zu wollen. Der unter Drogen stehende Peng ließ alles geduldig und irgendwie auch dankbar über sich ergehen. Ich war erleichtert, dass seine seltsame Krankheit so einfach zu kurieren war. Jetzt biss mich wegen meiner vernachlässigten Fürsorgepflicht mein Gewissen und ich kam mir absolut verantwortungslos vor. Schon ganz lange versuchte Peng, mich und alle Menschen um sich herum auf seine Schmerzen aufmerksam zu machen. Mit schief gehaltenem Kopf fraß er nur sehr mühsam und langsam. Doch im Gegensatz zu allen anderen in der Stallgemeinschaft schob ich sein auffälliges Fressverhalten leichtfertig auf einen ganz normalen Zahnwechsel. Ironischerweise wollte ich ihn sogar vor den Unannehmlichkeiten einer Zahnuntersuchung schützen.

Mein erster Gedanke an einen längeren Fußmarsch mit meinem Pony von Potsdam in den Schwarzwald lag schon über ein halbes Jahr zurück. Auslöser war die bevorstehende Einlösung einer schwesterlichen Abmachung. Vor fast drei Jahren wurde beschlossen, dass Peng - sobald er ins reitfähige Alter käme - in die Hände meiner jüngsten Nichte übergeben würde, um mit ihr zusammen den Spaß und die Freude eines Reitponys zu entdecken.

Der gute Peng ist Brite und ein lupenreines Welsh Mountain Pony. Mit einem Stockmaß von 1,20 m ist er leider viel zu klein, um von mir selbst geritten zu werden. Peng und ich hatten 2006 in England zueinander gefunden. Neugier und nicht Kaufabsicht hatte mich auf eine englische Pferdeauktion getrieben. Ich lebte schon über drei Jahre in Nordengland und nahm die Einladung meiner Bekannten zur Auktion in Clitheroe aufgeregt an. Es warteten bestimmt 20 Pferde und Ponys aller Größen und Rassen in den Auktionsställen. Das Ponyfohlen mit dem aufgeblähten Bauch und den ängstlich aufgerissenen Augen berührte sofort unsere Herzen. Sein Fell war struppig und lila. Mit seinem schmalen Kopf ähnelte er eher einem Lama als einem Pony. Bei der handgreiflichen Untersuchung durch meine Bekannte stand er starr vor Angst. Die Auktion selbst fand in einer Art Amphitheater statt. In den Rängen saßen Bauern, Pferdehändler und ambitionierte Reitersleute. Jeder lauerte auf ein gutes Schnäppchen. Es gab auch bloße Beobachter, zu denen wir uns zählten, eigentlich. Als drei stämmige Männer das hilflose Pony mit Gewalt und ohne Herz in den Ring zerrten und stießen, einigten wir uns schnell auf ein Mitsteigern bis 100 Pfund. Doch keiner hielt uns auf und wir wetteiferten mit einem düsteren Bauern. Schließlich erhielten wir bei 130 Pfund den Zuschlag.

Die strategischen Wanderentscheidungen über des Ponys' Schuhwerk und die Art der Gepäckbeförderung reiften behutsam in mir. Es fiel mir schwer, mich endlich zu einem Entschluss durchzuringen, da die zu lösende Gleichung zu viele Unbekannte hatte. Die Argumente beider Seiten hielten sich aufgrund meiner spärlichen Erfahrung quasi die Waage. Die mehr oder weniger erfahrenen *Ratschläger* bildeten Fronten und natürlich war es allein meine Verantwortung, das Beste für des Wanderers Wohl zu entscheiden. Drei Monate vor Start stellte ich endlich die ersten Weichen. Pengpeng sollte wie bisher unbeschlagen laufen. Und zu Gunsten einer flexiblen Wegwahl würde das Pony einen Packsattel tragen und kein Fahrgerät ziehen. Ich war zufrieden und entschlossen.

Doch kurz vor Start war ich im Delirium des Reisefiebers und bereit, genau das Gegenteil zu tun. Und dass, obwohl die Durchführung des Antiplans natürlich zeittechnisch absolut unmöglich war. Zwei Telefonate brachten mich wieder auf Kurs. Pengs Hufschmied versicherte mir, dass Pengs Hufe für solche Strapazen geschaffen waren. Und als ich mich bei Pengs Hofherr nach einem kleinen Pony-Crash-Kurs im Kutscheziehen erkundigte, entwirrte er mich stattdessen mit dem Satz: „Wenn man eine Entscheidung getroffen hat, sollte man am Besten auch dabei bleiben, außer es sprechen triftige Gründe dagegen." Es gab keine triftigen Gründe und ich kehrte erleichtert zu meinem ursprünglichen Plan zurück.

Das Wesentliche und wohl auch Schwierige einer Wanderung ist die Auswahl der geeigneten Strecke. Ich träumte davon, auf engen und einsamen Pfaden durch Wald, Feld und Flur zu wandern. Ich wollte Fuchs und Hase Gute Nacht sagen und in unberührten Wäldern Feen und Elfen beobachten. Allerdings war sogar mir klar, dass ich eine solche Strecke dieser Länge niemals in nur drei Wochen planen konnte. Wahrscheinlich reichte da nicht einmal ein ganzes Jahr dafür! Hilfe kam von einer *wandererprobten* Arbeitskollegin. Sie riet mir zu vorgefertigten Fernwanderwegen und schwärmte besonders vom Rennsteig in Thüringen. Zuerst wehrte ich mich gegen diesen Gedanken. Ich hielt diese Fernwanderwege für überfüllte Wanderbahnen. Mir blieb aber keine andere Wahl und ich kürte vorab den Rennsteig als absolutes Highlight auf unserer gesamten Wanderstrecke. Für die *Runst* (Wanderer sind auf dem Rennsteig auf der *Runst*) nahmen wir einen enormen Umweg in Kauf. Unsere Wanderung sollte kein Wettrennen werden, sondern wir wollten unter dem Motto „Der Weg ist das Ziel" wandern.

Natürlich würde es auch wesentlich bequemer für mich sein, den beschilderten und wohldurchdachten Fernwanderwegen zu folgen, die uns quasi automatisch an den schönsten Flecken der Gegend vorbei führen würden. Die Beschaffung des notwendigen Kartenmaterials stellte ich mir sehr einfach vor: Ich spaziere in eine Filiale eines Outdoor-Experten, gebe meine Start- und Zielkoordinaten an und bekomme ein oder mehrere Vorschläge meiner Routen mit entsprechendem Kartenmaterial. Mein erster Versuch brachte mich unsanft in die Realität zurück. Doch immerhin wusste ich nun, welche Informationen ich für einen erfolgreicheren zweiten Anlauf vorweisen musste: Ich brauchte den Namen aller beteiligten Fernwanderwege und ihren Streckenverlauf mit Kartenangaben. Also durchforstete ich das WorldWideWeb nach »Fernwanderwege« und wurde unter www.fernwege.de und www.wanderkompass.de fündig. Die zweite Hälfte unserer Strecke stand erstaunlich schnell und einfach. Unserem ernannten Highlight, dem Rennsteig in Thüringen, schließt der Frankenweg in Bayern direkt an. Dieser wird in Baden-Württemberg vom HW1/Schwäbische-Alb-Nordrandweg abgelöst, der uns fast bis nach Hause in den Schwarzwald bringen würde. Für den Rennsteig und den Schwäbische-Alb-Nordrandweg gibt es Sonderkarten. Das Kartenmaterial für den Frankenweg muss leider aus insgesamt fünf Umgebungskarten und weiteren zwei topographischen Karten zusammengestellt werden. Doch wie würden wir von Potsdam zum Rennsteig kommen? Ich fand einen Hinweis auf den E11. Das ist ein europäischer Fernwanderweg, der von der Nordsee (Niederlande) bis in die Masuren (Polen) führt. Laut Computer sollte eine Teilstrecke von Belzig bis nach Coswig verlaufen, ins Grenzgebiet Brandenburg/Sachsen-Anhalt. Leider konnte ich weder den genauen Verlauf der gesamten Strecke noch Informationen über dazugehöriges Kartenmaterial finden.

Das Surfen im Internet ist nicht gerade mein besonderes Talent, denn erst jetzt beim Buchschreiben fand ich den gesamten Streckenverlauf bei Wikipedia.

Keine Ahnung, auf welchen Pfaden wir durch Sachsen-Anhalt kommen würden... Meine weiteren Recherchen zeigten in Thüringen bei Bad Frankenhausen einen Hauptwanderweg, der uns nach der Durchquerung Sachsen-Anhalts quer durch Thüringen auf den Rennsteig bringen würde. Doch leider konnte ich wieder keinen genauen Streckenverlauf oder Kartenmaterialangaben finden. Meine Anfragen bei Touristikzentren und Landesämter für Vermessung und Geoinformationen ließen meinen Weg weiterhin unbeschrieben. Auch meine spärlichen Bemühungen um telefonischen Kontakt zu den jeweiligen lokalen Wandervereinen, die für die Ausweisung und Beschilderung der Wanderwege zuständig sind, blieben ebenfalls erfolglos.

Mit meinen streckenweise sehr lückenhaften Kenntnissen unserer Route wollte ich einen erneuten Versuch in die Welt der Outdoor-Experten wagen. Diverse Nachfragen lenkten mich zu einem speziellen Landkartenladen in Berlin, zu Schropp. Eine sehr kompetente Verkäuferin nahm sich mir und meiner Route geduldig an. Mit Freude entdeckte ich, dass der Verlauf sämtlicher Wanderwege auf den Karten eingezeichnet war. Mit Hilfe einer Übersichtskarte fanden wir meine Zugangskarte zum E11 in Belzig. Mit dem Finger folgten wir ihm auf der Karte, um die Anschlusskarte zu identifizieren. So arbeiteten wir uns tapfer von Karte zu Karte und zu meiner größten Erleichterung durch ganz Sachsen-Anhalt hindurch. Ich benötigte nur zwei weitere Karten, die uns den Weg von unserem tatsächlichen Wanderstartpunkt zum E11 zeigten. Bis nach Belzig war unser Weg durch überwiegend geplante Übernachtungen bei mehr oder weniger Bekannten vorgezeichnet. Fast nahtlos war der Übergang vom E11 auf den Thüringer Hauptwanderweg. Und auch hier fanden wir auf die gleiche Weise unseren Weg auf den Rennsteig. Nach fast einer Stunde im Laden hatte ich eine vollständige Liste aller benötigten Wanderkarten. Die meisten Karten waren vorrätig und die noch Fehlenden bestellte ich direkt bei den zuständigen Landesämtern. Obwohl ich mit dem festen Vorsatz den Kartenladen betreten hatte ihn genau so zu verlassen, hatte ich das Gefühl, Unmögliches vollbracht zu haben. NICHTS konnte uns nun mehr aufhalten!

Als eher ängstlicher Typ kam mir in den Sinn, einen Hund zu meinem persönlichen Schutz mitzunehmen. Selbst nur in meiner Vorstellung bekam ich ganz allein im Zelt kein Auge zu. Aber wer würde mir seinen Hund leihen? Auch ein Hund aus dem Tierheim war keine Lösung. Ich würde es nie übers Herz bringen, ihn danach wieder dort abzuliefern, und ich selbst wollte mir im Moment keinen Hund anschaffen. Wie so oft waren meine Augen für das Offensichtliche blind. Bis ich endlich Prinz - der Hund meiner Eltern - als meinen natürlichen Kandidaten entdeckte. Als großer weißer Schäferhund mit einer Abneigung gegen Fremde, schien er die besten Voraussetzungen für meinen persönlichen Schutzhund mitzubringen. Allerdings hatte er drei schwerwiegende Handicaps: Arthrosebedingt hinkte er am linken Vorderbein häufig mehr als weniger stark; er gehorchte nicht besonders gut und war sehr dominant; in der Gesellschaft von familieneigenen Pferden oder Ponys verhielt er sich neurotisch - konkret hieß das, unaufhörliches Bellen oder Fiepen kombiniert mit Zwicken in die Hinterbeine oder sonstige erreichbare Körperteile. Zwei seiner Handicaps beruhten auf einer versäumten konsequenten Grundausbildung in seiner Jugend. Die ersten Anfänge ertranken in einem Eimer Wasser, den der Hundetrainer als Erziehungsmaßnahme über den Welpen Prinz schüttete. Dies missfiel nicht nur Prinz, sondern auch meinem Vater und beide verzichteten auf weiteren Unterricht.

Im Gegensatz zu meinen Eltern war ich mir sicher, dass ich seine Handicaps in kurzer Zeit in den Griff bekommen konnte. Natürlich war ich nicht so naiv oder gar arrogant, dass ich annahm, das alleine zulösen. Ich entschloss mich, für alle Probleme Maßnahmen zu ergreifen. Bezüglich seiner Verhaltensproblematik baute ich auf die Hilfe einer Tierkommunikatorin. Nach einem Besuch in einem Tierkommunikationskurs hatte ich bei einem weiteren Übungstreffen mein Wandervorhaben erwähnt. Spontan wollte unsere Lehrerin eine kleine Teilstrecke mitlaufen und plante dafür um Pfingsten Zeit ein. Das gesundheitliche Handicap sollte er quasi weg wandern. Um aber jeglichen Komplikationen vorzubauen, ersteigerte ich einen Hundeanhänger bei eBay. Der geniale Hundeanhänger konnte einerseits dreirädrig als Jogger verwendet werden, oder andererseits mit einfachen Griffen in einen zweirädrigen Fahrradanhänger umgewandelt werden. In diesem Hänger sollte Prinz sich bei Bedarf ausruhen und entweder von mir oder meiner *Wanderstartbegleiterin* geschoben werden. Nach zwei Wochen wandern hoffte ich auf einen *hinkfreien* Prinz. Der Hänger sollte dann in die Obhut meiner Begleiterin wandern. Falls jedoch der Hund noch Laufbeschwerden hätte, plante ich zu improvisieren und daraus einen Pengpenganhänger zu basteln. Jedoch lag die letzte Entscheidung über Prinzens Wanderschicksal bei dem Hüter des Hundes, meinem Vater. Ich vermied, meinen Vater direkt darauf anzusprechen, da ich ihm Ruhe und Zeit geben wollte, über alles neutral - ohne gefährdende *Vorargumentationen* - nachzudenken. Allen mir entgegen gebrachten Bedenken und Hindernissen trotzend war ich gewillt, an das Unmögliche zu glauben - an die väterliche Zustimmung.

Unser Wanderstart rückte unaufhörlich näher. So langsam sollte ich mir Gedanken machen, was und vor allem wie wir das Notwendige mitnehmen. Pack- und Einkaufslisten wurden mit erfahrenen Camp- und Reiterfreunden diskutiert. Eine versierte Stallkollegin stellte mir eine homöopathische Notfallapotheke zusammen, inklusive der unverzichtbaren Notfalltropfen. Als mein letzter Arbeitstag gekommen war, räumte ich meine sämtlichen Habseligkeiten von meinem Zimmer in mein kleines Auto. Bei einem Zwischenstopp im Stall kam noch Pengs Zeug dazu. Bevor ich meine lange Autofahrt antrat, küsste ich mein baldiges Wanderpony noch zum Abschied aufs Mäulchen. Die Fahrt war unproblematisch und ausnahmsweise staufrei. Die entlang der Autobahn aufgestellten Hinweisschilder auf die von uns zu durchwandernden Landschaften ließen mich vorab träumen.

Ich hatte nur wenige Tage, um alles *wanderfertig* zu organisieren. Mein Rückreisetermin war festgelegt. Eine schon ziemlich alte Fügung veranlasste meinen nun ehemaligen Chef, seiner Mutter - genau in meinem Zeitfenster - einen Geburtstagsbesuch im Schwarzwald abzustatten. Er war sofort bereit, mich - auch mit Hund und Gepäck - zurück nach Potsdam zu bringen. Ich kaufte die noch fehlenden Dinge und bibberte auf die rechtzeitige Ankunft der noch ausstehenden Bestellungen: Der unverzichtbare Hundeanhänger und noch einige Wanderkarten. Bis jetzt hatte ich noch nicht gewagt, meinen Vater auf das Thema „Prinzens Wanderschaft" anzusprechen. Zu meiner Überraschung brach die Ankunft des Hundeanhängers das Schweigen durch meinen Vater. Mit vollem Recht war er enttäuscht und verärgert, dass ich ihn bisher übergangen hatte. Zuerst erstellte er eine sehr lange Kontra-Liste um mir dann schlussendlich seinen Prinz doch unter bestimmten Voraussetzungen mitzugeben. Die wichtigste Bedingung war, dass ich Prinz abholen ließe, wenn er oder andere durch sein Verhalten gefährdet würden. Mit einer Umarmung und Tränen in den Augen bedankte ich mich. Ich wusste, dass mein Vater hiermit ein großes Opfer brachte. Nicht nur war Prinz ein Hund mit Schwierigkeiten, sondern schließlich auch sein Augapfel. Mit Prinzens Wandererlaubnis erfolgte die sofortige väterliche Teilnahme im familiären Wanderorganisationsteam. Mein Vater prüfte und improvisierte am Hundeanhänger. Auch Prinz besetzte und verteidigte denselben sofort, und demonstrierte damit seine absolute Wanderbereitschaft.

Am letzten Abend vor der Abreise wurden dann mit mütterlicher Hilfe zwei Packtaschen gefüllt. Eine Fahrradpacktasche sollte auf Pengs Sattel Platz finden. Sie war sehr geräumig mit vielen Einzelfächern, zwei davon hielten unseren Wasservorrat in Form von 1,5-Liter-Plastikflaschen. Und eine Sattelpacktasche, die hinten am Sattel befestigt werden sollte, wurde mit Futter und Essen gefüllt. Das Gewicht beider Taschen lag zusammen um die 25 kg. Also noch im Rahmen dessen, was ich für den noch ungeübten und jungen Peng vorgesehen hatte. Da waren auch noch fünf Kilogramm Zelt für Peng erlaubt. Ich sollte auch nicht leer ausgehen. Und mein großer 30-Liter-Rucksack war im Nu mit über 15 Kilogramm gefüllt. Viel zu schwer! Das konnte ich nie schleppen mit Hund und Pony an der Hand. Ich war erstaunt, wie viel ich tatsächlich mitnehmen wollte. War das alles wirklich notwendig? Ich erinnerte mich an meinen Wanderritt in meiner Jugend. Da hatte ich nur eine kleine Sattelpacktasche, in der sogar noch ein Spirituskocher Platz hatte. Alle Taschen wurden wieder entleert und ihr Inhalt genauestens auf seine Notwendigkeit überprüft. Die Multiplikate eines Artikels wurden stark reduziert, manche wurden komplett gestrichen. Schließlich wanderte ich ja nicht in der Wildnis und war nicht auf Vorrat angewiesen. Ich brauchte ja lediglich eine Streichholzschachtel zum Feuer machen und nicht zehn. Mein reduzierter Wanderrucksack erreichte mit 15 Litern Fassungsvermögen und sechs Kilogramm tragbare Ausmaße. Ein Luxusartikel war Prinzens Kumpel, ein Stoffhund, der ihn schon seit seiner Welpenzeit begleitete. Er sollte Prinz über das erste Heimweh allein in fremder Umgebung hinweghelfen. Prinz wusste zwar, dass ich zum Rudel gehörte, aber er kannte mich nur von kurzen Besuchen. Meine vorläufig letzte Nacht in einem richtigen Bett verbrachte ich fast schlaflos. Mein Herz raste, und in Endlosschleifen grübelte ich über unsere Gepäckfülle nach.

Das voll bepackte Auto ließ mich nicht mal erahnen, wie ich all das Zeug auf meinem kleinen Pengpeng verstauen sollte. Mein nervöser Aufbruch ließ mich leider die väterliche Anfrage auf einen Alles-an-Bord-Check ignorieren, dafür stellte sich langsam Erleichterung und Vorfreude ein. Viel zu früh erreichten wir den vereinbarten Treffpunkt, eine Autobahnab- bzw. auffahrt. Hier sollte unsere Übernahme von meinem ehemaligen Chef und weiteren Chauffeur stattfinden. Meine Gedanken waren schon auf der Weiterfahrt und bei der Wanderung, und erst als wir mein Gepäck und natürlich auch den Hundeanhänger von einem ins andere Auto luden, entdeckte ich das Fehlen meines Schlaf- und Rucksacks. Beide Stücke hatten zwar die Reise mit uns begonnen, wurden aber leider im Aufzug unbeachtet zurückgelassen. Für alle sehr ärgerlich ging die halbstündige Fahrt über kurvenreiche Sträßchen quer durch den Schwarzwald zurück ins heimatliche Dorf. Prinz fuhr noch in väterlicher Obhut, um die Trennung von Hund und Herrn etwas zu verzögern. Als dann endlich der Ausgangspunkt wieder erreicht war, wurden flott die vergessenen Dinge verstaut. Noch ein paar Umarmungen und der Hund stieg zu aller Erstaunen ohne zu zögern auf den Rücksitz des fremden Autos. Auf der Autobahn, wieder auf Kurs, entspannten sich die Nerven und wir stimmten uns auf eine gemütliche und lange Fahrt ein. Die Sonne brannte und alle drei Stunden oder auf Verlangen auch öfter hatte Prinz die Möglichkeit, Wasser zu- und/oder abzuführen. Leider sammelte er auf seinen Parkplatzrundgängen viele kleine Zecken-Freunde ein, die sich fest an sein Fell klammerten. Zum Glück waren die kleinen schwarzen Punkte ganz leicht auf dem weißen Fell zu entdecken und zu entfernen.

Am frühen Abend erreichten wir in überraschend ausgeruhtem Zustand unsere vorläufiges und Pengs bisheriges Zuhause. Das gesamte Wandergut wurde erstmal in der Sattelkammer verstaut. Dann stellte ich Prinz mit Sicherheitsabstand zum ersten Mal unserem Peng vor. Peng wieherte bei unserem Anblick sogleich. Auf eine Karotte hoffend kam er an den Zaun, bekam aber nur eine Streicheleinheit. Prinz war gleichzeitig interessiert, verängstigt und eifersüchtig und gab uns eine erste Kostprobe seiner Gesangskunst. Seine Lieder bestanden aus diversen Variationen von Fiepen und Bellen. Wir ließen Peng bei seiner Herde auf der Sommerkoppel zurück und gönnten uns nach der langen Fahrt einen ausgedehnten Spaziergang am lauen Sommerabend. Nun doch völlig erschöpft zogen wir uns auf das Matratzenlager in den Bauwagen zurück. Prinz hatte eigentlich ein offizielles Bettverbot, doch die Umstände sprachen zu seinen Gunsten. Nach einer Streichelmassage schnarchte er zufrieden neben mir mit seinem Stofftier zwischen den Vorderbeinen.

Fast drei Wochen lang war mein nervlicher Bogen durch unzählige Lastminuteaktionen bis zum Anschlag gespannt. Meine Batterien verbrauchten emotionellen Starkstrom und waren nun erschöpft. Ich lud sie wieder auf, indem ich meine weiteren Wandervorbereitungsaktivitäten komplett lahmlegte und mich mit Prinz faul unter den Sonnenschirm auf der Veranda des Bauwagens legte. Nur noch ein Tag bis zum Startschuss! Ich hatte weder einen Probepackversuch unseres Gepäcks mit Peng unternommen, noch Prinzens und Pengs Wanderfreundschaft *gehbar* gemacht. Auch konnte ich meine Mitwanderin - die erhoffte *Hundebändigerin* und *Hundewagenschieberin* - nicht erreichen. Ich befand mich in einer Art Wachkoma. Zum Glück erregte mein Zustand die Besorgnis und den Handlungseinsatz meiner lieben Stallfreundinnen, Chris und Cordula. Chris beorderte Peng vor Ort. Zum Improvisieren mit dem Hundeanhänger als Peng-Anhängsel blieb nun keine Zeit mehr und ich - als im momentanen Anschein alleinige Wanderin mit nur zwei Armen und Händen - konnte ihn nicht mitnehmen. Das gesamte Wandergut wurde ausgebreitet. Der erste Blick auf den gesattelten Peng machte klar, dass nur eine der zwei von mir vorgesehenen Taschen auf ihm Platz finden würde. Und zwar nur auf seinem Vielseitigkeitssattel. Ohne zu zögern wählte Chris die geräumige Fahrradtasche aus. Sie enthüllte noch einige Zusatzfächer, die mir zuvor nicht aufgefallen waren. Es wurde umgepackt, reduziert und verzichtet. Da waren noch das Zelt, der Schlafsack, die Isomatte und die Regencapes. Genial packte Chris die Zeltplanen auf den Sattel unter die Fahrradtasche. Das Ganze wurde mit einem Spanngurt, der unter dem Sattel verlief, festgezurrt.

Für die seitliche Befestigung opferte Cordula zwei Kehlriemen ihrer alten Trensen. Sie verliefen unter dem Sattelblatt und den Sattelgurtriemen und wurden oberhalb auf den Seitentaschen festgezogen. Die Zeltstangen wurden meinem Rucksack zugeordnet. Chris beauftragte mich, wenigstens eine Strategie für die Beförderung meines Schlafsacks selbst zu entwickeln. Mit dem Gröbsten geschafft vertagte ich das Ganze. Mein sofortiger, aber ziemlich unrealistischer Notfallplan war, dass ich den ganzen Rest selber tragen würde.

Cordula nahm sich der Hundebändigung an. Als erfahrene Jagdhundeführerin hatte sie genaue Vorstellungen, an welche Regeln der liebe Prinz und ich uns zu halten hatten. Mit Peng an meiner rechten und Prinz an meiner linken Seite schickte uns Cordula zu einer ersten Einschätzung der Lage auf den Laufsteg. Prinz hüpfte mir und dem Pony bellend, fiepend und zwickend vor den Beinen herum. Peng zog Grimassen und schnappte zwischendurch nach Prinz. Und ich stolperte hin und her gerissen hysterisch schreiend in der Mitte. Unter anderen Umständen wäre die Situation komisch gewesen! Doch da wir am nächsten Tag unsere lange Wanderung beginnen wollten, handelte es sich hierbei eher um eine totale Katastrophe. Energisch und mit Zuversicht erteilte Cordula ihre ersten Anweisungen. Prinz durfte nur links an meiner Seite laufen und nicht die magische Grenze vor meinen Füßen überschreiten. Ein „bei Fuß"-Kommando sollte dies Prinz vermitteln. Doch entweder litt Prinz unter einer Art *Hör-Dyslexie,* oder er hatte einen enormen Widerwillen zu gehorchen. Nur nach wenigen Sekunden verblasste die Wirkung meines erteilten Kommandos. Absolute Konsequenz war hier nicht von Prinz, sondern von mir gefordert. Cordula ließ sich keineswegs entmutigen, sondern Prinz erhielt weitere Erinnerungshilfen. Ein Stöckchen markierte nun für Prinz deutlich sichtbar die magische Grenze. Und auch bei einer trotzigen prinz´schen Grenzüberschreitung behielt ich unbeeindruckt mein *Gehrevier* bei. Da kam es vor, dass meine Füße ab und zu Prinzens Pfote unter sich spürten. Nach einiger tierischen und menschlichen Übung zeigte diese Technik glücklicherweise Wirkung. Mit einer großen Kraft-, Konzentrations- und Stimmanstrengung meinerseits war es tatsächlich möglich, uns einigermaßen kontrolliert, aber lautstark fortzubewegen.

Völlig überraschend wartete bei unserer Rückkehr in den Stall ein festlich gedeckter Tisch. Die geheimen Pläne waren zuvor wirksam durch Abschiedsmanöver verdeckt worden. Nachdem Pony und Hund versorgt waren, nahm ich dankbar und tief berührt Platz. Fast die Hälfte der Stallbesetzung kam zu unserer Verabschiedung. Immer wieder wurde mir versichert, dass Peng von uns beiden wohl der größere Verlust in der tierischen UND auch menschlichen Herde war. Unter den Köstlichkeiten befand sich mein Lieblingsschokoladenkuchen, zu dem ich schon bei früheren Stallverköstigungen von der Extrembäckerin Silke verführt worden war. Es handelt sich hierbei um einen so genannten Blitz-Schokokuchen. Der Genuss dieses Kuchens sollte jedem Schokoladenfan vergönnt sein, deshalb gebe ich hier das genaue Rezept an. Die Zutaten könnten fälschlicherweise vermuten lassen, dass der Kuchen schwerer im Verdauungstrakt liegt, als er es tatsächlich tut. Ich kann ohne üble *Nachgefühle* zwei ordentliche Stücke verdrücken.

Rezept für Blitz-Schokokuchen

200 g Zartbitterschokolade (mind. 70 % Kakaoanteil)
200 g Butter
200 g Zucker
200 g gemahlene Mandeln
½ Päckchen Backpulver
1 Päckchen Vanillezucker
1 Prise Salz
4 Eier
eventuell etwas Mehl
Puderzucker zum Bestäuben

Schokolade in Stücke brechen und mit der Butter zusammen im Wasserbad schmelzen. Zucker, Mandeln, Backpulver, Vanillezucker, Salz und wichtig zum Schluss die Eier unterrühren. Falls der Teig sehr flüssig ist, noch 2-3 Esslöffel Mehl hinzufügen. Im vorgeheizten Backofen bei 160°C (140°C bei Umluft, Stufe 2 bei Gas) etwa 40 Minuten backen. Nachdem abkühlen sollte der Teig noch etwas klebrig sein. Mit Puderzucker bestäuben.

Die Schlemmerei konnte meine zunehmende Panik nicht neutralisieren. Ich hegte große Zweifel, ob ich in der Lage sein würde, über meine zwei Tiere und das Gepäck alleine Herr zu werden. Meine Mitwanderin hatte ich immer noch nicht erreicht und ich musste deshalb für mich alleine entscheiden. Ich wurde immer nervöser und mein Herz raste. Ein für mich ungewöhnliches, aber sehr beruhigendes Gedankenmodell, wurde von meinen lieben Stallfreundinnen erstellt. Sie gaben mir mehrere Optionen vor. 1. Ich musste morgen nicht losgehen, sondern konnte mehr Übungseinheiten absolvieren, bis ich mich sicher fühlte. 2. Ich könnte morgen als Testlauf losgehen, und bei Misslingen ein Notruf setzten, wieder an den Startpunkt gebracht werden und nach Optimierung von Gepäck und Tierdressur neu starten. 3. Könnte ich bei Verpflegungsproblemen zumindest zu Beginn der Wanderung auf ein Versorgungstaxi zählen. Als alle Unmöglichkeiten geplant waren, klingelte mein Handy und meine Mitwanderin bestätigte ihr morgiges Kommen. Plötzlich schienen meine derzeitigen Gepäck- und Hundeprobleme gelöst und eine *schlafvolle* Nacht ohne Grübeleien lag vor mir.

Eigentlich hätte es auch ein Pferdehänger geschafft, meinen guten Peng in den Schwarzwald zu befördern. Auf die Idee zu Fuß zu gehen brachte mich tatsächlich Peng selbst. Er hatte nach seiner viertägigen Reise quer durch England und kreuz durch Deutschland keine Lust mehr auf langes Stehen im Hänger oder Transporter. Doch um so einen wahnsinnigen Plan dann tatsächlich in die Tat umzusetzen, braucht es viel Mut oder viel Verzweiflung. Mein Mut war sicher nicht ausreichend, dafür hätte meine Verzweiflung auch für eine Erdumrundung, wenn nicht sogar für eine Reise bis ans Ende des Universums, ausgereicht. Eine wörtlich zunehmende fatale Fehlentscheidung meines Lebens führte meine wahre Liebe in den Tod und mich in eine demütigende und krankmachende Ehe. Als ich endlich beide Wahrheiten erkannte, war es mir nicht möglich, trotz höchsten Bemühungen den Fehler zu berichtigen. Ich habe den Glauben an mich und ein Happy-End verloren.

Insgeheim denke ich, ist dieser Glaube ans gute Ende in jedem tief verwurzelt, und ermuntert uns entweder immer wieder eine neue Straße ins erhoffte Glück zu beschreiten, oder still der Dinge zu harren.

Der Tod meines Liebsten lässt mich mit dem Schicksal und gar mit Gott und dem ganzen Universum hadern. Irgendwie hoffte ich, durch das Wandern auf eine Klärung meines ganzen Lebens; des *Vorher*, des *Jetzt* und des *Nachher*.

Eine gute Idee, das Wandern! Nein, ich wollte beim besten Willen nicht nochmal so lange im Hänger stehen! Selber laufen, das war super! Jeden Tag woanders, viele Tiere und Menschen treffen, viel zu sehen, viel zu reden, und vor allem bestimmt ganz viel verschiedenes Grünzeug zu knabbern. Das Gepäck würde ich mit links machen, das schaffte ich bestimmt. Nur der Hund ging mir auf die Nerven. Der würde sich ja wohl noch beruhigen! Ansonsten hatte ich keine Bedenken. Und am Ende wartete ein neues Leben auf mich. „Ja, lasst uns loslaufen!"

Ich musste unbedingt mit auf die Wanderung. *Bürohundsein* war langweilig und deprimierend! Das war nicht mein Ding! Und das mit dem

Hinken bekomme ich bestimmt noch in den Griff. Ich gebe mir ja schon ganz große Mühe. Im Moment tat es ja auch gar nicht mehr weh! Und mein dauernder Durchfall war beim Laufen ja eh sch...egal! Da konnte ich ja immer, wenn ich musste. Da war ich ja IMMER draußen. Ob ich unterwegs auch nur das eklige Trockenfleischzeugs bekommen würde? Sonst würde ich mir halt selber was suchen!

Als es dann losging, da war ich ich tatsächlich dabei! Bin eher ein ängstlicher und unsicherer Typ. Hatte aber ein gutes Gefühl mit Pia und dem Pony. Da musste ich mir keine Sorgen machen, irgendwo am Straßenrand ausgesetzt zu werden, wenn ich nicht mehr konnte.

Und warum durfte ich das Pony nicht anbellen, nicht mal antreiben? Das war doch meine Aufgabe als Hütehund. Ich war doch ein Hütehund! Das würde ich noch klären! Ich blieb da hartnäckig! Ich konnte ganz schön stur sein, wenn es drauf ankam.

Kapitel 2: Und los geht's!

von Schenkenhorst bis Belzig in Brandenburg

Verlauf der Route in Brandenburg auf lokalen Wanderwegen von Schenkenhorst nach Belzig:

mit Wanderkarten:
Naturpark Nuthe-Nieplitz (Nr. 19)
Naturpark Hoher Fläming (Nr. 4)

atum	Ziel	km
03.06.2009	mit dem Hänger von Schenkenhorst nach Willenbruch	13
	zu Fuß weiter nach Schlunkendorf	5
04.06.2009	Reesdorf	9
05.06.2009	Alt Bork	7
06.06.2009	Gömnik	10
07.06.2009	Baitz	5
08.06.2009	Belzig	11
$\sum$ 6 Tage		$\sum$ 60

3. Juni 2009

Von einem kalten Morgen und bewölkten Junihimmel ließ ich mir meine frisch erworbene und noch anhaltende Zuversicht an unserem ersten Wandertag nicht nehmen. Auf Prinzens morgendlicher Toilettenrunde besuchten wir Peng, der uns auch gleich freudig zu wieherte. Es blieb ihm nur noch wenig Zeit, sich von seiner Herde zu verabschieden. Mit gefüllten Mägen reihte ich unter Prinzens kritischer Beobachtung all unsere Wandergepäck inklusive seines heißgeliebten Hundeanhängers vor der Sattelkammer auf. Und endlich holten wir nun Peng aus seiner Herde zu uns, seinem neuen Team. Der erste Tag war gemütlich geplant. Unsere erste Übernachtung hatte ich spontan zwei Wochen zuvor am Stallgatter bei einem zufälligen Gespräch mit einem Pferde züchtenden gebürtigen Baden-Württemberger angemeldet. Da die gesamte Strecke bis zu seinem Gestüt für unseren ungeübten Anfang zu lang war und uns die ersten zehn Kilometer hektisch entlang schnell befahrener Straßen führten, hatte ich unverkrampft rücksichtsvoll einen Chauffeur mit Pferdehänger gechartert. Ein guter Beginn für diese Wanderung, die leicht und rücksichtsvoll werden sollte, frei von meinem verbissen trägen *Ausdauern*.

Nur kurz nach Iljana - unserer physisch-psychologischen Wanderstarthilfe - tauchte unser Chauffeur auf. So luden wir Peng, Sattel, Taschen und den vollgepackten Hundewagen in den Pferdehänger und nahmen mit Prinz im Jeep platz. Unsere kurze Fahrt endete in Willenbruch. Nachdem alles entladen und unser Chauffeur entschwunden war, hätte mich meine und Prinzens Nervosität sofort auf den Wanderweg getrieben.

Ich bin sehr ungeduldig und beginne gerne sofort mit dem Vorhaben, anstatt den Beginn und auch die komplette Ausführung hinauszuzögern. Natürlich bestätigen sich die Regeln - auch für mich - durch Ausnahmen, wie zum Beispiel das Schreiben dieses Buches. Hiermit habe ich über ein halbes Jahr mit tausend lethargischen Ausreden herumgetrödelt und musste mich für das richtige Beginnen erst in das bayrische Allgäu zurückziehen.

Doch Iljana brachte unsere Truppe zum nochmaligen Durchatmen, bevor das Abenteuer *Huf-Pfote-Fuß-technisch* gestartet wurde. Als erfahrene Marathon-Kanutin wusste sie um die Notwendigkeit reichhaltiger Pausen und ließ sich durch nichts davon abhalten, oft und ausgiebig Pausen zu genießen und mit Leckereien zu verzieren. Sie und Peng waren meine Pausenlehrer. Ohne die beiden hätte ich wahrscheinlich ohne Pause und ohne nahrhafte Zwischenstärkung alle Hufe, Pfoten und Füße wund und platt gewandert. Also band ich den kläffenden Hund an die Laterne und mit großem Abstand den ruhigen Peng an einen Pfosten im Grünen. Iljana und ich setzten uns genau unter eine Laterne und quasi als Abschirmung zwischen die beiden. Wir hofften, dass die Laterne ein gutes Omen für die Wanderung sein möge und uns auf den rechten und sicheren Weg bringen würde. Alle möglichen Köstlichkeiten packte Iljana aus ihrem Rucksack aus. Und so langsam steckte mich ihre Ruhe an. Doch mein bellender Hund blieb davon unberührt. Und Peng trieb mich wieder auf, als er plötzlich unbedingt zu dem „besseren" Gras auf der anderen Straßenseite wollte. Natürlich reichte seine Leine nicht über die Straße. Aber Peng versuchte sich beharrlich als *Fesselungskünstler* mit mir als seiner *Entfesselungsassistentin*.

Nach einem ausgiebigem Mahl führte uns Iljana in das Ritual des Wünschens ein. Ich formulierte dann an all unseren Wandertagen bei unseren ersten Schritten laut, was ich uns für das Wandern selbst und welche Anforderungen wir uns für die abendlichen Quartiere wünschten. Am ersten Wandertag schickten wir auch eine Art Bilanzwunsch für die gesamte Wanderung auf den Weg: Gesundheit, Entspannung und eine schöne Zeit für uns alle und noch eine vegetarische Extrawurst für mich: ein Finden und Weiterkommen auf meinem Lebensweg. Für heute wollte ich nur sicher, nicht allzu entnervt und trocken unsere Übernachtungsstation erreichen.

Unsere ersten Schritte wurden symbolträchtig von einer Schranke behindert. Weder Peng noch der Hundewagen konnten anatomisch bedingt die Schranke *unterwinden*.

Manchmal müssen fremde und/oder eigene Grenzen durchbrochen werden, um auf dem Weg voranzukommen. Doch glücklicherweise müssen Hindernisse, die sich einem in den Weg stellen, nicht immer über- oder unterwunden werden, sondern können oft leichter umwunden werden.

Mit vereinten menschlichen Kräften bugsierten wir den Hundewagen durch den Acker an der Schranke vorbei zurück auf den befestigten Weg. Natürlich hatte der geländegängige Peng mit dem Acker keinerlei Schwierigkeiten. So setzte sich unsere kleine Karawane nun zum ersten Mal in Gang. Gemeinsam mit Peng bändigte ich den wilden weißen Wolf und Iljana schob, uns folgend, den Hundewagen. Erfahrungsgemäß ereiferte sich Prinz über Peng unaufhörlich mit Bellen, Fiepen, Zwickversuchen synchronisiert mit kräftigem Ziehen an der Leine. Auch Peng wurde immer wieder von dem lockenden Gras am Wegesrand verführt und zog hin und wieder kräftig an seinem Führstrick. Schon nach kurzer Zeit schmerzten meine beiden Hände und entfärbten sich von den einschneidenden Führseilen.

Als wir nach kurzer Zeit den Seddiner See erreichten, leitete Iljana eine weitere Pause ein. Der Ort war günstig mit einer einladend hohen

Wiese für Peng und Bäume, die den unbändigen Prinz in Schach halten konnten. Peng knusperte - mit mir im Schlepptau - vergnügt am hohen Gras. Währenddessen zog unser bellender Prinz wild protestierend an seiner Leine, mit der festen Absicht den Baum zu entwurzeln. Iljana entspannte sich gemütlich, unbeeinflusst von dem lauten und regen Treiben um sie herum, unter einem Baum. Ich folgte zuerst Peng durchs hohe Gras, bis mich Prinz mit seinem unaufhörlichen Gekläff zu sich rief. Ich war mir unsicher, ob Pengs Loyalität seiner neuen Herde - also uns - oder noch seiner alten Herde galt. So hetzte ich zwischen Peng und Prinz hin und her, in der Hoffnung, bald wieder unterwegs zu sein.

Doch der Wettergott gebot weiterhin Einhalt. Der Himmel verdunkelte sich und warnte vor einem heftigen Regenschauer. Auf der Suche nach einem trockenen Unterschlupf für alle vier entdeckte Iljana direkt am Ufer des Sees einen kleinen Holzpavillon mit einer überdachten Veranda rings herum. Das Gelände war allerdings eingezäunt und ein Schild wies ausdrücklich darauf hin, dass Tiere dort keinen Zutritt hatten. Dies war wohl der Badestrand und sollte natürlich von tierischen Hinterlassenschaften frei gehalten werden. Ich sträubte mich zuerst sehr - meiner *regelhörigen* Natur gemäß - mit Pony und Hund das menschenleere Gelände überhaupt zu betreten, geschweige denn mit allen unter das Dach des Pavillons zu flüchten. Doch der Gedanke, in wenigen Augenblick komplett durchnässt zu sein und bei dieser Kälte den Weg *nassfrierend* fortzusetzen und möglicherweise die Kleider bei dem der Jahreszeit völlig unpassenden kalten und regnerischen Wetter nicht mehr trocken zu bekommen, überzeugten mich. Ich warf die Regeln über Bord und wir bezogen Quartier.

Peng ging zwar mutig über den Holzboden, bestand aber darauf im Regen zu stehen. Ihm machte das Nasse nichts aus, ganz im Gegensatz zu dem Gepäck auf seinem Rücken. So holte ich das gut verstaute schwarze Regencape heraus und deckte die Taschen damit ab. Ich band Peng ganz kurz an das Geländer, zu kurz um Unfug zu treiben. Er akzeptierte seine Situation sofort und begab sich mit aufgestelltem linkem Hinterhuf in eine *Dösphase*. So konnte ich mich ganz auf Prinz konzentrieren und vielleicht sogar etwas Erholsames an dieser Pause finden. Den immer noch bellenden und jammernden Hund band ich in die andere Ecke, allerdings unter Dach. Ich setzte mich neben ihn und versuchte ihn durch streicheln, halten, reden und Reiki zu beruhigen. Doch mein Hund blieb unermüdlich außer sich.

Trotz all meiner wärmsten Kleider am Leib fror ich. Mit zitternden Händen zog ich das zweite schwarze Regencape über mich. Leider hatte ich keine warmen Kleider eingepackt, da der Mai sich schon mit sehr sommerlichen Temperaturen präsentierte. Der Kälte- und Regeneinbruch war so ganz gegen meine Wandervorstellungen und ich hatte damit so gar nicht gerechnet. Leider war ich vor Reisebeginn so gar nicht auf die Idee gekommen, mich über die Wetterprognose für den Sommer oder zumindest den nächsten Monat zu informieren. Deshalb war es auch um so wichtiger, dass ich und vor allem meine Kleider nicht nass wurden. Wäre Iljana nicht gewesen hätte ich dem Wetter getrotzt und wäre völlig durchnässt und mit ziemlich übler Laune weitergewandert. Wahrscheinlich hätte ich jegliche Mühe scheuend nicht mal die Regencapes ausgepackt, weil ich zu beschäftigt gewesen wäre, mich mit eingezogenem Hals über das Wetter zu ärgern.

Bei Nässe und Kälte beschleicht mich lähmende Trägheit. Ich scheue mich jede noch so sinnvolle Veränderung vorzunehmen, sondern harre der Dinge. Doch bei unserer geplanten Tour würde uns meine bisherige Taktik nicht ans Ziel bringen. Hier habe ich eine wichtige Lektion für einen zeltenden Langzeitwanderer begriffen: **Trocken bleiben ist eines der wichtigsten Gebote und nicht vom Wetter abhängig.**

Nach einem - meinem Empfinden nach - sehr langen Regenschauer riss endlich die Sonne den *wolkenverdeckten* Himmel auf. Ich freute mich schon auf ein Weiterziehen, doch Iljana begann nun ihre eigentliche Pause. Sie bereitet sich einen trockenen Liegeplatz auf dem Rasen und machte ein gemütliches Nickerchen in der wärmenden Sonne. Wäre da nicht mein fester Wille und meine vermeintliche Aufgabe als Tierverantwortliche gewesen, meinen fortwährend fiependen Hund zum zufriedenen Schweigen zu bringen, hätte ich es ihr womöglich gleich getan. Ich fand absolut kein Gehör bei unserem Prinz und stand kurz vor einem verzweifelten Ausbruch mit ihm zusammen zu tönen.

Ein nicht nur für mich geltendes interessantes Phänomen, dass die Toleranzschwelle des Verantwortlichen (oder verantwortlich-zu-sein-Glaubende) weit unter der des Unverantwortlichen liegt.

Ein zweiter Regenguss unterbrach Iljanas verträumte Idylle. Und als sich die Wolken ihrer Last nun entledigt hatten, packten wir auf und zogen endlich weiter. Unser Weg führte am Seddiner See entlang auf schmalen erdigen Pfaden beschützt von Sträuchern und Bäumen. Prinz, Peng und ich voran schlängelten uns zügig am See entlang. Iljana hinter uns hatte einige Mühe den Hundewagen über Wurzeln und durch *baumbedingte* Engpässe zu zwängen. Bei einer weiteren Pause bemerkte ich erschreckt, dass die Zunge des immerfort bellenden Prinzen von selbiger Tätigkeit blutete. Ich machte mir so langsam Sorgen, dass mein Hund bereit war, ohne Rücksicht auf eigen Leib und Seele sich mit *Kläfferei* und *Eiferei* durchzusetzen.

Auch der weitere Weg durch tiefen Sand, vorbei an Spargelfeldern, war für die *Hundewagenschieberin* recht beschwerlich. Während Iljana beständig gemächlich mühsam voran schob, bewegten wir uns im Stop-and-Go Modus, um ihr immer wieder die Gelegenheit zu geben auf zu schließen. Auf den letzten Kilometern verlor sie dann doch noch die Geduld und sie drohte mir mit einer weiteren Pause. Stattdessen wurden die Paarungen neu zugeteilt. Und ich übergab klammen Herzens meinen Peng in Iljanas unerfahrene Hände mit der Bitte, seinen Führstrick unter keinen Umständen loszulassen. Prinz und ich übernahmen seinen heißgeliebten Hundewagen. Damit ich trotz zerrenden Hundes den Wagen in der Spur halten konnte, musste Prinzens Aktivität mittels Peng gelenkt werden. Das Pony musste neben uns gehen, um ein schnelles Fortkommen ohne Verwirrungen zu gewähren. Wenn Peng dann doch hin und wieder voraus lief, gab es für Prinz und damit auch für mich kein Halten mehr.

Bei der letzten Abbiegung vor unserem Tagesziel kehrte Peng in meine Obhut zurück. Unsere Ankunft auf dem Gestüt sollte weder für meinen Peng noch für die anderen Pferde irgendein vermeidbares Risiko darstellen. Von weitem sahen wir schon das erste Pony fern von der Herde einzeln in einem kleinen Paddock grasen. Wie wir später erfuhren, wurden dort die Besucherpferde einquartiert, die mit oder ohne Besitzer zur Ausbildung angereist waren. Die Herde von ca. 70 Ponys hielt sich tagsüber in einem entsprechend großen grasfreien Areal auf. Als sie abends auf ihre Nachtweide donnerten, schwankte der moorige Boden unter ihren Hufen. Die gestütseigenen Hengste wurden ähnlich wie die Besucherpferde einzeln gehalten. Alle Pferde atmeten beständig frische Luft unter freiem Himmel und somit gab es auf dem Gestüt keine Stallungen. Ähnliches traf auf die menschlichen Behausungen zu. Unsere Augen suchten hoffnungsvoll, aber leider vergeblich nach einem Wohnhaus.

Durch diesen kalten und nassen Wanderbeginn hatten wir menschlichen Teilnehmer uns mit der Vorstellung von einer warmen Unterkunft, von einem dampfenden Mahl, von einer heißen Dusche motiviert. Ahnungsvoll hatte mich Iljana noch vor Wanderstart mehrmals aufgefordert, uns auch telefonisch bei unserem Gastgeber anzumelden und dabei die verfügbaren Optionen auszukundschaften. Doch ein Blick auf die professionelle Webpage des Gestüts ließ mich *trügliche* Schlussfolgerungen ziehen und ich sah von weiteren formellen Bemühungen ab. Es standen nur wenige Bauwägen auf dem Gelände. Einer wurde vom Gestütsherrn bewohnt und die anderen dienten als Sattelkammer oder Futter- und Gerätelager. Eine Töltrennbahn befand sich im menschlichen Zentrum des Gestüts gleich neben den Bauwägen und einer von hungrigen Katzen belagerten überdachten Bank-Tischkombination.

Unser sich dem Gestüt nähernde Tross wurde von vielen Augen beobachtet. Gleich zwei bellende Hunde stellten sich in den Weg. Da Iljana die Kräfte unseres Prinzen nicht bändigen konnte, beschloss ich, sie mit dem friedlich grasenden Peng und dem Hundewagen am Wegesrand zurückzulassen. Nur mit Prinz näherte ich mich nun einer kleinen Versammlung von Mensch, Katz und Hund und meldete unsere offensichtliche Ankunft auch verbal an. Die wohl freundlichen Hofhunde zogen sich auf Pfiff des Herrn sofort gehorsam zurück. Unser *Hiersein* wurde zur Kenntnis genommen, aber erregte nur bei den Hunden emotionales Interesse. Nicht mal die Katzen ließen sich durch einen fremden Hund irritieren. Der Gestütsherr regelte sogleich sachlich die Versorgungsorganisation. Peng bekam genau dort, wo er mit Iljana wartete, eine kleine - in meinen Augen eher kärgliche - Koppel zu gewiesen. Insgeheim hatte ich Bedenken, ob er auch satt werden würde. Zwei freundliche Mädchen huschten auf Anweisung des Gestütsherrn mit Kanistern, um dort das Wasserreservoir aufzufüllen. Auch uns wurde ein Zeltplatz neben Pengs Quartier angeboten.

Von seiner Last befreit wurde Peng freudig auf die Koppel entlassen. Nach einer kurzen Inspektion seines Reiches vertiefte er sich zufrieden ins Grasen. Prinz verstummte fast augenblicklich, als sich hinter Peng die Koppeltore schlossen. Für den Hund wurde das Pony wohl dadurch umgehend vom *Rudelverband* und somit von seiner Kontrollverantwortung abgekoppelt. Iljana konnte sich so gar nicht beim Zelten sehen und war fest entschlossen, die Nacht in einem luxuriöseren oder zumindest festeren Quartier zu verbringen. So gesellten wir uns mit Sack und Pack und Peng im Blick zu der kleinen Runde an die überdachte Bank-Tischkombination. Iljana schaffte zuerst etwas Platz und Sauberkeit auf dem Tisch und enthüllte dann wieder ihre Köstlichkeiten aus ihrem Rucksack. Ihr freundliches Angebot an unserem veganen Essen teilzuhaben wurde von den menschlichen Wesen abgelehnt. Den Spuren nach zu urteilen waren sie wohl der herzhaften Fleischkost mehr zugewandt. Doch die Felinen - an die das Angebot nicht gerichtet war - bedienten sich wie selbstverständlich und ließen sich trotz Handgreiflichkeiten nur sehr mühsam abhalten. Auch Prinz knabberte nervös nur zögerlich an seinem von Katzen belagerten Trockenfutter. Wieder zu Kräften gekommen ging Iljana die für sie noch offene Nachtquartierfrage an. Behutsam zeigte sie dem Gestütsherrn verschiedene Möglichkeiten auf, die er alle kurz und knapp abschmetterte. Er sah, im Gegensatz zu ihr, keinen Grund unser Zeltlager zu vermeiden.

Während sich der strenge Hofherr wieder seinen Pflichten widmete, blieben wir mit ein paar Mädchen und dem Besucherpferd zugehörigen Besitzer zurück. Im rasanten Renntölt ritt der Herr auf der Bahn rundherum, bis ihn wohl nicht nur ein paar Löcher in der Sandbahn störten, sondern wie mir schien auch unsere Unterhaltung mit einem seiner Stallmädchen. Er unterbrach seinen schnellen Ritt und zitierte das Mädchen zu ihm auf die Bahn um jegliche ihn störende Ungleichmäßigkeit zu beseitigen. Nachdem wir allein mit den Katzen an der Bank-Tischkombination zurückgeblieben waren, legte der Gast des Hofes sein heimliches Interesse an unserem Gespann offen. Ein längeres und interessantes Gespräch führte uns am Ende zu seinem luxuriösen Pferdeanhänger, der für diese Nacht unser geräumiges und regensicheres Schlafgemach wurde. Wir ließen keine Zeit verstreichen und holten Sack und Pack. Der voll bepackte Hundewagen wurde abgedeckt und hinter dem Hänger im Wald vermeintlich sicher abgestellt. Mit Decken und Schlafsäcken bereiteten wir unser Lager auf sauberem Heu noch rechtzeitig vor Einbruch der Dunkelheit.

Peng war leider nicht in direkter Sichtweite. Ich war besorgt um seine Einsamkeit. Bei seiner Einquartierung konnte er die töltende Herde noch sehen und hören, doch am Abend wurden sie auf die weiter entfernte Weide entlassen, und nur der Hengst verblieb wie er in seiner Einzelhaft. Unsicher bangte ich um Pengs mögliche Ausbruch- und Fluchtgedanken oder sogar dergleichen Versuche. Ich fand ihn friedlich grasend - meine Ankunft mit einem kurzen Wiehern quittierend - vor. Er schien unberührt von seiner von ihm wohl *ungefühlten* Einsamkeit. Ich informierte ihn über unser etwas weiter entferntes Nachtquartier und versicherte ihn morgen früh wieder abzuholen. Sein Interesse galt mehr dem Gras als mir und ein wenig beruhigt kehrte ich mit Prinz zu der schon dösenden Iljana zurück. Der Hund schlief schnarchend auf seiner Matte - ein grün-gelb kariertes Gartenstuhlpolster - an meinem Fußende. Was für ein Tag ging endlich zu Ende. Fast alles war so mühsam, anstrengend, nervig, kalt, unharmonisch. Ich war fast heiser vom dauernden Hund anschreien. Nur der gute Peng hat alle meine Erwartungen - oder so mancher würde sagen Hoffnungen - übertroffen. Ich war wohl eine Pferdeflüsterin, aber eine Hundeschreierin. Trotz Luxusquartier verbrachte ich eine frierende, *schlafarme* Nacht in meinem Schlafsack. Zu meiner Unterhaltung hatte Prinz einige Flöhe eingefangen. Während ich dem Prasseln des Regens auf dem Hängerdach lauschte, überlegte ich mir Hundeführstrategien für den nächsten Tag.

Ich war schon etwas traurig meine Herde zu verlassen, aber das Abenteuer rief mich und die Aussicht endlich viel Zeit mit Pia zu verbringen. Mich beunruhigte nur der nervende Köter etwas. Das konnte ja heiter werden, wenn der sich nicht bald ein kriegen würde. Schwierig sein, war eine Sache. Aber so was, war jenseits meiner Vorstellung! Pausen mit dem nervigen *Gejaule*! Langsames Laufen mit dem nervigen *Gekläffe* und *Geschnappe*! Der hatte es echt geschafft den ganzen Tag ohne Unterbrechung herum zu tönen, unermüdlich. Und Pia hat dazu gequietscht! Abends wurde ich auf eine tolle Kräuterkoppel gesteckt, ganz für mich allein. Richtig lecker, richtig was für einen Gourmet wie mich!

Ja, ich war tatsächlich dabei! Endlich draußen im wilden Leben! Aber nicht allein, im *Rudelverband*! Aber warum musste ich an der Leine laufen? Warum brüllte mich Pia dauernd an? Warum befahl sie mir, wie ich zu gehen hatte, fast noch wann und wo ich pinkeln durfte? Ich musste doch Peng antreiben! Warum ließ mich Pia denn nicht? Das war nicht meine Freiheit! Keiner nahm mich und mein lautes Protestgebrüll  ernst. Warum hörte mich keiner? Den ganzen Tag hielt ich durch, aber ohne Erfolg. Und dann noch das eklige Trockenfutter. Von mir aus hätten die frechen Katzen alles wegfressen können. Zum Dank haben die mir auch noch ein paar ihrer Flöhe angehängt. Oh, wie das juckte! Ich war nur am kratzen.

4. Juni 2009

Endlich dämmerte der Tag heran. Mich drängte aufzustehen, doch ich lag still und wartete geduldig bis Iljana reckend und streckend mit einem freundlichen „Guten Morgen" offiziell ihr Aufwachen verkündete. Ein abruptes Aufstehen wollte sie mit weiterem Dösen abmildern. Ich nutze die Gelegenheit, zog mich an und verschwand mit Prinz zu einer morgendlichen *Erleichterungsrunde*. Der nächtliche Regen war verstummt, aber die Wolken hingen noch drohend am Himmel. Natürlich führte unser Weg direkt zu Peng. Schon von weitem ließ ich meine Begrüßungsformel ertönen: „Guten Morgen unser lieber Peng". Er hob überrascht den Kopf, und als sein suchender Blick uns fand, quittierte er inbrünstig mit einem freudigen Wiehern. Er schien eine gute Nacht verbracht zu haben.

Iljana war zur nächsten Phase - dem Aufstehen - übergegangen und hatte bei unserer Rückkehr bereits ihre Sachen verpackt. Während sie sich in die Frühstücksfee verwandelte, zog ich mit der Packerei nach. Der Hundewagen wurde aus seinem waldigen Versteck geholt und wies erfolglose Einbruchsspuren auf. Die Felinen hatten wohl die bekannte, von ihnen schon vorgekostete Beute gelockt. Als ich in Aufbruchstimmung nach dem Frühstück gerade die Beladung des Hundewagens abschloss, fing Prinz an zu jammern und ausdauernd am Wagen herum zu kratzen. Mir war sein Verhalten ein Rätsel.

Hunger konnte er wohl keinen mehr haben. Dank seiner Übersetzerin - Iljana - ließ er mich wissen, dass er selbst gerne sein Gefährt besteigen möge, um darin für eine Weile zu ruhen. Ich befürchtete, dass er auch noch gefahren werden wollte. Doch darin liegen reichte ihm völlig. Entgegen meines *Aufbruchwunsches* erfüllte ich ihm widerwillig seinen Herzenswunsch. Das mir ungeduldig lästige Ausräumen des Wagens war allein nicht Grund genug dem Prinz die Besteigung seiner Kutsche zu verweigern. Hastig und glücklich kletterte Prinz in seinen Hundewagen und ließ sich mit einem zufriedenen Seufzer niedersinken. Derweilen holte ich Peng von seiner Weide um ihn vor unserem Schlafort mit Hab und Gut zu beladen. Pengs Erscheinen verschob Prinzens Interessenprioritäten und er verließ eigenständig sein heißgeliebtes Gefährt, um nun wieder seine selbst erteilte Aufgabe als *Ponyantreiber* zu übernehmen.

Entgegen ihres vor Wanderbeginn erteilten Vorschlages ließ mich Iljana wissen, dass sie heute nicht die angestrengte *Anschieberin* sein wollte, sondern lieber mit Peng gemütlich wandern mochte. Damit läutete sie die allmorgendliche Wunschrunde ein. Natürlich wünschte *mensch* sich ein warmes und gastlicheres Quartier für die Nacht. Mein persönlicher Zusatzwunsch war zwar während der Wanderung trocken zu bleiben, doch am Nachtquartier wollte ich unbedingt ausgiebig warm oder besser heiß nass werden. Dem Hund reichte ein Dach über dem Kopf und das Pony wäre mit dem gleichen Standard sehr zufrieden.

Mit meinem Vertrauen in Peng übernahm ich Prinz und seinen Hundewagen. Wir verabschiedeten uns vom Besucherpferd, das trotz Isolationshaft uns *Davonmarschierenden* sehr gelassen nach sah. Am Gestüt selbst war nur der Hengst anwesend. Mit ihm hatte Peng die Nacht in Blickkontakt verbracht. Er betrachtete Pengs Abreise wohl als unangebracht und galoppierte in wildem Protest wiehernd auf seinem kleinen Paddock umher. Schon aus Gewohnheit brach ein

Regenschauer gleich zu Beginn über uns herein. Doch die dicht beblätterten großen Bäume, die die Straße nach Belitz säumten, boten uns fast wasserdichten Schutz. Peng nutze die Zeit und knabberte gelassen am Gras, während Prinz mit mir und dem Hundewagen unter dem Nachbarbaum - er wimmernd und ich frierend - den Regen abwartete.

Belitz formte sich in meinem Kopf zum feindlichen Gebiet. Feinde gab es derer viele: Autos, LKWs, Menschen auf engen Bürgersteigen, Kinder, Hunde und Katzen. Sie zeigten sich offen oder lauerten versteckt. Ich sah es als zwingend an, vorausschauend allen möglichen Angriffen auszuweichen. Hauptschützling war Peng an Iljanas unerfahrener Hand. Trotz einer durchfrorenen und durchwachten Nacht liefen meine Konzentration und Anspannung auf Hochtouren, während meine Laune ihren Tagestiefpunkt erreichte. Interessanterweise war all meine Aufregung völlig unnötig, dennoch sehr präsent. Pengpeng zeigte sich als extrem verkehrssicher. Er besaß eine stoische Ruhe, die dergleichen nicht nur unter Pferden und Ponys suchte und die mir selbst auch so besonders fehlte. Ihm gelang es, sogar mir ein Lächeln abzugewinnen, als er seinem in einem Schaufenster spiegelnden Antlitz überrascht und fröhlich zu wieherte.

Unser Marsch durch Belitz wurde durch einen von Iljana getätigten Verpflegungsnachschub unterbrochen. In einer kleinen Seitenstraße bot uns das Wasserwerk der Stadt ideale Bedingungen für eine entspannte Pause. Peng durfte frei mit nachschleifendem Strick auf der Grünfläche des eingezäunten Grundstückes grasen. Zeitweilen bewunderte er sich in der spiegelnden Tür, die ins Werk führte. Der Hund und ich machten es uns auf der anderen Seite des Zaunes - er liegend und ich sitzend - bequem. Prinzens Gejammer hielt sich in Grenzen und um Pengs Fluchtversuche musste ich mir Dank Einzäunung keine Gedanken machen. Es war eine Wohltat, nach dieser Anstrengung endlich mal in Ruhe zur Ruhe zu kommen und abgesichert loszulassen. Gerade als dem Peng das Gras knapp wurde, kam Iljana nach einer langen Weile von ihrem Einkaufstrip zurück. Wir hatten alle vier keine Lust, weiter im *Stressgebiet* der Stadt Belitz zu wandern. Und wie es der Zufall so wollte, kam ein altes Mütterchen des Weges. Sie wollte keine vergifteten Äpfel verkaufen, sondern sie erklärte uns eine Route zur Vermeidung der Stadtdurchquerung. Auf unserem Weg zurück zur Natur trafen wir auf eine freundliche und engagierte Belitzerin. Ihr war es ein großes Anliegen uns auf dem richtigen Weg zu wissen und sie tat ihr Bestes dazu.

Die asphaltierte Straße in natürlicher Freiheit ermöglichte mir, den Hundewagen bequem und *kraftarm* voranzubringen. Und der gute Peng schonte nicht nur seine Hufe auf dem seitlichen Grasstreifen vor unnötigem Abrieb, sondern gönnte sich auch ab und zu einen Zwischensnack. Sogar unser Prinz schien etwas zu entspannen, da er entweder durch seinen Hundewagen von Peng abgelenkt oder abgetrennt wurde. Unterhaltung bot uns eine Horde polnischer Spargelstecher, die auf Kniebussen durch die Felder krochen. Ich fand das ganz amüsant, denn ich hatte so etwas noch nie zuvor gesehen. Weiter wanderten wir nun wieder auf sandigen Wegen entlang der Nieplitz verträumt durch Heide und Wald. Unverhofft tauchte plötzlich ein verfahrener Jüngling in einem Kleintransporter auf. Von seinen tiefblauen Augen verzückt wies Iljana ihm den rechten Weg. Diese Begegnung unterbrach unseren Wanderfluss und gab sogleich Anlass für eine nachmittägliche Rast mit Blick auf Reesdorf und seinem bewohnten Storchennest. Das Dörfchen wirkte einladend und wir beschlossen, es dem Storchenpaar gleich zu tun und dort unsere nächtliche Bleibe zu finden.

Ein Schild wies uns bei Eintritt ins übersichtliche Runddorf zu einem Pferdehof mit leeren Boxen. Doch so gastlich der Schein, er trog. Nicht nur das Dorf war rund und in sich geschlossen, sondern auch die Bewohner selbst. Wir wurden von Tür zu Tür geschickt, bis wir trotz unaufhörlich bellendem Hund bei den neu zugezogenen Städtern freundliche Aufnahme fanden. Hinter dem unscheinbaren Tor verbarg sich ein großes, längliches, neu renoviertes Hofgebäude aus rotem Backstein, an dem sich ein Garten entlang schmiegte. Der Haus-Gartenschlauch mündete in einen Pferde-Offenstall mit anschließendem Paddock und weiterführenden Weiden. Zur Freude Pengs war dies das Domizil dreier Stuten. Von seiner Last befreit durfte er über den Zaun hinweg erste *Beschnupperungen* durchführen, bis ihm nebenan eine separate üppige Weide zugewiesen wurde. Genüsslich widmete er sich nun dem Fressen mit nur kurzen Unterbrechungen für intensiven Blickaustausch mit der Damenwelt auf der Nachbarkoppel.

Wir anderen fanden Unterschlupf in einem großzügigen und angenehm warmen Heizungskeller inklusive Dusche und WC. Während sich Iljana für den Abend bei unseren Gastgebern als Babysitter verdingte, genoss ich ausgiebig und heiß meinen morgendlichen Tageswunsch nach einer Dusche. Bei dieser Gelegenheit bemerkte ich am Bauch eine an meine Blutbahn angedockte Zecke. Mit einem oft am Hund geübten Dreh entfernte ich die Erste von insgesamt fast einem Dutzend, die sich mir während der gesamten Wanderung heimlich anschlossen. Meine FSME-Impfung gegen eine Zeckenübertragene Hirnhautentzündung lag schon fast 20 Jahre zurück, aber ich bewegte mich sorgenfrei in einem nicht gefährdeten Gebiet. Da verblieb mir, noch mit den Zecken russisch Roulette um die Borreliose zu spielen. Zum Wohle meiner Gesundheit hatte ich Pech in Glücksspielen und landete keinen Treffer. Kaum hatte ich den Boden und damit den Untergrund unseres Nachtlagers wieder trocken, kam auch Iljana von ihrer *Kleinkindbespassung* zurück. Wir bereiteten unsere spartanischen Betten und schliefen mittels eines Duschvorhanges himmlisch luxuriös mit Prinz an meinem Fußende in Séparées. Müder als der Hund war ich glücklich, diesmal auch eine warme und hoffentlich schlafende Nacht zu verbringen.

So ließ ich mir das gefallen. Was für eine Nacht im Kräutergarten! Solange ich genug zu Fressen hatte, machte mir der Regen nichts aus. Der Hengst gegenüber hat mich neugierig ausgefragt. Er bewunderte meine Unabhängigkeit und meinen Mut - so alleine ohne weiteren *pferdischen* Beistand. Allein war er selbst unglücklich. Er hasste es, getrennt von seiner Herde zu sein. Wenn kein Mensch da war, dann sprang er oft über den Zaun und rannte zu seinen Stuten. Ich ließ mich gerne bewundern! Er hatte ja schließlich Recht! Ich verriet ihm aber, dass ich so was auch nicht mit jedem Menschen machen würde. Ich wusste ja, auf wen ich mich da eingelassen hatte! Ich wusste, dass ich mich auf Pia unbedingt verlassen konnte. Noch vertieft ins Gespräch und ins Fressen, hörte ich plötzlich Pias Stimme rufen. Ich erwiderte mit einem kurzen Wiehern. Wir brachen wohl demnächst auf. Schade, hier war es richtig lecker! Und noch ein Nickerchen wäre auch nicht schlecht gewesen!

Heute lief ich wieder zusammen mit Iljana. Ich war ganz froh vor dem Hund etwas Ruhe zu haben. Doch Pia hätte mich wohl lieber selbst am Strick gehabt. Sie war total gestresst und hatte mich im scharfen Blick. In der Stadt machte sie sich ohne Anlass um meine Sicherheit Sorgen. Sie sollte es doch besser wissen! Sie konnte sich auf mich verlassen! Ich war doch immer extrem gelassen! Plötzlich sah ich dieses hübsche weiße Pony in einem großen Fenster. Ich wieherte sofort zur Begrüßung. Das Pony war aber etwas komisch. Dieses Pony wurde genau wie ich von Iljana geführt und hatte auch Pia und Prinz dabei. Ich grübelte und irgendwann wurde mir klar, dass ich selbst das Pony war. Später, bei unserer langen Rast, waren wieder Fenster und ich konnte mich ausgiebig betrachten und bewundern. Was für ein hübscher Kerl ich doch war!

Am Nachmittag liefen wir wieder etwas entspannter ferner von den Menschen und ihren Häusern und Autos. Ich war froh, besonders wegen Pia. Angespannt tat sie mir nicht nur leid, sondern ihr hysterisches Gekreische nervte mich. Und was für ein Fest wartete am Abend auf mich. Zwar wurden wir erst mühsam von einigen Menschen abschätzig abgemustert, aber dann kam ich ins Schlaraffenland mit viel Gras und schönen Stuten. Mir war nicht klar, warum man mich nicht direkt zu den Stuten ließ. Ein bisschen riechen und schlecken hätte mir gefallen. Was soll's! Ich konnte mich ja trotzdem mit den Damen unterhalten und zu fressen hatte ich mehr als genug. Das hohe Gras schmeckte ganz anders als die Kräuter gestern! Erst streifte ich durch die Wiese und zupfte nur die Ähren. Ein echter Genuss!

Aaaaahhhhh, trotz Flöhe so gut geschlafen! War auch ganz schön anstrengend gestern. Alles tat mir irgendwie weh. Und irgendwie hatte ich sogar etwas Heimweh. Nein, heute wollte ich keinen Schritt machen! Ich wollte nur noch in meinen Wagen sitzen. Ich kratzte ewig am Wagen rum. Warum verstand mich Pia nicht? War doch klar, was ich wollte, oder? ICH IN WAGEN! Endlich, Iljana regelte das für mich. Endlich verstand mich ein Mensch! Endlich nahm mich ein Mensch ernst! Das tat gut! Jajaja! Ich kletterte sofort in meinen Wagen. Mir war gleich wohler!

Heute zog ich mit Pia meinen Wagen. Da hatte ich keine Zeit zum *Ponyaufpassen*. Mein Wagen machte nicht solche Zicken wie der Peng!

Ja, in der Pause streichelte Pia nur mich. Mmmmhhh, war das schön! Und Iljana, Iljana gab mir all die schönen fressbaren Dinge zum Kosten, die Menschendinge. Das wollte ich schon immer! Ich durfte alles kosten, ALLES. Davon bekam ich doch keinen Durchfall! Was für ein Quatsch! Durchfall bekommt *hund* von ekligem Trockenfleisch und unerträglicher Langeweile. Ich war ein Schäferhund! Ich brauchte eine richtige Aufgabe mit viel Bewegung!

5. Juni 2009

Am Morgen wartete die Frau des Hauses mit einem üppigen Frühstück auf uns saubere und gut ausgeschlafene Wandersleute. Als verschämter Schwabe nahm ich genügsam das dargebotene Angebot des reichlich gedeckten Tisches. Iljana war - auch zu meinen Gunsten - von anderer Gewohnheit und tat laut kund, was ihr Magen Weiteres begehrte. Großzügig durchsuchte die Gastgeberin ihre Schränke nach den gewünschten Artikeln. Im angeregten und angenehmen Gespräch stellte sich die scheinbare Hausfrau und Mutter als umweltschützende, via Internet tätige, Unternehmerin vor. Eine unerwartete Gemeinsamkeit ihrer und meiner Historie eines biologischen Studiums ließ unseren *fachspimpeligen* Gesprächsstoff nicht versiegen. Ihre dringlich wartende Arbeit gebot uns schließlich Einhalt. Jedoch erweckte Iljanas telepathische Fertigkeit zur Tierkommunikation ihr noch größeres Interesse und als weiteren Dank für die Gastlichkeit spendierte Iljana ihr eine Gratissprechstunde.

Sofortiges praktisches Resultat aus der Befragung der altersgezeichneten, lebensschweren Schimmelstute war eine Zusammenführung von ihr und dem begehrenswerten Pengpeng. Schon bei der ersten *Beschnupperung* des turtelten Paares kamen die Hormone in rossige Wallungen und das Leben und die Sinne kehrten in den alten Körper zurück. Der kleine Peng störte sich in keiner Hinsicht am betagten Alter der Dame, doch scheiterte er an ihrer Größe. Des hiesigen Menschen weiteres Sorgenkind war der nachbarliche Wallach. Er wurde isoliert von einem *altbäuerlichen* Greis in Langeweile gehalten. Weder Mensch noch Pferd durften sich auf Geheiß des Alten dem vereinsamten Rosse nähern. Da eine Lebensveränderung des Solitärs nur über den wohl uneinsichtigen Mann führte, hielt Iljana trotz Drängen der wohlwollenden Nachbarin ein tierisches Gespräch, für den Betroffenen frustrationsfördernd und daher unangebracht. Während rege weiter *telepathiert* und *geturtelt* wurde, bereitete ich mit Prinz den Abmarsch vor.

Es wurde viel Hin und Her gewiehert, als unsere kleine Karawane hinter den Koppeln in den Feldern verschwand. Iljana zog es vor, wieder mit ihrem Wunschpartner - dem gemütlichen Peng - zu laufen. Nachdem er sich am vorherigen Tag trotz ungeübter Menschenführung so nervenstark und souverän zeigte, stimmte ich bedenkenlos zu. Nach etwa einem Kilometer angenehmen Fußweges wollten wir mit einem gemeinsamen Blick auf die Karte uns auf dem rechten Weg wissen. Die kurze Ablenkung nutzte der verliebte Wallach, um erst zögerlich, doch dann durch meine verfolgenden Lockversuche noch angespornt, in Windeseile mit wehendem Schweif davon zu galoppieren. Als ich mein Pony aus den Augen verlor, kroch wilde Panik in mir hoch. Ich sah meinen schönen Peng für immer verloren. Ich wähnte ihn einsam verirrt in einem Wald stehend oder auf der Straße von einem schnellen Gefährt getötet. Von Angst getrieben rannte ich bis meine Lunge und zitternden Beine nur noch ein schnelles Gehen erlaubten. Ich eilte zurück zu den Stuten, in der Hoffnung, der Gute folgte seinen Trieben. Nach gefühlten Ewigkeiten erreichte ich die Weiden. Endlich wurde mein Rufen mit einem freudigen Wiehern erwidert. Dann tauchte er endlich vor meinen Augen auf. Wohl hatte er den Eingang der Koppel in der Eile nicht gefunden und lief auf der benachbarten Wiese. Mein Peng - wie mir schien ebenso erleichtert, wie ich es war - kam unversehrt durch das hohe Gras in meine ausgebreiteten Arme gestürmt. Zu meinem Erstaunen hatte er Sattel und Gepäck mitsamt den Wasserflaschen vollständig und ordnungsgemäß bei sich. Mein durch Iljanas Zutrauen aufweichendes strenges Sicherheitshandeln setzte ich innerlich und äußerlich sofort zurück auf die höchste Bereitschaftsstufe. Bei unserer Rückkehr zu den zwei Wartenden nahm ich Pferd und den bellenden Hund wieder unter meine direkte Aufsicht. Iljana bemühte den Hundewagen. Noch glaubten wir ernüchtert, aber schadlos dieses Lehrstück hinter uns gebracht zu haben.

Bei meinem Hund konnte ich trotz aller Anstrengungen kein Gehör finden. Er richtete sein Gebell und sein Gebiss immerfort an den guten Peng und zog wild an der Leine. Mit einem gezielten Warntritt kam mir Peng unverhofft zu Hilfe. Noch viel unverhoffter akzeptierte Prinz die *pferdische* Maßregelung mit einem meckernden *Jauler* und hielt sich immerhin für eine Weile im Zaum. Mir wurde klar, dass eine Entspannung und ein Gelingen unseres Unternehmens auf gegenseitiges Vertrauen beruhen mussten. Ich hatte weder Vertrauen in die pragmatische Vernunft des Hundes, noch in die Prinz verschonende Toleranz des Ponys. Unserem Vertrauensspektrum fehlte es an Erkundung und Erprobung. Allerdings ließ mein sicherheitsbetontes Verhalten wenig Raum dafür. Fast unbemerkt machten wir dennoch in unserem *Pas-De-Trois* Fortschritte. Zum ersten Mal gelang es mir, meinen freiheitsliebenden Schnürsenkel mit Hund und Pony an jeweiliger Hand wieder zu bändigen.

Wir standen kurz vor Alt Bork, dem Heimatort zwei meiner nun ehemaligen Arbeitskollegen - Linda und Dirk - und unseren dortigen Anlaufstellen, als unsere *stutenbesitzende* Unternehmerin via Handy ihre Wut hemmungslos entlud. Der gute Peng wurde beschuldigt, auf seiner Solotour zurück zu den Stuten den benachbarten Wallach brutal und skrupellos verletzt zu haben. Das vermeintliche Opfer soll, dem Tode knapp entkommen, großen Blutverlust erlitten haben, und musste mit einer möglichen Erblindung des getroffenen Auges rechnen. Peng war mir nicht als rücksichtsloser Schläger bekannt. Er selbst wies bei seinem Auffinden auch keinerlei Kampfspuren oder sonstige Auffälligkeiten auf. Eine spätere nähere Aufklärung des Falles ergab, dass der vereinsamte Wallach vor der Erscheinung des vorbei fliegenden Pengs dermaßen erschrak und daraufhin ohne Rücksicht auf Hindernisse und daraus folgenden körperlichen Blessuren in seinen schützenden Stall floh. Der vermeintlich Schwerverletzte verlor weder Auge, noch starb er an Blutverlust. Zu unser aller Erleichterung war er nach kurzer Zeit wieder vollständig genesen. Was blieb, war jedoch die auf uns projizierte blinde Wut der zuvor freundlichen Gastgeberin. Ihre wild lodernde Rage verfolgte mich noch einige Zeit auf unserer Wanderung und verstummte erst nach einer finanziellen Zuwendung durch Pengs Haftpflichtversicherung.

Nach all der Aufregung und nur wenigen, allerdings für Iljana mit dem Hundewagen sehr beschwerlichen, zurückgelegten Kilometern erreichten wir am Spätnachmittag Alt Bork. Die wenigen Häuser des Ortes waren wieder kreisförmig angeordnet und jedes kleine unscheinbare Tor verbarg zu meiner wiederholbaren Überraschung ein riesiges Gehöft. Hinter einem dieser Tore wartete selbstgefertigtes Gebäck, Tee aus frischen Kräutern und Linda auf uns. Bevor wir aber unsere Geschmackssinne erfreuten und unsere Mägen sättigten, den riesigen ökologisch bewirtschafteten Garten bewunderten, wurde Peng bei Dirk ein paar Tore weiter untergebracht. Er wurde im hinteren Teil des Gartens den Hühnern ein neuer Nachbar. Das Federvieh erregte sein Interesse und es schien ihm amüsante Gesellschaft zu halten. Zu meiner Beunruhigung war die Sicht in diesen Teil des Gartens vom Wohnhaus aus durch eine Mauer versperrt. Nur eine schmale grüne Holztür gewährte Durchtritt. Vorsorglich wurde mit einem Schafzaun giftiges Gewächs vor Pengs Hunger geschützt. Bis zu Iljanas Belehrung war ich der irrigen Annahme, dass Pferde - sogar Tiere im Allgemeinen - ein angeborenes Bildlexikon über Giftpflanzen besitzen. Mit manchmal auch vernichtenden Ausmaßes lernen wohl auch Tiere zum einen von ihren Müttern und Artgenossen und zum anderen durch Verspeisen von unschmackhaftem Giftzeug, Gut von Böse zu unterscheiden. Schon zu Beginn der Wanderung war ich damit beschäftigt Peng in Kenntnis zu setzen, was aus seinem Speiseplan entfällt. Das Verbot weitete ich pragmatisch auch auf mir Unbekanntes aus. Aufgrund meiner leider sehr eingeschränkten *Pflanzenkundigkeit* war Peng keineswegs von der stark anwachsenden Zahl unerlaubter Kräuter beeindruckt. Zu meinem Entsetzen ließ er hier und da - ungerührt von meinem lautstarken Protest - einen eigenen Geschmackstest entscheiden.

Lindas Leckereien waren noch nicht einmal durch unsere Mägen geschleust, als wir bei Dirk zu einem reichlich gedeckten Tisch geführt wurden. An diesem Abend avancierten Kartoffeln mit Butter und/oder Quark zu meiner stets gewünschten Wanderleibspeise, die all meine Gaumengelüste und Energiebedürfnisse bedienten. Beim abendlichen Gespräch packte Iljana den gutmütigen Dirk metaphorisch beim Schopf und übertrug ihm den ihr sehr lästigen Hundewagen mitsamt Gepäck auf seiner morgendlichen Fahrt zur Arbeit zu unserem nächsten Ziel zu bringen.

Vor dem Zapfenstreich schaute ich beim abseitsstehenden Peng vorbei. Trotz begrenztem und recht kurzem Grasraum hatte er sein Heu nicht mal angerührt. Er schien aber mit seiner Befindlichkeit und der gackernden Hühnerschar zufrieden zu sein. Im Wohnhaus waren Hunde unbekannt. So beschloss ich, mit Prinz in Hörweite zu Peng auf der überdachten Terrasse zu schlafen, dick eingehüllt in meinen Schlafsack und den fürsorglich herbeigebrachten Decken. Iljana verbrachte die Nacht weich verwöhnt im bereitgestellten Bett der kleinen Sophia. Meine übersteigerte *Sorgenfülle* ließ mich ständig nach verdächtigen Geräuschen jenseits der Mauer horchen und trieb mich trotz friedlicher Ruhe im Scheine der Taschenlampe in die nächtliche Dunkelheit zu einem verschlafenen und überraschten Peng. Und dann endlich konnte ich die quäkende Stimme in meinem Kopf ignorieren und tief und wollig in das Reich der Träume abtauchen.

Vollgefressen und wohl geschlafen war ich gutgelaunt, bereit für den neuen Tag. Heute schienen wir es nicht eilig zu haben auf den Weg zu kommen. Als ich fast schon am Ende meines zweiten Frühstücks war und mir gerade überlegte, ob ich noch mal ein Nickerchen machen sollte, tauchten die eifrig redenden Frauen mit Prinz auf. Als Iljana anfing für meine drei Damen zu dolmetschen, war ich begeistert. Ich hatte ihnen schon erzählt, dass ich eine Menschenfrau in meiner Herde hatte, die tatsächlich ganz normal mit uns reden konnte. Schon kurz nach dem ersten Gedankenaustausch, wurde die Lieblingsdame des Hausherrn zu mir geführt. Es ist mir gelungen die Deprimierte schon aus der Ferne aufzumuntern, jetzt konnte ich mein ganzes Repertoire ausschöpfen. Endlich konnten wir uns ausgiebig beschnuppern und *belecken*. Meine Besteigungsversuche waren allerdings, wie eigentlich immer, sehr frustrierend. Sie war einfach viel zu hoch. In letzter Zeit war ich nur von viel zu großen Damen umgeben. Eigentlich wollte

ich noch etwas länger turteln, aber da schleppte Pia schon den Sattel an. Erst durfte man nicht, dann sollte man und dann sollte man wieder nicht?! Es war echt nervig, der Willkür der Menschen so ausgeliefert zu sein! Ich wollte mich gar nicht trennen, und als sie mich davon zerrten, haben wir uns noch lange zu gewiehert.

Als Iljana und Pia in die Karte vertieft waren, beschloss ich spontan selbst zu entscheiden. Erst war ich noch etwas unsicher, doch dann kam ich einfach ins rennen und rannte immer schneller. Pia tat mir etwas leid, wie sie so voller Angst hinter mir her keuchte. Ich konnte aber auf mich selber acht geben! Ich fühlte mich so frei, als ich mitten durchs hohe Getreidefeld jagte, trotz des blöden Sattels. Und so im dahin jagen, hatte ich irgendwie kurzzeitig den Plan verloren und konnte den Eingang zu meinen Damen nicht mehr finden. Im hohen Getreide und Gras hatte ich keinen Überblick. Ich galoppierte an einem Zaun entlang, und erst als ich den Wallach sah, wusste ich, dass ich ein bisschen zu weit geradeaus gerannt war. Der Wallach war total hysterisch! Der hatte wohl noch nie ein Pferd gesehen? Dabei hatte ich mich doch gestern noch mit ihm unterhalten. Komische Sache! Ich war froh, als ich plötzlich Pias Stimme hörte! Schnell rannte ich in ihre Richtung und ich hatte sie auch gleich gefunden.

Meine Idee eigene Entscheidungen zu treffen kam überhaupt nicht gut bei Pia an. Schade! Jetzt war sie wieder 200% verkrampft! Keine Spur mehr von ihrer beginnenden Lockerheit! Natürlich nahm sie mich jetzt selber an die Hand. Ich lief ja auch gerne mit ihr, wenn da nur nicht der Hund und das *Gequieke* der beiden wären. Prinz war wie eine lästige Pferdebremse. Pia kreischte ihn an, aber das war ihm total egal. Da musste ich ihn mal selbst verwarnen! Da war zu aller Verblüffung dann endlich Ruhe, zumindest für einige Zeit.

Das Laufen selber war heute schön entspannend. Der Weg war weich und ich hatte viele *Knabberpausen*. Iljana keuchte hinter uns her. Sie hatte ganz schön zu kämpfen mit dem Schiebeteil. Ja, Lastesel ist nicht einfach! Ich war froh, dass ich nicht das ganze Gepäck tragen musste. Ich hätte mich geweigert! Mein Packen war schon schwer genug.

Abends wurde ich in einen Garten ohne Gras und ohne Pferde gesteckt. War halb so schlimm, ich hatte mich tagsüber schon satt gefressen. Die Hühner fand ich spannend. Wir unterhielten uns lange und ihnen gefielen meine Geschichten von der weiten Welt. Die hatten keine Ahnung. Die sind nie raus gekommen. Und natürlich hat Pia oft nach mir geschaut. Sie war immer in Sorge um mich. Mir gefielen ihre vielen Besuche! Sie streichelte mich, bewunderte mich und informierte mich über alle *Herdenangelegenheiten*.

Aaahhhhh, so schön mal wieder unter einem Tisch liegen und dem Geschwätz lauschen. Und was *hund* so alles unter einem Tisch finden konnte! Manches fiel wie von selbst und anderes hat mir Iljana zugesteckt. Endlich, ungehindertes Kosten! Das war mal was anderes! Kein langweiliges absolut ekelhaftes Einerlei wie üblich! Ooohhhhh, so unterm Tisch bekam ich plötzlich richtig Heimweh. Das Ganze hier machte mir doch etwas Angst. Ohne die anderen könnte ich das nicht!

Das ewige Weibergetratsche - erst drinnen und dann draußen – war mir ganz recht. Auuaaaa, meine Muskeln waren total verspannt und ich war müde. Das kam bestimmt vom Wagen ziehen! Und ganz ehrlich in meinem bisherigen Leben lag ich die meiste Zeit dumm in der Gegend herum und langweilte mich.

Oh *hund!* Wir waren gerade erst losgelaufen, da hielten wir schon wieder an. Schon wieder Pause oder was? Ach, die Zwei wussten mal wieder nicht, wo unser Weg war. Die vom Fremdrudel hatte doch alles gerade erst GANZ GENAU erklärt! Ja toll! Das auch noch! Pia band mich einfach so an einen Pfosten! Wie gemein ist das denn?! Ja und das war ja klar! So konnte ich mich natürlich um nichts kümmern! Auch nicht um den Peng! Ja der Peng, der rannte plötzlich auf und davon! Pia gleich hinterher! Und ich? Mich ließ *frau* einfach am Pfosten hängen! Da half mein Gebell überhaupt nichts! Das war denen total egal! Ich hätte Peng gleich eingeholt! Pia, die konnte doch nicht rennen und überhaupt machte sie immer gleich schlapp. Wenigsten blieb Iljana bei mir! Die war übrigens noch langsamer als Pia. Sonst - so ganz allein - hätte ich Angst gehabt! Ich hätte Angst gehabt, dass keiner zurückkommt! Wir warteten und warteten und warteten ... Ich bellte und bellte und bellte ... Viele Ewigkeiten später konnte ich den Peng und Pia endlich in der Ferne sehen. Klar, da bellte ich natürlich noch lauter! Pia war sehr ernst. Das war aber nicht meine Schuld!? Pia hatte es kapiert. Sie setzte mich wieder als DEN *Penghüter* ein und ich lief wieder mit dem Pony. Oh meine Ohren! Ich hatte es fast vergessen! Bei jeder meiner Bewegungen kreischte Pia natürlich wieder! Ich schaltete meinen Ohren einfach auf Durchzug - ins eine rein und aus dem anderen wieder raus.

Au, das tat weh! Was war das? Wer war das? Nein, oder? Der Peng hat mir wirklich einen Tritt verpasst?! Was? Pia bedankte sich dafür auch noch?! Konnte *hund* DAS glauben? Das war *Rudelmeuterei*!

Nein! Den ganzen Tag WIEDER an der Leine! Irgendwie kamen wir gar nicht in Schwung. Immer mussten wir auf Iljana warten. Der Peng fand das toll, aber ich wäre lieber einfach mal gelaufen. Ich musste doch mal richtig laufen! Warum durfte ich nicht einfach frei laufen? Unsere *Rudelführung* traute mir wohl überhaupt nichts zu?!

Irgendwann besuchten wir wieder fremde Höhlen. Einmal musste ich ALLEINE am Eingang warten. Immerhin brachte Pia mir was Süßes zum kosten. Ja, ganz richtig! Pia steckte mir manchmal auch schon was Leckeres zu. In der anderen Höhle durfte ich wieder unter dem Tisch liegen, auch zum schlafen. Pia legte sich auch zu mir. Irgendwie war der Tisch in der Fremdhöhle, aber irgendwie auch nicht. Immerhin gab es ein ordentliches Dach. Pia war es kalt. Andauernd legte sie eine Decke über mich und andauernd musste ich sie wieder runter ziehen. Mir war doch nicht kalt! Ich hatte doch ein dickes Fell! Pia war manchmal schon ganz schön schwer von Begriff. Warum konnte sie mich nicht verstehen, so wie Iljana?

6. Juni 2009

Nach tiefem Schlaf an frischer Luft wachte ich mit kalter Nasenspitze am noch recht frühen Morgen neben dem Hund auf. Prinz schien trotz meiner Bedenken nicht erfroren zu sein oder gar gefroren zu haben. Als ich über sein Fell strich, streckte er sich wohlig unter morgendlichem Stöhnen. Einer meiner ersten Gedanken galt natürlich dem guten Peng. Aus seiner Ecke des Gartens kam kein Laut, nicht mal die Hühner schienen zu gackern. Im Alleingang zu Pengs Ecke entdeckte ich ein dösendes, ein wohlbehaltenes und bei meinem Anblick ein freundlich wieherndes Pony. Nach einem kurzen Update verließ ich ihn auch schon wieder, um dem schönen Prinzen bei einer Runde außer Haus die Gelegenheit zur Erleichterung zu geben. Bei unserer Rückkehr war das ganze Haus erwacht und es herrschte reges Treiben.

Nach einem üppigen Frühstück lud ich den Hundewagen mitsamt Gepäck zum weiteren Transport mit Dirk ins Auto. Prinz hingegen verweigerte konsequent sein Frühstück, trotz mehrmaligen *Aufschüsselns*. Ausnahmsweise beunruhigte mich das nicht in geringster Weise. Ich kannte ihn als zögerlichen Fresser, der auch gerne mal sein Futter stehen ließ. Sein morgendliches Fasten veranlasste mich nicht einmal, Peng eine Hundefutterration auf seine Satteltaschen zu bürden, die Peng aus menschlicher Sicht für einen bequemen und ungehinderten Transport von Wasser und Nahrung trotz Gepäckchauffeur tragen sollte. Der Terminplan unserer Gastgeber ließ wenig Raum für Trödeleien und ermöglichte uns - ganz nach meinem Geschmack - einen recht frühen Wanderstart. Frei von jeglicher Handarbeit bot sich der erfreuten Iljana zum ersten Mal die Gelegenheit ihre sonst nutzlos und eher lästig verstauten Stöcke im Gleichklang mit unserer Gastgeberin zum Nordic-Walking zu schwingen. Unsere Wanderführerin leitete uns auf verborgenen und romantisch wilden Schleichwegen durch unerwartet hohe Wiesen entlang eines Wasserlaufes unter der Autobahn hindurch hin zu unserem offiziellen Wanderweg. Mit einem Hundewagen wäre da kein Durchkommen gewesen! Definitiv entschloss ich mich nun zu dem eigentlich nur Möglichen, nämlich den Wagen auch bei Iljanas baldigem Abschied weiterhin in ihrer Obhut zu belassen.

Unsere endlich zügigen Wanderschritte führten uns weiter idyllisch über Felder und durch Wälder angenehm natürlich auf Sand- und Graswegen. Nur selten durchquerten wir Besiedelungen auf geteertem Pflaster. Zur Mittagszeit meldete nun auch Prinz Hunger an. Futterlos hoffte ich auf einen Engel, der dem empörten Prinzen den Bauch füllen möge. In Brück - der nächsten Besiedelung auf unserem Weg - werkelte ein alter Mann auch schon ganz engelhaft vor seinem Haus herum. Sein Interesse galt zwar mehr dem schönen Peng - den er Lotte nannte -, doch nach reichlich Wasser für das Getier und etwas menschliches Geplauder gelangte auch eine Dose Katzenfutter in meine Hände. Diese wurde am nächsten Gras bewachsenen Seitenweg eiligst vom schon halb verhungerten Hunde verschlungen. Weitere Gaumenfreuden standen dem Prinzen bereit. Der sonst so mühsame Fresser kostete sich emsig durch Mango und Cashewnüsse und fand wohl an beidem Wohlgeschmack.

Die Brück-Durchquerung führte uns an der „Arena der Titanen" vorbei. Hier sollte bald das Eintreffen der historischen Pferdeplanwagen, die zu Ehren der flämischen Stadtgründer auf der Tour von Brügge in Flandern nach Brück im brandenburgischen Fläming waren, mit einem Pferdegespann-Rennen gefeiert werden. Nach unserer erfolgreichen und überraschend einfachen Überquerung der dortigen *baustelligen* Hauptstraße führte uns ein Feldweg direkt zu unserem Nachtquartier. Auf den letzten Metern sah sich Iljana nach einer warmen Dusche schon bei einem schönen Abendessen und einem geselligen Beisammensein mit den dort ansässigen Freunden ihres abwesenden Bekannten. Was ich sofort sah, war eine solide eingezäunte Pferdekoppel mit Unterstand auf der gegenüberliegenden Straßenseite. Bei unserer Ankunft schien die alte Wassermühle jedoch beinah verlassen. Die ortskundige Iljana führte uns zu einem Bauwagen - dem menschlichen und *hundlichen* Quartier - inmitten einer hohen Wiese, die Peng zugedacht war. Die Wiese missfiel mir bei kurzem und viel mehr bei näherem Augenschein. Das *giftkrautige* Eldorado, der *schlupflöchrige* oder auch abwesende Zaun und die vielen ungesicherten Gefahrenzonen entlang des stark wasserführenden Mühlkanals verboten selbstverständlich Pengs Aufenthalt. Ich schickte die von meinem Murren genervte Iljana auf Erkundung zum Nachbarn. Nach kurzer Zeit kehrte Iljana lächelnd von ihrer erfolgreichen Mission zurück und Peng tauschte das verheißene Paradies mit einem stromgesicherten Quartier.

Die hohen Gittertreppen, die zum Eingang des Bauwagens hinauf führten, waren für Prinz mental unüberwindlich. Dank ihrer *bautätigen*

Erfahrung improvisierte Iljana eine lange Rampe, die von Prinz, obwohl leicht schwingend, unter Zuspruch gerne gemeistert wurde. Der nun in Erscheinung tretende weibliche Teil des ansässigen Paares beanstandete grimmig die bauliche Veränderung und äußerte unverblümt unsere *Unerwünschtheit*. Unerwartet trafen uns die Streitereien der anwesenden und abwesenden Hofherren und -dame. Den Geist für keinerlei Besänftigung geöffnet, vernichtete sie jeglichen Hoffnungsschimmer auf ein *gastgeberisches* Mahl oder den Komfort einer Dusche. Nach dieser kurzen und sehr entschiedenen Belehrung vertrieb sie der beginnende Regen ins Haus und uns in den Bauwagen. Dort speisten wir reichlich und rhythmisch begleitet von dem Trommeln der heftig niederprasselnden Regentropfen. Nach dem Verklingen des Schauers fanden der Hund und ich bei unserem Kontrollgang das Pony zufrieden im Unterstand dösen. Mich überraschte doch, wie gelassen und furchtlos Peng sich auf die Gegebenheiten jedes neuen Ortes selbstsicher einließ.

Zurück im Bauwagen zog ich mich mit Prinz in den hinteren Teil zurück. Erleichtert, alle Tiere doch noch sicher und zufrieden untergebracht zu haben, kamen auch meine Nerven zur Ruhe. Trotz täglicher Besserung war mir Prinz - mental und körperlich - immer noch sehr anstrengend. Durch unseren frühen Start, zügigen Marsch und ungastliche Hofleute hatte jeder von uns den Luxus, am frühen Abend noch Zeit mit sich selbst zu verbringen. Ich brachte sie auf meditative Weise zu und praktizierte Reiki für den verletzten Wallach in Reesdorf. Der heftige Regen konnte mir meinen Schlaf in dieser Nacht nicht rauben, da ich den schönen Peng satt und dösend unter dem Unterstand wusste.

Wie immer hatte ich gut geschlafen, aber morgens meldete sich noch vor Pia der Hunger bei mir. Sie kam wieder sehr früh und kurz, nur um zu schauen, ob ich die Nacht unversehrt überstanden hatte. Was die sich immer für einen Kopf machte! Das nervte mich manchmal, war aber auch irgendwie schön! Erst nach einer langen Weile kam sie, um mich zur Herde zu holen. Ach und ich hatte schon gedacht, dass ich das schwere Gepäck los war. Jetzt setzte sie mir den Sattel mit komplettem Gewicht wieder drauf. Ehrlich gesagt schien er mir sogar noch viel schwerer als vorher. Obwohl fast alle schon mit gespannten Sehnen in den Startlöchern standen, wurde unser Aufbruch erst vom Hund, dann von Iljana rausgezögert. Der Eine wollte nichts fressen - obwohl ich doch so hungrig war - und die andere trödelte mit einem Buch herum. Bis es endlich losging, hatte ich meinen Ärger über den Sattel schon fast wieder vergessen. Das Laufen fing richtig gut an. Das Gras auf der Wiese stand so hoch, dass es mir direkt bis in mein Maul reichte. Das war ein gemütliches Fressen ganz ohne Pias Gezerre. Das war genussvolles Fressen! Selbst der Hund machte *Kläffpause*. Der Kleine hatte ganz schön zu tun in dem hohen Gras. Man sah ihn ja nicht mal, den Winzling.

Ohne das Schiebeteil ging es heute ziemlich flott voran. Leider gab es auch nur wenige Iljana-Warte-Knusper-Pausen. Und der Hund jammerte mir was von großem Hunger vor. Hätte er morgens lieber gefressen, anstatt nur zu meckern. Soll er doch Gras fressen! Und da war der wunderliche Alte, der mich Lotte nannte. Der wusste nicht mal, dass ich ein Mann war. Immerhin stopfte er dem Prinz das Maul mit Katzenfutter. Auch Iljana steckte dem Hund andauernd was zu. Für mich war da nichts dabei! Keiner gab mir was Leckeres!

„Der frisst ja Gras!"

Abends war Pia richtig schlecht drauf. Wir standen in Mitten einer hohen Wiese und sie hatte an allem was aus zusetzten. Ich fand es nicht schlecht! Immerhin war diesmal genügend Gras da! Auch wenn das alte Zeug ganz schön anstrengend zu kauen war. Alternativ war die Koppel mit saftigem Grün, riesigem Wassertrog und Unterstand natürlich viel besser.

Was heute kein Ausschlafen? Aaauuaaa, mir tat doch jeder einzelne Muskel weh! Pia war schon ganz früh OHNE mich bei dem Peng. Wie sollte ich den so alles unter Kontrolle halten? Die Ausrede war lächerlich: Wegen mir würde der Hofhund bellen und alle aufwecken! Also Bellen, das konnte ich schon ganz ALLEIN. Das ging aber schnell! Ach, jetzt sollte ich aber! JETZT hatte ICH keine Lust! Trotzdem jagte die *Rudeltyrannin* mich vor die Tür. Ich hätte auch noch eine gute Weile liegen bleiben können. Ach und jetzt sollte ich WIEDER das langweilige und eklige Zeugs fressen?! Wie, und auch noch GANZ ALLEIN?! Ganz alleine mag ich sowieso nicht fressen. Immer wieder und überall stellte sie mir den Fraß vor die Schnauze. Aber ich bekam keinen Bissen runter! Erst war es zu einsam, dann zu laut, zu hektisch, zu viele Leute ... und vor allem war es einfach viel zu eklig.

Irgendwann liefen wir los! Wo war mein Wagen? Hatten wir etwa MEINEN Wagen gegen das neue *Rudelmitglied* eingetauscht? Pia hielt mich leider mal wieder streng an der Leine. Wir stapften zusammen durchs hohe Gras. Oh *hund*, ganz schön anstrengend sich so langsam durchs Gestrüpp zu kämpfen! Vor allem mit so einem Muskelkater! Warum durfte ich nicht frei laufen? Warum durfte ich mich nicht ins Gras werfen? Warum durfte ich mich nicht wälzen?

Irgendwann so gegen Mittag hatte ich richtig Hunger. So Hunger, dass ich auch den ekligen Fraß runtergewürgt hätte! Ich wusste es! Ich wusste es! DAS GAB'S DOCH NICHT! MEIN Futter war in MEINEM Wagen und MEIN Wagen war nicht dabei! Wie? Ich hätte halt heute Morgen fressen sollen? War es etwa meine Schuld, dass MEIN Wagen nicht dabei war??? Und der Peng mit einem Maul voll Gras im Echo! So gemein! Der Peng, der Peng fraß ja Gras! Nur Iljana hatte Verständnis für mich. Irgendwie trieb Pia dann doch noch was auf. Lecker, aber viel zu wenig! Für große Hunde bitte auch große Portionen! Immerhin ließ mich Iljana von ihrem Fressen kosten. War sehr lecker! Das eine so schön süß und saftig und das andere so knackig und salzig und auch irgendwie süß. So viele verschiedene Geschmäcker! Hallo Gourmet Peng, ich war jetzt auch einer!

Irgendwann fanden wir einen geeigneten Schlafplatz. Komisch, Pia war ziemlich sauer. Da war doch mehr als genug Gras für den fetten Peng! Der Peng kam weg und ich musste irgendwie in unseren Schlafplatz klettern. Ein Schlafplatz mit Gittertreppen! Wer denkt sich so was aus? Ich hatte doch Angst vor Gittertreppen! Wer denn nicht? Mit zwei langen Brettern ging ich dann, aber meine Beine zitterten trotzdem. Ich wollte einfach nur in die Höhle und alle viere von mir strecken.

7. Juni 2009

Unsere Blicke trafen sich als Prinz interessiert seinen Kopf leicht anhob, um mein morgendliches Dehnen und Strecken zu beobachten und sich dann ausgiebig meinen Übungen anschloss. Diese gemeinsamen Muskellockerungen sollten unser allmorgendliches Ritual werden. Spät am Morgen verzog sich der Regen, endlich. Zusammen mit dem Hund wagte ich mich raus. Schon von Ferne wieherte uns der stets gut gelaunte Peng auf unserer morgendlichen Kontroll- und *Erleichterungsrunde* fröhlich zu. Und nach einer Katzenwäsche und einem Hundefrühstück holte ich mit Hilfe des freundlichen Nachbarn Peng aus seinem stromgesicherten Quartier. Der in menschlicher Aggression ausgeartete Zwischenfall mit Peng und dem solitär lebenden Wallach in Reesdorf beunruhigte uns immer mehr. Und zu meinem beweiskräftigen Schutz veranstalteten wir ein Fotoshooting. Pengs Unversehrtheit wurde aus allen möglichen Winkeln aufgenommen und das Ganze endete themenfremd in einer heißen Kussszene.

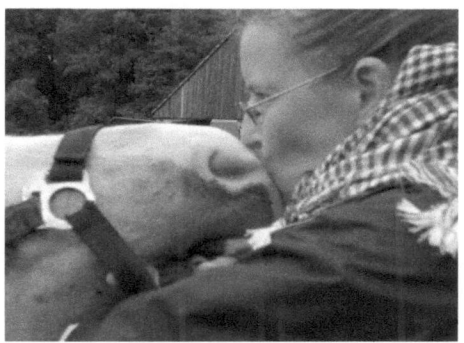

Das Pony wurde anschließend unter Prinzens tosendem Gebell ordentlich beladen und unser kleiner Tross setzte sich nun wieder komplett inklusive Hundewagen in Bewegung. Noch hielt ich Gemüt und Körper vom Schlafe gestärkt. Doch der scheinbar unermüdlich tönende Hund und das regenreiche kalte Wetter forderten meinen

nervlichen Tribut. Wir bewegten uns unter lautem Gekläff nur
langsam und sehr mühsam. Besonders die Pausen animierten unseren
Prinzen zu noch lauterem Gesang. Völlig entnervt und energetisch
entleert fand unser Marsch im ersten Dorf auf unserer Route ein
schnelles Ende. Ein riesiger
Pferdehof, dessen Stallungen
sich über zwei große Gehöfte
erstreckten, schien das Dorf zu
dominieren und bekräftigte
unseren spontanen Entschluss
zu einem frühen Tagesmarsch-
abbruch. Peng fand neben dem
Kirchturm auf der nächtlich
verwaisten Hengstkoppel

Unterkunft. Er begann sofort mit der Erkundung seines neuen
Reviers, und den Spuren seiner Vorgänger zu folgen. Derweilen
konnte ich ungestört die Ausgänge pengsicher mit greifbaren
Parcourshindernissen verbarrikadieren.

Zur Freude der *zeltunwilligen* Iljana vermietete der Reiterhof auch
Zimmer. Allerdings waren außer und wegen dem hofeigenen
Haushündchen keine anderen Hunde gestattet. So ließen wir Peng auf
seiner Hengstkoppel zurück und zogen mit Hund und Gefährt durchs
Dorf auf der Suche nach Nahrung und weiterer hundefreundlicheren

Unterkunft. Durch alle Gassen
des Dorfes schallte Blasmusik
der Brücker Musikergruppe,
wie uns ein blauer Schriftzug
auf einem weißen, *trabantartigen*
Kleintransporter wissen ließ.
Auf diesem Musikfest gab es
gegen eine Eintrittsgebühr
Bockwurst für den Hund, Kuchen und Brötchen mit Senf und

Ketchup für uns Vegetarier in Fülle. Da wir weniger an dem Fest als viel mehr an den Nahrungsmitteln interessiert waren, übernahm Iljana - offiziell genehmigt - den gebührenpflichtigen Essenskurierdienst und wir verspeisten genüsslich den mehrgängigen Schmaus freundlich geduldet an unserem dörflichen Stützpunkt, einem Hauseingang gleich neben dem Festtor. Die meiste Zeit starrten wir stumm und dumpf ein jeder vor sich hin. Von hier aus unternahm ich auch mehrere vergebliche Unterkunftserkundungen im scheinbar voll belegten Dorf. Das ganze Dorf war auf dem Musik- und *Schmausfest* versammelt. So traf uns dort auch der Besitzer des Pferdehofes. Er ließ sich über unser Wanderunternehmen unterrichten und erzählte uns von seiner dreiwöchigen Teilnahme am Brügge-nach-Brück-Pferdetreck.

Die körperliche Nahrung beruhigte unsere Mägen und beschenkte uns mit einer friedlicheren und helleren Laune. Mit Wiedererlangung einer produktiven Denkfähigkeit schlug ich der *bettverliebten* Iljana vor, alleine im *reiterhöflichen* Zimmer zu nächtigen. Prinz und ich wollten unser Zelt einweihen. Es sollte nicht nur die erste Nacht im Zelt werden, sondern auch der erste Zeltaufbau. Natürlich hatte ich vor Wanderbeginn im trägen Vertrauen auf die Fähigkeiten des Zeltherstellers keinen Übungs- und Optimierungsaufbau durchgeführt. Mit Hilfe des hofeigenen Azubis gelang es mir, die zuerst überflüssig scheinenden Teile in den Zeltaufbau zu integrieren. Die Spannschnüre verdammte ich - *Zeltunkundige* - zunächst als reine Schönheitsaccessoires und ließ sie leider - zu Anfang trotz gegenteiliger Hinweise, später trotz besseren Wissens - für immer in ihrer Tüte.

Ich hatte gerade all das mühsam Geschobene und Getragene im Zelt verstaut und unser Nachtlager fertig bereitet, als Iljana um die Ecke kam. Sie bot mir eine heiße Dusche in ihrem Luxusquartier und solange eine Gesellschaft für den Hund an. Bis auf die Knochen wohlig aufgewärmt und oberflächlich sauber gesellte ich mich zu den zwei friedlichen Sonnenanbetern. Diese meditative Stimmung bewegte uns dem - unsere menschlichen Gedanken verfolgenden - verletzten Wallach gemeinsam heilendes Reiki zu senden. Nicht nur unser gesamtes Wanderteam genoss den wärmenden Sonnenuntergang, sondern auch fünf über Peng und dem Kirchturm kreisende Störche. Nachdem Iljana sich auf den Weg zu ihrer heißen Dusche gemacht hatte, schlüpften Prinz und ich zufrieden und aufgewärmt ins Zelt. Natürlich nicht, bevor ich unserem Pony ein „Schlaf gut, schöner Peng" zugerufen hatte. Peng quittierte mit einem kurzen Brummeln.

Um meinen Unterstand war ich diese Nacht ziemlich froh. Auch ich musste zugeben, dass ich das Wanderunternehmen so langsam in meinen Muskeln und Knochen spürte. Es hatte viel geregnet und im Trockenen ließ es sich doch so viel besser ausruhen. Und so ganz allein musste ich mit drei sicheren Wänden um mich herum nur in eine Richtung achtsam blicken und horchen. Erst kurz vor Mittag ließ sich Pia mit Prinz wieder blicken. Mir war es recht. Ich machte vor Aufbruch gern noch mal ein morgendliches Verdauungsnickerchen. Ich war mir Pia immer sicher! Ich kannte sie lange genug und sie war absolut zuverlässig und berechenbar.

Bevor Pia mir den grässlichen Sattel wieder auflegte, hatten sich die zwei Frauen etwas Besonderes überlegt. Iljana fotografierte mich von hinten, von vorn und von allen Seiten. Der Anlass war die Makellosigkeit meiner Schönheit für immer fest zuhalten. Zum Abschluss küsste mich Pia lange auf mein „süßes" Maul. Natürlich kläffte der Köter ununterbrochen. Das *Gekläffe* ging mir so was auf die Nerven.

Was für ein zäher Bursche! Ich hätte ihm so viel Energie gar nicht zugetraut. Ich sah ihn schon bald erschöpft und kleinlaut - wie ein Schoßhündchen - zusammenbrechen. Wer da wohl das Rennen machte? Prinz oder Pia?

Der Tag war gemütlich, aber trotzdem nervig. Iljana hatte Mühe vorwärts zukommen, das hieß für mich ganz viele Knabberpausen. Aber Pia war trotz eines guten Starts leider ziemlich schlecht gelaunt. Ständig keifte sie den kläffenden Köter an und zog kreischend an meinem Strick. Das Ganze fand ein unerwartetes jähes Ende, als wir das erste Dorf erreichten. Pia ließ mich auf eine große Koppel und dann war gleich Ruhe. Kein Pferd war hier zu sehen. Alle waren in den Stall gesperrt. Das ersparte mir die Höflichkeiten und ich konnte ungestört die hinterlassenen Nachrichten untersuchen. Mit einem Auge beobachtete ich Pia, wie sie mühevoll Stangen und Gerätschaft anschleppte und das Tor blockierte. Ich hatte doch keine Lust mich durch das Tor zu zwängen. Oder doch? Als die Drei inklusive dem mühsamen Gefährt abzogen, war mir schon ganz danach, hinterher zu stürmen. Ich gehörte doch auch zur Herde!? Und dann war ich ja auch so neugierig und selbst erlebt war allemal besser als aus zweiter Hand erzählt. Immerhin konnte ich so wenigstens friedlich grasen, wo und wie lange ich wollte, ohne dass jemand mit dem Strick an meinem Kopf riss. Erst, als ich schon lange satt war und dösend in der Ecke stand, kamen die Drei um die Ecke. Dann wurde sehr geschäftig herumgewurstelt. Und siehe da! Da stand plötzlich ein ziemlich klappriger und viel zu kleiner Unterstand direkt neben meiner Koppel. Pia musste sogar in den Unterstand reinkriechen, so winzig war der. Nur der Hund kam ungestreift rein. Wie sollte ich da je rein passen?

Am liebsten wäre ich den ganzen Tag Seite an Seite gelegen und gar nicht aufgestanden. Ooooohhhhh, ich liebte *Rudelliegen*! Ab und zu horchte ich, ob Pia sich schon regte. Hin und wieder drehte sie sich von einer auf die andere Seite. Ansonsten war es da lange ruhig! Bestimmt war der heftige Regen dran schuld. Sie mochte den Regen nicht! Um Peng machte sie sich wohl auch keine Sorgen! Sicher hätte sie mich sonst schon lange raus gejagt! Als dann das Getrommel der Regentropfen schon eine ganze Weile verstummt war, hob ich meinen Kopf um sie beim Recken und Strecken zu beobachten. Das war eigentlich auch eine ziemlich tolle *Rudeltätigkeit*! Ich liebte *Rudeltätigkeiten*! Und so reckten und streckten wir uns genüsslich zusammen.

Diesmal habe ich meine Frühstücksportion ganz aufgefressen. Nein, auf keinen Fall wollte ich so einen Hungertag wie gestern noch mal erleben! Na und Pia erst! Sie lobte mich total übertrieben. Warum schleppten die beiden das ganze Gepäck selber? Warum holten sie den Peng nicht dafür? Und warum warfen sie dann alles wieder auf den Boden? War wohl doch zu schwer!? Warum wurde ich jetzt auch noch angebunden? Das geht doch nicht? Hallo? Warum hört mich denn keiner? Ach, jetzt kam der Peng dazu. Der Peng drängelte sich aber so was von in den Mittelpunkt!? Die zwei Weiber schwirrten um ihn herum wie Fliegen?! Die eine schmuste total provokativ mit dem Peng und die andere fotografierte das Ganze von allen Seiten. Hallo! Ich war auch noch da! Irgendwann nach tausend Ewigkeiten - liefen wir dann auch mal los. Das Geschmuse und Fotografieren schlug auf Pias Laune. Die wurde immer übellauniger. Ja, das kommt davon! Oh *hund*, konnte die keifen! So was von ignorant die Frau! So was von stur! Nichts, ich durfte gar nichts! Immer nur an der kurzen Leine! Nirgendwo durfte ich schnuppern! Nirgendwo pinkeln! Wozu war ich überhaupt dabei? Sie hätte genauso gut nur die Leine mitnehmen können. ICH war ihr total egal!

Irgendwann war der Spuk vorbei. Der Peng wurde auf einer Wiese abgestellt. Und wir anderen gingen erstmal das Dorf erkunden. Ohne den Peng war Pia viel lockerer. Ich auch! Ja, der Peng stresste mich auch irgendwie! Im Dorf kamen wir nicht weit. Ewig saßen wir vor einem Haus. Keine Ahnung, auf was wir warteten? Immerhin brachte mir Iljana lecker Würste und anderen Sachen zum Kosten. Die Wurst schmeckte mit Abstand am Besten! Irgendwann checkten wir den Peng ab. Der schlief schon und ich war auch so müde! Und was wurde das jetzt? Was baute Pia da? War das etwa eine Nothöhle? Ob das wohl hielt? Also Iljana mochte Pias Nothöhle nicht. Sie suchte sich einen anderen Schlafplatz. Und ich musste wohl!

8. Juni 2009

Für heute war ein früher Start geplant. Sven - ein Freund von Iljana - wollte so gegen acht Uhr hier in Baitz eintreffen und uns nach Belzig zu seiner Streuobstbaumwiese führen. Für die nächsten Tage sollte er unser Gastgeber sein, denn wir hatten eine kurze Erholungspause von ein bis zwei Tagen eingeplant. Früh um sieben Uhr kam Iljana gut gelaunt, um uns gemütlich Dösenden auf die Füße und Pfoten zu helfen. Mein *weckdienstliches* Handy hatte ich ihr zur elektrischen Aufladung mit aufs Zimmer gegeben. Nach einer kurzen Gassirunde, gerade als ich mit dem Zusammenpacken begonnen hatte, kam Sven viel früher als erwartet um die Ecke. Er überbrachte eine gute

Nachricht, die mich in unkoordinierte Hektik versetzte: Eine noch unbekannte Menge unseres Gepäcks konnte im sogenannten Bürgerbus mit nach Belzig fahren. Sven kannte den Fahrer, da er selbst auch einmal wöchentlich ehrenamtlicher Fahrer der Bürger war. Allerdings blieb mir nur noch eine Viertelstunde um alles gepackt und verschnürt an einem fünf Minuten entfernten Treffpunkt abzugeben. Wie sich schnell zeigte, ist wohl der Aufbau eines Zeltes eher unproblematisch und Bedarf weniger der Übung als den Abbau wieder in eine plötzlich viel zu kleine Tasche zu zwängen. Mit Svens ruhiger und beruhigender Hilfe gelangte das Zelt wieder in die nun allerdings nicht mehr verschließbare Tasche.

Als Sven mit dem bepackten Hundewagen eilig verschwand, kehrte bei mir immer noch keine gemütliche Frühstückslaune ein. Da nicht nur wir in die morgendlichen Startlöcher kamen, sondern auch der Rest der Hofwelt, musste Peng den ansässigen Koppelhengsten Platz machen. So *debarrikadierte* ich den Ausgang und rief mein schönes Pony herbei. Es durfte nun an unserem ehemaligen Zeltplatz weiter am Gras knabbern. Sobald Peng sein umzäuntes Quartier verließ, wurde auch der *Belldrang* des an einen Hänger gebundenen Hundes aktiviert.

Kurz nach seinem Entschwinden kehrte Sven zu unserem Entsetzen mit dem Hundewagen an seiner Hand zurück. Allerdings konnte er zumindest einen gewichtigen Teil des Gepäcks im Bürgerbus unterbringen. Untermalt von Prinzens *Getön*, hin- und hergetrieben von Pengs Gelüsten, fand ich doch Genuss an den mir von Iljana unaufhörlich gereichten Frühstückshäppchen. Nach einem gewohnt ausgiebigen und mit Svens Proviant bereicherten Mahl und einem gemeinsamen Blick auf die Wanderkarte starteten wir fast schon zu satt und ungewöhnlich früh unseren Weg.

Gleich am Dorfende wartete meine erste gefahrenbeladene

Bewährungsprobe als gewissenhafte und dominante *Hunde(an)führerin*. Ein großer Deutscher Schäferhund tauchte plötzlich aus einem entfernten Hoftor auf und schoss bei Prinzens Anblick blindlings, aggressiv und lautstark auf uns zu. Mit quasi an Peng und Prinz gebunden Händen und damit einhergehender eingeschränkter Bewegungsfreiheit setzte ich ihm mit einer noch aggressiveren Entschlossenheit entgegen, was mir in meinem Repertoire verblieb, eine laut gebrüllte Anweisung zum unverzüglichen Rückzug. Zu unser aller Erstaunen schien der tierische Angreifer von mir beeindruckt, oder vielleicht auch nur von seinem rufenden Besitzer im Hintergrund. Der Hund ließ von seinem wütenden Vorhaben ab und kehrte - fast selbst überrascht - mit eingekniffenem Schwanz um. In erleichterter Aufregung verließen wir das Dorf etwas stockend, da uns die weiterführende Wegmarkierung noch verborgen war.

Wanderwegwandern ähnelt des Öfteren einer Schnitzeljagd und eignet sich gut als Fährtensuchtraining. Im Laufe der Zeit wurde ich eine ausgebuffte *Wegmarkierungsfinderin*, deren Aufmerksamkeit sich allerdings nur zu gerne durch menschliche Begleitung ablenken und die Zeichen übersehen ließ.

Nach einem gemeinsamen Start führte Sven zur Beruhigung der Gemüter das melodische Tönen ein. Doch tempobedingt teilte sich das Wanderfeld ziemlich schnell in zwei Grüppchen. So marschierten wir auf sandigen Wegen *drei-* und *zweisam* durch Wald und Flur. Die *Befellten* und ich bildeten die zügige Vorhut. Inspiriert durch Svens melodisches Summen sang ich außer menschlicher Hörweite den Vierbeinern - leider recht einsilbig - Lieder meiner Jugend vor. Schon damals kannte ich den Text nicht und beschränkte mich auf das endlose Wiederholen weniger Wortfetzen. Zumindest lenkte mein Singsang Peng und mich von Prinzens *Gefiepe* und Gebell ab. Peng spitzte seine kleinen weißen Ohren und trottete mit interessierter Miene. Entweder gefiel ihm mein Gesang oder er wartete geduldig

- aber vergeblich - auf die nächste Strophe. Um unseren flotten Marsch nicht zu sehr durch die langsame Gruppe bremsen zu lassen, entschloss ich mich für wenige aber lange Nachrückpausen. Unser Wandern gestaltete sich recht schnellen Schrittes ruhiger und harmonischer und hatte endlich einen ideellen Hauch. Iljana und Sven zogen den Hundewagen gemächlich und gemeinsam an improvisierten Hilfsmitteln einträchtig schnatternd und ihrerseits fast unbemerkt durch den stellenweise recht tiefen Sand.

An einer unbestimmten Weggabelung - die Karte nur vor meinem geistigen, aber nicht realen Auge - pochte ich bei den aufschließenden Nachzüglern bestimmt und überzeugend auf ein Abbiegen. Ganz deutlich sah ich „unseren" Weg in einem Linksschlenker am Waldrand entlang verlaufend. Mit zunehmendem Fortschreiten musste ich Sven, den ortskundigen Anzweifler, immer häufiger überzeugen. Bis er plötzlich laut rufend und wild mit den Armen wedelnd mitten im Wald eine unvermittelt auftauchende Postautofahrerin anhielt. Mein Irrtum wurde von der *Postlerin* prompt aufgedeckt und mit einem längst überfälligen Blick auf der Karte besichtigt. Ich hatte nicht „unseren" Weg in meinem Orientierungsgehirn abgespeichert, sondern den Verlauf des Reitweges, der nur anfänglich unserem Weg angehörte. Erfreulicherweise beschränkte sich der Umweg nur auf diesen kleinen *waldrandigen* Linksschlenker und die Kurskorrektur ließ sich durch einen geradlinig verlaufenden *walddurchquerenden* Weg mühelos durchführen. Wie es schien, hatten die Hüter des Waldes nun jeglichen Verwirrungen vorgesorgt und wegweisende Schilder aufgestellt. Doch das Vertrauen meiner menschlichen Wandergenossen in meine Orientierungsfähigkeit war derart reduziert, dass sie nicht einmal eine beschilderte von mir beschrittene Abzweigung ohne einen prüfenden Blick auf die Karte einschlugen. Selbst Pengpeng schien verunsichert und verhielt sich zum ersten Mal seit Beginn der Wanderung seinem fluchttierartigen Erbgut gemäß ängstlich. Ein schwarz getarnter bodenständiger Jägerstand erschreckte ihn zuerst von vorn und ein zweites Mal seitlich, was er jeweilig mit einem gewaltigen Seitensprung konstatierte.

Mit dem Erreichen von Schwanebeck - einer Ansammlung weniger Häuser auf weiter Flur - widmeten wir uns einer ausgiebigen und üppigen Mittagspause. Mit Prinz folgte ich dem grasenden Pony kreuz und quer über eine kleine Wiese, während Sven und Iljana in dem einzigen Laden des Dorfes - einem Biohofladen - unser Mittagsmahl aufwerteten. Die Wartezeit dehnte sich fast ins Unendliche und die beiden schienen mir verschollen. Anfänglich hielt ich meine Nerven mehr oder weniger unter Kontrolle, bis Peng alle verwertbaren Grünteile intus hatte. Nur ein kleines sumpfiges Eck mit dem ach so giftigen Schachtelhalm (Anmerkung: Schachtelhalm wirkt ausleitend und seine Giftigkeit wird - wie so oft - durch die Dosis bestimmt) ließ ich ihn aussparen. Doch er hatte wohl besonderen Geschmack daran gefunden. Er ignorierte ungerührt meine unentwegt unkundigen Belehrungen über die Giftigkeit des urzeitlichen Gewächses. Die Pengsche Schachtelhalm-Diskussion und das Prinzsche *Gefiepe* brachten meine Anspannung auf Maximum, die erst durch Svens und Iljanas Wiedererscheinen gelöst wurde.

Mit Biokösllichkeiten im Gepäck suchten wir uns ein ruhiges, baum-, kraut- und gräserreiches Fleckchen nach *jeder(wanders)manns* Geschmack. Sven fand ein solches als *baumgesäumter* Wendeplatz gleich am Ortsausgang am Ende eines grasigen Holzweges. Die zwei menschlichen Sonnenanbeter verschafften ihren Körpern Luft und Sonnenlicht, indem sie sich ihrer obersten Kleiderschicht entledigten, inklusive ihrer Schuhe und Strümpfe. Iljana schlang in Blumen-kinderart einen bunten Schal zur Haarbändigung um ihren Kopf. Svens etwas weniger wallende, aber in Länge kaum nachstehende Mähne wurde in gleicher Manier von einem roten Tuch gehalten. Peng warf sich - wohl durch ihr Beispiel inspiriert - mit Pack und Sattel auf den Boden und versuchte sich durch Wälzen von seiner

Last zu befreien. Ich konnte mich weder für seinen Aktionismus noch für seinen Wunsch begeistern. Der Gedanke allein an meine noch ungeübten Packhandgriffe unter dem kläffenden Getöse von Prinz verdarb mir jegliche Lust auf Pause. Erleichtert stellte ich fest, dass Peng schnell von seinem Wunsch absah und auch schon genüsslich die Pflanzenwelt erkundete. Prinz - wie jede Pause an einen Baum gebunden - bestand weiterhin ausdauernd und stimmkräftig auf seinen unerwünschten Pausenradau. Seine Aufmerksamkeit konnte nur kurzweilig durch angebotene Kostproben unseres Mittagsmenüs in dezente Schmatzgeräusche umgeleitet werden. In Pengs Schlepptau ließ ich mir Scheiben von leckerem Vollkornbrot dick mit gerade erstandenem Bioschafsfrischkäse reichen.

Leider hatten bisher weder die akustischen, noch die telepathischen Versuche Prinzens Verhaltensauffälligkeit zu normalisieren oder zumindest umweltverträglich zu regulieren, Wirkung gezeigt. Einzig allein riefen Pengs Maßregelungen immerhin eine kurz anhaltende Reaktion des Hundes hervor. Sven riet mir, verbal kurz und klar unterstützt durch telepathische bildhafte Übermittlung der gewünschten Handlung, mit dem Hund zu kommunizieren. Um dem Ganzen Wirkung zu verleihen, müsste ich natürlich Ruhe und eine ihm überlegene mentale Stärke nicht nur ausstrahlen, sondern auch innehaben. Prinzipiell klang Svens Vorschlag sehr effizient. Verbal kurz und klar, das schien mir noch umsetzbar. Doch für die benötigte Konzentration, um schnell und mit dem richtigen Timing telepathische Bilder zu produzieren, fehlte mir die Übung und vor allem die innere Ruhe. Und im Moment schien der Hund in Sachen mentaler Stärke um Schnauzenlängen vorne zu liegen.

Die Mittagspause währte lange und wurde - wie sich schon vermuten lässt - nicht von jedem in allen Facetten genossen. Einer Ess- und Plauderphase folgten ausgiebiges Dösen und Schweigen. Es versteht sich selbstverständlich, dass Prinz in der Plauderphase stagnierte. In

Anbetracht der Nähe und der Gewissheit unseres Tageszieles, der zufriedenstellenden Kräuter- und Grasfülle des Pausenlagerplatzes und trotz des unzufrieden tobenden Hundes konnte auch ich gelassene Ruhe finden. Peng gönnte selbst meinen müden Füßen etwas Entlastung, indem er mich einige Minuten neben ihm im Gras sitzen ließ, bevor er mich zu einer anderen - viel leckeren - Stelle zerrend wieder aufscheuchte.

Als die zwei sonnigen Schläfer Glieder reckend ihre Wanderbereitschaft demonstrierten, hatte ich schnell alle Hundeutensilien und herumliegende Wasserflaschen in Pengs Satteltaschen verstaut. Gemütlich wartete ich, bis die Zwei ihre entblößten Körperstellen mit den entsprechenden Kleidungstücken bedeckt hatten. Und während Peng von Sven gesichert wurde, überführte ich den lautstarken Prinz von seinem *bäumischen* zu seinem menschlichen Halter. Sven befand sich nun in bekannten Gefilden und wir vertrauten *kartenblind* seiner Leitung. Das von uns durchstreifte Gebiet wurde menschlicher. Nach einem kleinen Waldstück erreichten wir schon die ersten *belzigschen* Siedlungsausläufer, die Springbachmühle. Die Mühle selbst verschrieb sich der Gastronomie und war von einer *naherholungsgesuchten* parkähnlichen Landschaft umgeben. Der zu einem kleinen See aufgestaute Springbach beheimate schwimmfreudiges Federvieh und zwei sehr heimisch wirkende neugierige Nutrias. Ich hielt sie erst für Bisamratten. Sven und Iljana berichtigten meinen ignoranten Irrtum.

Meine Ignoranz war derart (ich hatte das Wort Nutria noch nie zuvor gehört), dass ich die schwimmenden Pelztiere immer noch für Bisamratten hielt und das Wort „Nutria" nur für eine neumodische Bezeichnung derselben. Meine späteren Internetrecherchen haben allerdings ergeben, dass die südamerikanischen Nutrias zu den Meerschweinartigen gehören und größer als die sehr ähnlich aussehenden nordamerikanischen, zu den Wühlmäusen gehörenden, Bisamratten waren. Beide Arten wurden zur Pelzzucht nach Europa verschleppt und die den

Pelzfabriken glücklich Entflohenen etablierten sich im freien Europa.

Ich hielt mich mit Peng und dem lautstarken Prinz im Hintergrund des Seeufers, um dem mutigsten Nutria Raum und Ruhe für ein Zwiegespräch unter Telepathen mit der ebenso interessierten Iljana zu ermöglichen. Sven - der *Audiopath* - folgte schweigend und unverständig diesem Interspeziesaustausch und konzentrierte sich auf das visuelle Erkunden des an der Wasseroberfläche treibenden Pelztieres. Derweilen stutzte Pengpeng unter Prinzens strenger Aufsicht die grasbedeckten Wegränder. Der telepathische Dialog war nur von kurzer Dauer. Und wenige Schritte brachten uns schnell zum Ausgang des Parks. Ein kleines Waldstück und eine halbe Stunde Fußmarsch trennten uns von Svens „Garten Eden", wie er seine Streuobstwiese liebevoll nannte.

Der Hundewagen wurde auf Svens Anweisung vorerst auf paradiesischem Territorium am Wegesrand zurückgelassen. Die prächtig tragenden Kirschbäume dominierten meine Aufmerksamkeit. Das Paradies schien nur *grenzmarkierend* umzäunt zu sein, um potentielle menschliche Eindringlinge an einen unerwünschten Übertritt zu erinnern. Zu meiner Besorgnis war der Zaun keineswegs geeignet, um ein Pony wie Peng aufzuhalten. Charakterbedingt - natürlich spiele ich hier auf meinen Eigenen an - misstraute ich Svens Beteuerungen auf einen weiteren pengsicheren Teil des Gartens. Beunruhigt durch das unbeaufsichtigte Gefährt und den überwindbaren Zaun folgte ich Sven und Iljana mit Hund und Pony auf einem schmalen Trampelpfad durchs mannshohe, von menschlicher Maschinerie unberührte, Gras vorbei an stolzen großen Kirschbäumen, nicht minder stolzen kleinen Apfelbäumen und zusammengetragene Biotopsteinhaufen. Erleichtert sah ich nun ein geteiltes Paradies mit einem der Straße zugewandten kleineren pengsicheren und in einem größeren vom Waldrand zugänglichen pengunsicheren Teil. Das Gras stand in Ähren und überragte meinen schönes Pony. Ich ließ ihn in

seinem zugewiesenen Paradiesteil frei. Peng nahm sein neues Reich in Besitz und durchstreifte es verträumt an den Ähren zupfend. Den noch einzigen von Peng durchdringbaren Teil zur Straße hin verbarrikadierte Sven mit seinem nun immobilen Auto und diversen Seilen und Gittern. Als Wassertränke hielt Sven eine kleine Blechwanne bereit. Noch während ihrer Befüllung wurde der wässrige Inhalt von Prinz mit kritischem Blick und bedächtigem Zungenschlag auf seine Qualität getestet und zugelassen. Peng schien sehr beschäftigt und völlig in seinem neuen Reich emotional auf und augenscheinlich unter zu gehen. Prinz und mir wurde ein Zeltplatz im anderen Teil des Paradieses zugewiesen, gleich hinter einem kleinen Apfelbaum, nur ein paar Meter von Pengs Reich entfernt.

Da wir quasi Quartier bezogen hatten und die Bindungsphase von Hund und Mensch - väterlich erwünscht - ausgiebig war, beschloss ich, Prinz nun endlich ein Stück Freiheit zuzugestehen und ihn vom unbedingten Leinenzwang zu entbinden. Der Garten Eden schien sogar den sonst so rastlosen Hund in paradiesische Gemütsverfassung zu versetzen. Ein Zaun zwischen den beiden *befellten* Wanderern schien nun auch ausreichend, um Prinzens Eifer und Töne aufzuhalten. Iljana und Sven bezogen Quartier in Nachbarins Garten. Sven bewohnte dort einen kleinen Bauwagen mit Schlaf- und Kochgelegenheit, und eine offene Veranda mit großzügigem Gästebett wartete auf die *zeltscheue* Iljana.

Als letzte Wandertat blieb uns noch ein Gang in die Stadt, um unser gewichtiges Gepäck vom Bürgerbus abzuholen. Prinz genoss die zeitweilige Ungebundenheit. Die Gelegenheit und eine quasi Wanderetappenbelohnung führte uns in ein indisches Restaurant. Unter dem Tisch kam auch der Prinz auf seine Kostproben. Mit vollgeschlagenen Bäuchen und einem freudig umher rennenden Hund machten wir uns auf den Heimweg zurück ins Paradies. Peng quittierte unsere Rückmeldung mit einem Wiehern, nur kurz und mehr ordnungsgemäß als wirklich interessiert. Er war noch ganz und gar in seinem neuen Reich versunken. Müde, satt und entspannt schlüpfte ich in meinen Schlafsack. Prinz streckte sich neben mir auf seiner weichen Matte aus. Alle waren wir sehr zufrieden mit unseren Quartieren und freuten uns auf einige Tage Wanderpause und Entspannung in Stille.

Ich war völlig überrascht, Iljana so früh am Morgen auf den Hufen zu sehen. Das konnte nur bedeuten, dass mein Morgennickerchen wohl ausfiel. Pia war auch schon sehr hektisch zugange. Ich beobachtete, wie sie nervös den Unterstand wieder einriss. Und dann kam sie schon auf mich zu. Gefrühstückt wurde heute zusammen.

Das Gepäck schien mir heute leichter und irgendwie schien heute einiges anders zu sein und zu werden. Gleich nach wenigen Metern kam ein durchgeknallter Hund auf uns zu gestürmt. Ich staunte, wie laut Pia eigentlich schreien konnte. Und mit vereinten Kräften schlugen wir den Hund in die Flucht. Ich hoffte, dass dieser Zwischenfall Pia nicht auf die Laune schlug. Ich hatte mich schon auf einen relativ angenehmen Tag eingestellt, da kein *übellaunemachender*

Regen in Sicht war.

Der neue Mann in der Herde stimmte mit unserem Hund in das übliche *Gefiepe* und *Gequietsche* ein. Nur tönte er recht melodisch und fröhlich. Vielleicht lernte der Hund ja was beim Gesangsunterricht! Pia ging schneller als üblich und wir ließen die anderen beiden in großem Abstand hinter uns zurück. Der schnelle Schritt war mir angenehmer. Bald waren die Töne des Mannes außer Hörweite und nun fing Pia an zu singen. Ihre Lieder waren recht kurz und wie üblich wiederholte sie alles tausendmal. Ich mochte ihre Stimme! Das Singen schien sie zu entspannen und wir zwei versuchten, die Disharmonien des Hundes zu ignorieren. Wo ganz besonders leckeres Gras wuchs, hielten wir an.

Schon von weitem machte mir der schwarze Kasten Angst. Ich war eigentlich kein ängstlicher Typ. Doch in diesem Kasten hatte ein Mann einen so brutal aggressiven Energieabdruck hinterlassen. Der war so intensiv, als ob der Mensch noch tatsächlich in dem Kasten lauerte. Leider kannte ich solche Menschen aus meiner Kinderzeit nur zu gut. Mein Herz raste und ich war richtig außer mir.

Als wir menschliche Behausungen erreichten graste ich unerwartet lange auf einer kleinen Wiese mit kurzem und sehr saftigem und zartem Gras. Im Wald schmeckte das Gras zwar intensiver, aber es war härter und deshalb mühsamer zu kauen. Abwechslung hatte ich zu genüge. Auf der Wiese wuchs auch einer meiner Leckerbissen, ein recht knackiges Kraut mit einem ganz besonderen Geschmack. Pia machte einen fürchterlichen Aufstand, wenn ich das Zeug fraß. Sie hielt mir ellenlange Vorträge über die Giftigkeit. Aber - unter uns - von diesen Sachen hatte sie nicht viel Ahnung. Schließlich war ich der Grasfresser und nicht sie! Pia begann, mich richtig zu nerven. Prinz nervte Pia. Pia nervte Prinz. Prinz nervte mich. Wir standen alle kurz vor einer Explosion! Ein Ortswechsel mit allerlei *Grasigem* zum

Ausprobieren verhinderte eine weitere Eskalation. Und hier knabberte nicht nur ich, sondern alle. Jeder machte es sich ohne sein Gepäck gemütlich. Aber Pia machte keine Anstalten mir meinen jetzt ziemlich schweren Gepäcksattel abzunehmen. Ich warf mich auf den Boden um das Teil abzustreifen, leider ohne Erfolg. Das Ding war einfach zu fest an mich geschnürt. Pia nervte natürlich gleich wieder und um der Ruhe willen gab ich nach. Wenigstens war das Gras üppig und abwechslungsreich und ich fand sogar Zeit, zu dösen.

Unser Ruheplatz war nicht mehr weit. Bei unserer Ankunft war ich total überwältigt. So etwas hatte ich noch nie gesehen, geschweige denn durfte oder besser ich sollte sogar mittendrin sein. Das Gras war höher als ich selbst und überall die nussigen Ähren. Ich wurde nur vom Ähren zupfen satt! Unvorstellbar! Was für ein Paradies! Alles war so friedlich, ich fühlte mich geborgen. Und hier durfte ich sein! Ich erkundete staunend mein neues Revier. Es gab viele Bäume und einige boten passablen Schutz gegen Regen und Sonne. Hier waren keine Wege angelegt. Vielleicht war ich das erste Pferd, das hier weiden durfte. Hier wartete eine Aufgabe auf mich!

Was für eine gemütliche Nacht! Ich hatte erst Angst, dass Pia frieren würde. Unsere Nothöhle war nicht gerade warm. Ihr nächtliches Kunstfell schien diesmal dick genug. Vor ein paar Tagen hatte sie nachts ja so gefroren. Heute war Iljana komischerweise als Erste im Rudel auf. Pia und ich gingen erstmal hinter die Büsche. Auch eine schöne *Rudeltätigkeit*, zusammen die Geschäfte verrichten. Da kann ich auch nochmal meinen *Rudelvorsitz* unterstreichen. Wer zuoberst pinkelt, hihi!

Mein Rudel bekam Zuwachs, ein Mann. Iljana kannte ihn und wir teilten gleich das Fressen mit ihm. Ich hatte nichts gegen ihn und nahm ihn sofort auf. Aber bitte NICHT ANFASSEN! Ich konnte es absolut nicht leiden, wenn mich fremde Menschen einfach so anfassten. Heute durfte ich nicht mal in Ruhe frühstücken. Ich musste gleich den Peng hüten. Ich sollte also fressen und gleichzeitig auf das gefräßige Pony aufpassen?! Wie stellte sich Pia das vor? Irgendwie hatte ich es dann sogar geschafft.

Irgendwann waren wir wieder auf unserem Weg. Oh nein! Was jetzt? Hau bloß ab du aggressiver Köter! Was für ein fürchterliches Gebrüll! Pia, ich war beeindruckt! Der Köter kniff den Schwanz ein und zog Leine. Ich hasste Beißereien! Ich war von Natur aus sehr friedfertig.

Irgendwann begann der neue Mann, mit mir zu summen. Das beeindruckte mich nicht! Ich konnte das auf jeden Fall viel besser! Ich war froh, dass Pia heute recht schnell ging. Endlich konnte ich die Pfoten mal ohne Pause laufen lassen. Aber wo blieb denn der Rest vom Rudel? Wie sollte ich denn so das ganze Rudel bewachen? Und wo war mein Wagen? Immerhin konnte ich den Peng im Auge behalten. Und immerhin konnte ich wieder alleine tönen. Wie? Was war das? Jetzt fing die *Rudelkreischerin* an zu singen? Immerhin besser als das Gekreisch!

Irgendwann war das ganze Rudel wieder zusammen und mal wieder ruhte das Rudel aus. Und mal wieder wurde ich an einen Baum gefesselt. Viel zu weit weg von meinem Rudel! Wie sollte ich irgendwas unter Kontrolle halten? Immerhin musste ich nicht wie der Rest des Rudels mitten in der Sonne liegen. Igitt! Nicht schon wieder dieser Ekelfraß genau vor meiner Nase! Wenn ich nicht öfters was Fressbares von Iljana bekommen hätte, wäre ich doch glatt verhungert! Und irgendwann - nach tausend Ewigkeiten - raffte sich mein faules Rudel endlich wieder auf. Wie? Das war's schon?

Immerhin war der Schlafplatz sehr geeignet, ein Revier ohne Fremdrudel! Nein, oder? Wie? Wirklich? ICH OHNE LEINE?! Nach tausend Ewigkeiten endlich wieder FREI! Endlich mal wieder schnüffeln, wie ICH wollte! Endlich mal wieder Spuren verfolgen, wie ICH wollte! Endlich mal wieder rennen, wie ICH wollte! Endlich mal wieder ins hohe Gras werfen, wie ICH wollte! Endlich wieder FREI! Endlich hatte die *Rudelbestimmerin* eingesehen, dass sie einen Hund wie mich nicht dauernd an die Leine fesseln durfte.

Kapitel 3: Garten Eden

stationär in Belzig

Datum	Ziel	km
08.06.2009	Garten Eden in Belzig	0
22.06.09		
∑ 14 Tage		∑ 0

Die Namensgebung dieses Erdenfleckens ließ nicht nur verträumte Hoffnung in mir keimen, der leicht wahrnehmbare um sich greifende Friede und die fröhliche Leichtigkeit dieses Ortes entgingen sogar unserem Hund nicht. Selbst die Erfüllung gewagter Erwartungen schien hier möglich. Eingebettet in einem alten und neuen Familienwohnhäusergebiet und unmittelbar flankiert von weiteren Grünflächen mit offiziellen und inoffiziellen Zugangswegen, wurde die erstaunliche Abgeschiedenheit des Gartens durch die Größe seiner Fläche und den menschliche Wesen ausgrenzenden Zaun gewährleistet. Er eignete sich ausgesprochen gut für späte Morgen und frühe Nächte, ideal für uns passionierte Langschläfer. Die Nächte selbst waren in der Regel ungestört. Doch wie jede Regel barg auch diese ihre Ausnahme, und zwar in Gestalt eines laut grölenden jugendlichen Rehbocks, der ab und an von einer paradiesischen Sehnsucht aus dem Wald getrieben wurde. Seine nächtliche Ankunft kündigte er *durchdringlich* mit werwolfartigen Lauten an, die einen Unwissenden sicherlich erschauern ließen. Mir selbst - einem Kind des Schwarzwaldes - waren glücklicherweise solche furchtlosen Rufe bekannt. Blieb mir nur die Sorge, ob mein guter Pengpeng die Töne in seine Gefahrenliste ein- und einem Tier zuordnen konnte. Eines Nachts trieb mich die fast unmittelbare Nähe der *rehböckschen* Rufe mit Taschenlampe und Prinz aus dem Zelt, um heroisch zum wahrscheinlich nicht benötigten Schutze des Ponys den vermeintlichen Eindringling zu vertreiben. Zumindest demonstrierte ich Peng verantwortliche wachsame Präsenz und der Prinz nutzte die Gelegenheit, um die derzeitige Privatisierung dieses Reviers zu markieren.

Für den ersten Morgen in *belzigschem* Gebiet war eine beinahe vollzählige Zusammenkunft aller Wanderer - abzüglich einem immer noch untergetauchten Peng - angesetzt. Der Rahmen bot ein mittäglicher Brunch auf der überdachten Veranda inklusive Nachbarin in deren Garten. Der Morgen wurde nach eines jeden Bedarfs und Belieben genutzt. Während Prinz und ich bis mittags *halbschläflich* dösend im trockenen Zelt *tagträumten*, zog es Sven schon früh um sieben in den inzwischen vollständig von Peng vereinnahmten Bereich des Gartens. Die Entfremdung eines Schafsanhängers mit zweckmäßigem Dachaufbau zu einer quasi Tieraussichtsplattform bot Sven Gelegenheit sich von Pengs magischer Ruhe inspirieren zu lassen. Gegen Mittag unterbrach eine vorwitzige Zecke die Idylle, als Sven das blutrünstige Spinnentier - Saug-  und Ankerwerkzeuge vollständig in die Haut versenkt - mit schon einigen Millilitern seines Blutes in ihrem Körper an seinem Unterarm entdeckte. Sie war seine Erste und versetzte ihn trotz zuvor geübter Ruhe in eine deutliche Panik. Von der fortschreitenden Zeit aus dem Zelt und zu Peng getrieben, konnte ich zu Svens großer Erleichterung dem Blutrausch des *Panikmachers* mit geübten Dreh ein erfolgreiches und rückstandsloses Ende setzen. Das weitere Schicksal des Ungesättigten überließ ich Sven, der den Übeltäter ohne zu Zögern mit einem kleinen spitzen Stein blutspritzend zerquetschte.

Allein Iljana ging geschäftig in die nur zehn Gehminuten entfernte Stadt, nicht zuletzt um das Brunchbuffet zu vervollkommnen. Es war ein opulentes und natürlich sehr gesundes Mahl mit frischen Früchten - auch Kirschen aus dem Garten Eden wurden gereicht - Vollkornbrot, leckeren Aufstrichen, allerlei Nüssen - Prinz bevorzugte Cashewnüsse - und einem wohlig wärmenden heißen Tee, um dem immer noch recht kalten und nassen Wetter trotzen zu können. Es wurden in Wanderlaune Pläne geschmiedet, wer von den menschlichen Anwesenden wann einen Teil unseres weiteren Weges begleiten wollte. Erstaunlicherweise war Sven von seinem bisherigen Wandereindruck nicht verschreckt, sondern wollte noch ein oder zwei Tage miterleben. Der idealistisch-euphorischen Wanderlust der Nachbarin von etwa zwei Wochen versuchten die beiden Erfahreneren, behutsam etwas jaulende-kreischende Realität nahe zu bringen. Ein vorläufig jähes Ende fand die ganze Wanderei, als der Hund sich nach beendetem Mahl erhob und - *anscheinlich* spielverderbend - hinkend unterm Tisch hervorkroch.

Mit meiner Zuversicht auf ein baldiges Weiterkommen verweilten Hund, Pony und ich entspannt im Paradies, in Erwartung auf schnelle Genesung der Hundeschulter. Die anfänglich noch sehr regenreichen und kalten Tage verbrachten Hund und ich gemütlich im Zelt. Pengpeng genoss weiterhin - vollkommen wetterunabhängig - sein Paradies. Unter minimaler Ablenkung durch lebenserhaltende Tätigkeiten wie Nahrungsbeschaffung, -aufnahme und -entsorgung, verweilte ich lange Weilen, aber keineswegs in Langweile. Tagein und -aus befand ich mich in der Gegenwart meiner Erinnerungen an meinen verstorbenen Liebsten, vergeblich, aber dennoch hoffnungsvoll, bemüht nicht nur gedanklich die Zeit zurückzudrehen und die begangenen Fehler für die eigentliche - vorgesehene - Zukunft zu berichtigen. Situationen wurden analysiert; alle denkbaren Szenarien durchgespielt; Schuldzuweisungen hin und wieder her geschoben um schlussendlich reuevoll als Grundübel meinen eigenen Selbstverrat zu bekennen. In der Sicherheit der ungestörten Abgeschiedenheit - nur unter den Augen von Prinz - gab ich mich schluchzend und hemmungslos meiner selbstmitleidigen tief erschütternden Trauer hin. Es gab kein unbewusstes Hoffen mehr, sondern mir blieb nur das Elend der Gewissheit, mein „vollkommenes Glück" nicht nur verloren, sondern gar verpatzt und verpasst zu haben. In der paradiesischen Einöde führte ich ausführliche Monologe. Es blieb mir erspart, mich von den absolut unerträglichen, und für mich unzutreffenden Lebenstheorien anderer entmündigen zulassen. Wer vermag schon sein eigenes Leben zu kennen oder gar das eines Anderen? Selten fand man auch ein Verstehen von scheinbar ähnlich durchlebten Seelenqualen. Marie Ebner-Eschenbach sprach mir mit ihren Worten direkt aus der Seele: „Beim Tode eines geliebten Menschen schöpfen wir eine Art Trost aus dem Glauben, dass der Schmerz über unseren Verlust sich nie vermindern wird." Doch manchmal fühlte ich - wenn ich ganz stilllag - fast glückselig die Geborgenheit der zärtlichen Umarmung seiner Seele und ich ließ dankbar unsere innigen Momente in einer Endlosschleife vor meinem inneren Auge vorüberziehen.

Für den sich wahrscheinlich fragenden Leser hier eine kurze Ausführung meiner Lebenstragödie: Wie so mancher war ich erfahrungsmäßig mehr oder weniger wissentlich aus einer Art verzweifelten oder gar selbstzerstörerischen Illusion heraus mit dem Falschen in eine ziemlich unglückliche, ungesunde, unrichtige und unverständlich lange Ehe geraten. Der Eine - der wahre Liebste - begleitete mich zeitgleich in weiter Ferne, immer wieder liebevoll und unzertrennlich meine Gedanken heimsuchend. Von Angesicht sah ich ihn in all der Zeit nur wenige Male. Wahrscheinlich blieb er deshalb auch von meinem bewussten Verstand als solcher lange unerkannt. Möglicherweise war der Grundstein meiner Ignoranz das anfängliche, in seiner Teen-Zeit wurzelnde, „Altershandicap" (er, der um 7 Jahre Jüngere), das uns später Katz und Maus spielen ließ. Die Katzenrolle beim Mausen wurde bei jedem Spiel neu verteilt und die Maus entkam 15 Jahre lang stets, manchmal nur knapp. Erst als die Maus völlig entkräftet vom Krankenbett an der Flucht gehindert wurde, erkannten Katz und Maus, dass sie beide Mäuse waren: Gejagt, geblendet und gefangen gesetzt. Das Angesicht des Todes offenbarte uns und allen Anwesenden im Fünfbettkrankenhauszimmer 26 Stockwerke über einer grauen stickenden asiatischen Stadt die Wahrheit unserer Liebe und erfüllte uns mit ihrer vollkommenen Magie. Nach nur vier Wochen verließ ich den nun gesundheitlich wieder stabilisierten Liebsten, vernunftgetrieben und in absoluter Zuversicht auf eine baldige unvermeidbare Vereinigung im Diesseits. Der plötzliche absolut unverständliche und grausame Tod jedoch ließ uns nicht einmal die Zeit für einen Abschied.

Der Garten Eden gewährte unvoreingenommen einem jeden Wesen zeitweilige Zuflucht oder gar Heimat. Nach wenigen Tagen im Paradies beunruhigte mich bei meiner täglichen Peng-Inspektion eines seiner Hinterbeine, genau genommen sein Ballen und seine Fesselbeuge. (Für *pferdefremde* Leser: der Ballen ist der hintere Bereich direkt über dem Huf und daran schließt die Fesselbeuge an.) Bei meinem schlechtem Sehvermögen und von oben - ungefähr ein Meter über dem Geschehen - betrachtet vermutete ich mit einem leichten Anflug von Panik eine offene und sogar infizierte Wunde. Die stetige Verkürzung der Sehdistanz während des *Herunterbeugens* und damit die Zunahme der Sehschärfe und schlussendlich ein *Herumkratzen* mit den Fingernägeln gab erleichterten Aufschluss. Der arme Kerl war übersät von Zecken. Zecken in allen Farben - schwarze, gelbe, braune und graue - und in allen Stadien - Nymphen, Larven und Adulte. Die jugendlichen Zecken hielten sich an bodennahen Körperteilen wie eben dem Ballen und der Fesselbeuge, aber auch an seinem Mäulchen auf. Sie ließen sich durch bloßes Kratzen leicht entfernen und das Beschmieren mit einer relativ dicken Schicht Melkfett bewährte sich als effektive Prophylaxe. Die erwachsenen Zecken zeigten sich mobiler und ich fand sie zwischen den Vorder- und Hinterbeinen. Hier half nur ein geübter Dreh, um den unerwünschten Parasit zu entfernen. Auch Prinz war ein sehr beliebter Wirt. Ich entfernte täglich mindestens zwanzig von ihnen, ungeachtet, dass der Hund mit einem angeblich langanhaltenden chemischen Anti-Zeckenschutz beträufelt worden war. Aus Achtung vor jeglichem Leben hatte ich zuvor die von mir entfernten Zecken nicht getötet. Doch in Anbetracht der maßlosen Übermacht verlor ich den Gleichmut und ich ertränkte (*Hundezecken*) und zerquetschte (*Ponyzecken*) sie in wohl gegenseitiger Hilflosigkeit. Das kurzweilige Herumziehen von Blutbar zu Blutbar war wohl auch unter Zecken modern. Und ich konnte mit Erstaunen beobachten, wie schnell so eine erwachsene Zecke auf dem Zeltboden, einem Schlafsack oder auch der menschlichen Haut entlang krabbeln konnte. Glücklicherweise konnte ich ihnen ihre Unstetigkeit und ihren Appetit auf mich mit einem von Iljana überlassenen Anti-Zeckenspray wirksam vermiesen. Jeden Abend rieb ich mich mit dem eigentlich angenehm riechenden Zeug ein und sprühte es sogar in meinen Schlafsack und auf meine Haare - um ganz sicher zugehen.

Meine Zerrissenheit zwischen dem Genuss paradiesischer ruhender Unbeschwertheit und dem Drang des ungewissen Weiterziehens wurde sowohl von meiner Ungeduld als auch meiner Unsicherheit über ein mögliches Gelingen der *dreisamen* Wanderung gespeist. Jeder weitere Ruhetag addierte zu der benötigten Portion Mut für einen Wiederaufbruch und näherte uns gar einem regelrechten Neuaufbruch. Jeden Tag schmiedete ich Pläne das Paradies zu verlassen und an jedem nächsten Tag annullierte das *hundsche* Hinkebein jegliches Hoffen. Ich begann sogar argwöhnisch, die Wanderlust des Hundes anzuzweifeln und die Frage einer mutwilligen *Hinkesimulation* durchkreuzte meine Gedanken. Zu Prinzens Entlastung kam die zwischenzeitlich abgereiste Iljana auf einer Wochenendvisite herbei. Eine direkte Befragung ergab, dass der Hund keineswegs eine Heimkehr im Sinne hatte, sondern sich immer noch mit Mut und Willen in das wandernde Abenteuer stürzen wollte. Der Hund versicherte, dass das Hinken aus echtem Leiden resultierte, und mutmaßte einen Zusammenhang mit dem kalt nassen Wetter.

So frohlockten wir weiter im Paradies. Der größte Kirschbaum stand übersatt in roter Frucht. Prinz und ich konnten nie unversucht an ihm vorüber ziehen und wir füllten unsere Bäuche täglich mehrmals prall mit der saftigen, süßen Kost. Peng kam nicht zum Kirschvergnügen. Die noch sehr jungen Bäume in seinem Revier trugen saure oder bittere Frucht. Doch bei seiner Auswahl an essbaren Kostbarkeiten lies ihn dies vermutlich ungerührt. Mit zunehmender Aufenthaltsdauer wurden die Tage trockener und wärmer. Die Sonne zog Prinz und mich nicht nur aus dem Zelt, sondern die aufgestaute Hitze in der betuchten Behausung trieb uns regelrecht hinaus. So begannen

wir wohl endlich mit unserer scheinbar eigentlichen, paradiesischen Aufgabe, nämlich dem Zähmen. Fast wie der Kleine Prinz bei Antoine de Saint-Exupéry sich dem Fuchs vertraut machte, so zähmten sich gegenseitig der Hund und das Pony. Ich selbst musste vom Team Peng-Prinz gezähmt werden. Mein dominierender Zähmer war das Vernunft orientierte Pony. Ich musste vertrauen lernen, dass der freie Pengpeng den ebenfalls freilaufenden Hund auch unter Extrembelastung - die auf unserer bisherigen Wanderung fast kontinuierlich gegeben war - mit Hufen oder Zähnen weder verletzt oder gar zerfetzt. Die Sache wurde von mir behutsam begonnen. Zuerst zähmten sich die freilaufenden Tiere sicher durch den Zaun. Beim Vordringen in Pengs Reich stand der zuerst angeleinte Hund unter meinem persönlichen Schutz. Peng fand es wohl äußerst amüsant, hin und wieder durch neckisches Nähern mit gefletschten Zähnen die *hundsche* Gesangslinie vom Bellen ins Jaulen zu führen. Ganz klar hatte Prinz mehr Zähmungsbedarf. Schlussendlich - nachdem ich Mut und Vertrauen zu Peng gefasst hatte - durfte der Hund frei im Ponyparadies herum stöbern. Und nur manchmal konnte Peng der Versuchung nicht widerstehen, den Hundeschreck zu mimen. Prinz verhielt sich erstaunlich ruhig und animierte das Pony zu regelrechten Fangspielen, in die es sich scheinbar träge trabend einließ. Der Schafsanhänger wurde hierbei - vom Hunde wohlüberlegt - als Prellbock einbezogen.

Mein wohl vertrautes Pony vermochte auch mich in unserer ganz eigenen Konstellation noch ein weiteres Stück zu zähmen. Er ließ sich wie selbstverständlich vor mir unter dem Baum nieder und legte seinen Kopf in meinen Schoß. Während ich ihn mit meinen Händen hielt, schlief er - der Traum aller Pferdemädchen - fest ein. Sein Tiefschlaf verriet er durch aufgeregtes Wiehern. In den letzten Tagen hatte ich ihn öfters schlafend beobachtet, wie er freudig wieherte und seine Beine galoppierten. Vermutlich jagte er mit seinen Jugendfreunden wild über die grünen Hügel von Lancashire. Natürlich konnte der nur wenige Zentimeter entfernt liegende Hund das Geschehen weder unkommentiert oder gar untätig hinnehmen. Skrupellos unterbrach er mit seinem Gebell das Idyll und trieb den verstörten Peng schnell auf die Hufe.

Nach fast einer Woche schien mir das *hundsche* Bein in einem hinkenden Trab zu stagnieren. Sein klarer Schritt jedoch gab mir Veranlassung, uns wieder aktiv und zeitnah auf ein Weiterwandern vorzubereiten. Doch dieser Entschluss war unhaltbar. In mir etablierte sich der Anschein, im Paradiese regelrecht gefangen zu sitzen. Mich störte weniger unser Aufenthalt im Paradies selbst, sondern die Vorstellung, des freien Willens beraubt und zur Unmündigkeit verdammt zu sein. Die quasi Anti-Schlange - die unsere Vertreibung oder Entrinnen aus dem Paradies verhinderte - zeigte sich in Gestalt eines Jagdhundes. Wider gravierender äußerer Umstände - in guter Hörweite waren kurz zuvor Schießübungen zu Gange, deren Geknalle meinen Prinzen in panische Flucht zu versetzen vermochten - ließ ich bei einem Zusammentreffen mit Nachbarins Jagdhund auf deren Aufforderung hin den Meinen frei. Die *Hundschaft* sollte sich ganz ungestört dem hierarchischen Protokoll widmen können. Verunsichert durch Nachbarins Ungeduld unterbrach ich mit einem Handstreich regelwidrig das Zeremoniell und mein Verstoß wurde prompt mit *jagdhundlichen* Zähnen in meiner Linken geahndet.

Meine anfängliche Sorglosigkeit ließ meine stark blutende Hand kurz in kaltes Wasser eintauchen, mit Pflastern zusammenkleben, homöopathische Globuli (Ledum D12) einwerfen und die Heilenergien von Stein (Rhodonit) und Reiki wirken. Doch bald sollte mich blanke Panik erfassen. Zwei zuvor von mir benachrichtigte Anrufer - mütterlicher und freundschaftlicher Verbindung - waren folglich von sorgenvoller Natur und hoch ansteckend. Später begleitete mich Sven und Hund für einen verwöhnten Abendsnack in ein nahegelegenes Café. Dort griff meine rechte Hand gelassen nach Nachos, als ich meine sich unterm Tisch versteckende Linke bluttropfend entdeckte. Beiläufig - inmitten meiner unter hemmungslosen Tränen erzählten Lebenstragödie - versetzte mich die Hundeattacke nun in zitternde Panik. Um den Ernst der Lage zu symbolisieren, wurden nach unserer Rückkehr ins Zelt die Pflaster schnell durch einen Verband mit integriertem Heilstein ersetzt. Zwar wirkte die heilende Kraft des Steines nicht nur auf den Blutfluss, sondern auch auf mein Gemüt beruhigend. Er bewahrte aber nicht vor einer angstvoll durchwachten Nacht. Meine Angst war diffus und undefiniert, begründet in meiner Unerfahrenheit mit Hundebissen. Eine Verblutungsgefahr bestand zweifelsfrei nicht, oder vielleicht doch? Am nächsten Morgen trieb mich die noch anhaltende Panik ungewöhnlich früh aus den Schlafsackfedern und nach einer unbeholfenen einhändigen Katzenwäsche begab ich mich mit Prinz auf die Suche nach ärztlicher Hilfe. Eine Befragung mehrerer Passanten führte uns zum lokalen Kreiskrankenhaus. Prinz war - *ponyfrei* - ein sehr ruhiger und geduldiger Wartender, während ich, besorgt um sein Wohlergehen, zwischen Wartezimmer und *Prinzanbindestelle* hin und her hetzte. Selbst als meine gebissene Hand - nach ärztlicher Entwarnung - in einer angenehm warmen Kamillosanlösung badete, reckte ich mich am

Fenster, um einen mich beruhigenden Blick auf meinen Prinz zu erhaschen. Mit einem professionell dramatisierenden Verband verließ ich das Haus, nicht ohne vorher unter Druck den Namen des Hundebesitzers verpfiffen zu haben. Durch meinen Verrat entkam ich selbst einer in Potsdam durchzuführenden Tollwutimpfung. Im Gegenzug musste sich nun der beißende Hund einer Blutuntersuchung unterziehen. Bis dato war mir die Meldepflicht eines Hundebisses nicht bekannt.

Meine lädierte Hand löste das *hundsche* Hinkebein aus seiner ungewöhnlichen Pflicht und garantierte unsere Gegenwart im Paradies für mindestens eine weitere Woche. Meine Gedanken kreisen nun nicht mehr um das Wann, sondern um das Wie, wie wir ein Verlassen des fesselnden Paradieses bewerkstelligen konnten. In mir hatte sich inzwischen die Überzeugung unserer paradiesischen Gefangennahme gefestigt. Und so sehr wir alle den Aufenthalt hier genossen wollte ich keinesfalls unser kaum begonnenes Wanderabenteuer schon beenden. Ich wählte eine alte und weit verbreitete Strategie, um unsere Freilassung zu gegebener Zeit zu erwirken: den Gefangenenaustausch. Nachdem weitere Tage mit Zähmen, Schmausen, Freiheit und Trauern verbracht wurden, heilte meine Linke. Nun sollte meine Befreiungsstrategie sich beweisen.

Unserer konsumorientierten Zeit entsprechend kaufte ich unseren Erlöser in einem Blumenladen. Ein schwarz lackierter metallener Rabe namens Fred erklärte sich bereit, aus dem Ladenregal - an unserer statt - ins Paradies zu ziehen. Ich platzierte ihn sicher und doch exponiert auf einem der bewohnten Steinhäufen direkt am Trampelpfad, der zu Pengs Reich führte. Den sichtbaren (Sven) und unsichtbaren Wächtern des

Paradieses, teilte ich die Übergabe von Fred formell mit.

Wach oder träumend, ich wünschte mich an keinen anderen Ort!

Natürlich empfand ich Mitleid für den armen Hund, aber die Nachricht von seinem Hinkebein und dem vorläufigen Verbleib der Herde an Ort und Stelle war die Beste seit Beginn der Wanderung. In meiner alten Pferdeherde war ich immer der Kleine, der Lustige. Jetzt - ganz auf mich allein gestellt - konnte ich alle Entscheidungen treffen. Ich konnte selbstständig sein, erwachsen sein. Ich hatte schon einen ganz genauen Plan, wie ich dieses Fleckchen Erde hier organisieren würde. Den Schlafplatz wählte ich so, dass ich erstens inder Nähe von Pias Unterstand schlief und ich zweitens beide Zugänge im Blick hatte. Mein erstes Probeschläfchen verlief zufriedenstellend. Von dem einen Zugang aus konnte ich eine Straße überblicken. Jeden Tag kamen dort zwei Kollegen mit einer Kutsche vorbei und natürlich grüßte ich immer freundlich. Am anderen Zugang war meine Wasserstelle, die Pia meist zu meiner Zufriedenheit versorgte. Und dort empfing ich auch offiziell meinen Besuch. Das ganze Areal teilte ich mit einem Hauptweg in zwei Hälften auf. Dieses von mir großzügig breit angelegte Zentrum verband beide Zugänge. Hier stand auch ein überdachter Hänger, in den sich die *Unbehaarten* gerne bei Regen flüchteten. Auch der Hund  musste sich dort gegen seinen Willen verkriechen. Den nördlichen Teil vermied ich weitestgehend, denn er grenzte direkt an ein Wohnhaus. Hier legte ich nur zwei schmale schräg zu den Ecken verlaufende Nebenwege an. Der südliche Teil war fast doppelt so groß und grenzte an eine Wiese. Viele Menschen trampelten am Zaun entlang und ich setzte meinen Weg direkt daneben. So hatte ich alles im Blick und konnte mich von dem ein oder anderen aus der Ferne bewundern lassen. Manchmal schaute ich die Vorüberziehenden interessiert an, ein andermal ignorierte ich sie einfach, ganz egal wie sie sich anstrengten. Ihr Repertoire beschränkte sich auf Rufen, mit Gras locken und meist nicht erfolgreichem Bewerfen mit Gegenständen. Ich ging selten zum Zaun. So ganz allein waren mir Menschen einfach nicht geheuer.

Der südliche Teil meines Reiches war sehr weitläufig. So legte ich auf halber Höhe einen weiteren Zugangsweg an, um von wirklich jeder Stelle schnell wieder an meinen sicheren Schlafplatz zu gelangen. Dort neben dem Schafhänger ragte ein einzelner Pfahl aus der Erde. Ich grübelte einige Zeit über seinen möglichen Zweck, bis ein Geistesblitz mich über seine Aufgabe entscheiden ließ. Es war kein gewöhnlicher Pfahl. Nein, es war MEIN Kratzpfahl! An ihm konnte ich mich tabulos an fast jeder Körperstelle ausgiebig und zu jeder mir beliebigen Zeit kratzen. Zwar bedienten mich auch manchmal die herumstehenden Bäume, aber MEIN Kratzpfahl war nur für diesen einen Zweck bestimmt.

Ich hatte eine Freundin in etwa Luftlinie zum Schafhänger in Richtung menschlicher Trampelpfad gefunden, die *Apfelbäumin*. Sie war schon sehr alt. Ihr Alter hatte aber nichts damit zu tun, dass sie sich quasi auf ihrem Kopf abstützte. Ich fand sie gerade deshalb wunderschön. Wenn ich unter ihr durchging, umarmte sie mich fast. Wenn ich mich an ihre schubberte, erzählte sie mir dabei Geschichten aus ihrem Leben. Ich hatte mich noch nie wirklich mit einem Baum unterhalten. Ziemlich arrogant hatte ich die standhaften Bäume als totale Langweiler abgestempelt. Ich war ziemlich überrascht, wie viel die *Apfelbäumin* an dieser einen Stelle erlebt hatte. Sie war die Mutter der Wiese und sie verzauberte nicht nur mich mit ihren unglaublichen Erzählungen. Hier lebten viele Wesen. Viele hatte ich schon früher vereinzelt angetroffen, aber ich hatte sie nie wirklich beachtet. Sie sagten, sie seinen Feen und Elfen und waren ziemlich winzig und flink unterwegs mit ihren noch winzigeren Flügelchen. Oft versammelten wir uns alle - ich gehörte jetzt auch dazu - bei der *Apfelbäumin*, um zu lauschen und manchmal auch selbst zu erzählen. Bisher hatte ich immer unter meinesgleichen gelebt und mich auch überwiegend mit *pferdischen* Wesen und Angelegenheiten auseinandergesetzt. Jetzt fühlte ich mich fast wie ein mutiger Vorreiter in einer neuen Welt.

Anfangs war ich mit meinen Organisations- und Entdeckungsaufgaben so beschäftigt, dass ich meine Wanderherde fast nicht vermisste, aber nur fast. Pia und der Hund besuchten mich leider nur selten. Erst als die Sonne langsam den Regen vertrieb, krochen die beiden endlich aus ihrem Unterstand heraus. Endlich dösten sie jetzt auch mit mir in meinem Reich. Der Schafhänger hatte eine unverständliche Anziehungskraft auf Pia. Sie war fast ständig in, auf oder um den Hänger. Den Hund hatte sie, wenn nicht in der Hand, so zumindest im Auge. Und mit ermahnenden Worten - an den Hund oder auch an mich gerichtet - war sie keineswegs sparsam. Ich musste mich schon einige Tage mühen, um Pias Vertrauen in mich als „Hundefreund" zu gewinnen. Ich ließ mich sogar auf das dämliche Hundefangspiel um den berüchtigten Schafhänger ein. Manchmal aber konnte ich nicht an mich halten und jagte dem flüchtigen Kleinen mit grimmiger Miene, gesenktem Kopf und leichtem Galopp einen Schrecken ein.

Noch nie zuvor hatte Pia so viel ruhige Zeit bei mir verbracht, sonst war sie immer mit anderem oder auch mit mir beschäftigt. Als ich sie an einem sonnigen Tag unter meinem Schlafbaum sitzen sah, wollte ich ihr ganz nahe sein. Also ging ich zu ihr und legte mich genau so nieder, so dass mein Kopf bequem auf ihren Schoß passte. Ich fühlte mich so sicher und schlief sofort ein. Bis mich ganz plötzlich das Gekläff unseres Köters aus meinem Traum riss.

Nein, ich ließ mir nichts anmerken. Jeder Knochen, jeder Muskel tat mir weh. Den ganzen Tag auf den Pfoten war ich nicht gewohnt! Und immer so nass und so kalt! Das war Gift für meine alten Knochen, Gift! Und dann noch diese Verständnisschwierigkeiten von Pia und dem Peng! Keiner konnte das aushalten! Keiner! Ich war richtig froh, dass wir endlich mal eine längere Pause machten. Ja, die Pause fand ich gut, richtig gut!

Aaaahhhuhhaaahhh, ich könnte ewig so *rudelliegen*. Den ganzen Tag lang! Wie? Ich sollte jetzt hoch auf die Pfoten? Jetzt? Ich sollte mich bewegen? Egal, auch wenn alles weh tat? Ich raffte mich mühsam auf! Nur für einen kurzen Kontrollgang zum Peng und bis in Nachbars Garten unter den Tisch. Ich lauschte mit einem Ohr den weiteren Wanderplänen. Mit dem anderen Ohr entging mir keine Hand, die mir unterm Tisch was Leckeres zu steckte.

Au! Auaaaaaa! Was war das jetzt? Beim Aufstehen durchfuhr mich ein Blitz. Das tat vielleicht weh! Oh nein! Bitte nicht! Nicht meine Schulter! Mein alter Schulterschmerz zwang mich wieder in die Knie. Ooohh, tat das weh! Ich konnte nur noch hinken. Ooohhh *hund*, die *Rudelbestimmerin* war ziemlich enttäuscht von mir. Das war doch nicht meine Schuld! Als ob meine Schulter mit Absicht weh tat! Die würde mich doch jetzt mit Hinkebein nicht ausmustern? Oder? Das würde die doch nicht tun?! Ich konnte doch in meinem Wagen liegen!? Oder? Ich brauchte nur ein paar Tage Ruhe! Nur ein paar Tage *rudelliegen*! Nur ein paar Tage dann war ich wieder fit! Ganz bestimmt!

Ich ließ mir von der *Rudelkrankenschwester* immer wieder süße Kügelchen zwischen die Lefzen stecken. Und bei ihren Reiki-Misshandlungen blieb ich tapfer liegen. Das Prickeln und Stechen war eigentlich nicht zum Aushalten! Ich schonte meine Schulter die ersten Tage und wir verkrochen uns in der Nothöhle. Ja, ich erfand eine neue Art von *Rudelliegen*, *Rudelkuschelliegen*! Ich legte mich mit langgestrecktem Rücken ganz dicht an Pia, natürlich Kopf-an-Po. Komisch, die *Rudelliegerin* war nicht begeistert. Wie? Alle Zecken krabbelten von mir zu ihr? Ganz sicher? Das war doch klasse! Von den bissigen Biestern hatte ich eh viel zu viel. Ihhhgitt! Die Viecher waren so eklig! Widerlich, wie die an einem hingen! Widerlich, wie die juckten! Und richtig widerlich, wie die *Rudelkrankenschwester* die Dinger aus mir raus riss! Total ungeschickt! Au! Ich wartete eigentlich lieber, bis die fetten Teile von alleine abfielen. Aber die *Rudelzeckenrausreißerin* riss lieber raus. Da half leider kein Knurren oder Zähnefletschen!

Irgendwann, viele tausend Ewigkeiten später, war nichts besser! Meine Schmerzen nicht und das Wetter nicht! Der Regen war schon viel zu lang zu kalt! Wie sollte meine Schulter da besser werden? Wie jetzt? War das wirklich ihr ernst? ICH TÄUSCHTE DAS HINKEN NUR VOR????? ICH WOLLTE NICHT MEHR WANDERN???? So eine, so eine absolute Gemeinheit!!! Wo war meine Dolmetscherin eigentlich? Ohne meine Erlaubnis hatte sie sich einfach vom Rudel entfernt. Aber bitte! Irgendwann nach tausend Ewigkeiten kehrte sie reumütig zum Rudel zurück. Da musste ich dann einiges klarstellen!

Irgendwann kam die Sonne. Ja und dann war Schluss mit *Rudelkuschelliegen* in unserer Nothöhle. Da war es so heiß! Viel zu heiß! Nicht zum Aushalten, so heiß! Da musste eine Ersatzhöhle her. Ich als *Rudelorganisator* baute gleich ein Höhlensystem mit einem Schlafplatz und einem Fressplatz. Die Ersatzhöhle war ohne Dach, aber für eine Taghöhle war das absolut in Ordnung.

Und irgendwann tat meine Schulter fast nicht mehr weh. Ich sagte, fast! Nein, ich wollte nicht ins Revier des Ungezähmten. Nein, vor allem nicht an einen Pfahl gefesselt! Hilfe! So war ich dem Peng doch total ausgeliefert! Ach! Irgendwann nach tausend Ewigkeiten ließ die *Rudeltyrannin* mich endlich frei. Ich inspizierte zuerst das Revier vom Peng. Das Gras war sehr hoch. Ich musste aufpassen. Der Peng konnte überall lauern. Irgendwie musste ich sein Vertrauen gewinnen! Irgendwie? Das Jäger-und-Hase-Spiel machte er auf jeden Fall gut. Und beim *Rudelliegen* war er auch gleich dabei. *Rudelliegen* war besonders wichtig für den *Rudelverband!*

Ja, ja, ja! Jaaaaaaaa! Hier war das Paradies! Endlich nach Milliarden Ewigkeiten keine eklige Trockenfleischdiät mehr! Von jetzt an gab es Würste, Frischfleisch, Dosenfleisch, Nüsse, Weintrauben, Butter, getrocknete Schweineohren, und, und, und, besonders Kirschen! Mmmmhhhhh, die Kirschen fraß ich nur geworfen! Und irgendwann hatte die *Rudelwerferin* auch die richtige Technik drauf. Und meine Verdauung? Meine Verdauung lief prächtig! War alles nur gelogen! Von wegen ich vertrage nur Trockenfleisch! Alles, ALLES konnte ich fressen! ALLES wollte ich fressen! ALLES durfte ich fressen! Jaaaaaa! Ich warf mich ins hohe Gras, wann ich wollte! Ich *rudellag,* wann ich wollte! Ich stöberte im Revier, wann ich wollte! Alles, wann ich wollte!

Dieses *Paradiesrevier* war so friedlich, so freundlich, so ungestört!

Und dann, draußen im Fremdrevier, mischte sich die *Rudelbestimmerin* in meine Hundeangelegenheiten. Ich hatte doch den aggressiven Köter selber im Griff! Oh, nein! Wie ihre Hand blutete! Aber was für ein Theater um so ein bisschen Blut! Ja und jetzt war die *Rudelbestimmerin* selber nicht wandertauglich! NICHT MEHR ICH DAS HINKEBEIN! So war ich ganz frei im *Paradiesrevier* und der Wind wehte um meine Nase, wann ich wollte.

Kapitel 4: Die Wanderbewährung

von Belzig bis Hörschel durch Brandenburg, Sachsen-Anhalt und Thüringen

mit Wanderkarten:
Kreiskarte Landkreis Wittenberg West (Nr. 19)
Kreiskarte Landkreis Köthen (Nr. 18)
Kreiskarte Landkreis Merseburg-Querfurt (Nr. 25)
Kreiskarte Landkreis Sangerhausen (Nr. 22)
Südliches Harzvorland (Nr. 56)
Südliches Eichsfeld Hainich Werratal (Nr. 54)
Rennsteig

Verlauf der Route in Brandenburg (B)/Sachsen-Anhalt (S-A)/Thüringen (T)
auf dem Europäischen Fernwanderweg E11, lokalen Wanderwegen, Thüringer Hauptwanderweg, Eichsfeldwanderweg

Datum	Ziel	km	Fernwanderweg
23.06.2009	Raben	17	lokaler Wanderweg (B)
24.06.2009	Groß Marzehns	6	E11 (B)
25.06.2009	Griebo	14	E11 (S-A)
26.06.2009	Wörlitz	9	E11 (S-A)
27.06.2009	Luisium	15	E11 (S-A)
28.06.2009	Quellendorf	20	E11 (S-A)
29.06.2009	Merzien	7	E11 (S-A)
30.06.2009	Pause	0	E11 (S-A)
01.07.2009	Pause	0	E11 (S-A)
02.07.2009	mit dem Hänger nach Salzmünde	49	Verkehrsstraße (S-A)
03.07.2009	Seeburg	15	E11 (S-A)
04.07.2009	Pause	0	E11 (S-A)
05.07.2009	Holzzelle	13	E11 (S-A)
06.07.2009	Winkel	16	lokaler Wanderweg (S-A)
07.07.2009	Artern	17	lokaler Wanderweg (S-A)
08.07.2009	Pause	0	lokaler Wanderweg (S-A)
09.07.2009	Bad Frankenhausen	16	lokaler Wanderweg (T)
10.07.2009	Hacheltich	16	Thür. Hauptwanderweg (T)
11.07.2009	Possen	9	Thür. Hauptwanderweg (T)
12.07.2009	Großberndten	18	Thür. Hauptwanderweg (T)
13.07.2009	Kleinberndten	4	Thür. Hauptwanderweg (T)
14.07.2009	Pause	0	Thür. Hauptwanderweg (T)
15.07.2009	Friedrichsrode	8	Thür. Hauptwanderweg (T)
16.07.2009	Deuna	8	Eichsfeldwanderweg (T)
17.07.2009	Anrode	24	Eichsfeldwanderweg (T)
18.07.2009	Heyerode (alter Bahnhof)	11	Eichsfeldwanderweg (T)
19.07.2009	Nazza	9	Eichsfeldwanderweg (T)
20.07.2009	Creuzburg	15	Eichsfeldwanderweg (T)
21.07.2009	Hörschel	7	Eichsfeldwanderweg (T)
22.07.09	Pause	0	Eichsfeldwanderweg (T)

Σ
30 Tage Σ **343 km**

23. Juni 2009

Da die Reise mangels Praktiker und Praktikabilität ohne den *hundschen* Wagen fortgesetzt werden sollte, war eine Ballasterleichterung von Nöten, um das Gepäck auf Pengs und meinem Rücken erträglich zu verteilen. Schon tags zuvor wurden alle *tragunwürdigen* Überflüssigkeiten im Hundewagen verstaut und warteten in Nachbarins Scheune auf den Abtransport ins Zwischenlager - Iljanas Keller in Potsdam - um von dort - als unbelebter Mitfahrer mittels Mitfahrzentrale - in den Schwarzwald überführt zu werden. Naiv vertraute ich auf meine immer noch dilettantischen Packkünste und die pannenreiche Packpremiere vermisste mal wieder einige ungestresste Packproben. Sven schloss sich uns eintägig als moralische und physische Wanderhilfe an, um den Wiedereinstieg - in neuer Formation - zu erleichtern und um eigentlich vermeidbare Pannen auszubügeln. Insgeheim hegte er große Zweifel - äußerte aber nur Bedenken - über die *Wandergängigkeit* unseres Dreier-Teams.

Die Haltbarkeit des ersten *Aufpackens* galt gerade mal fünf Schritte, bis das gesamte Gepäck mitsamt meinem vorzeitig erschöpften Nervenkostüm und Körper zu Boden fiel. Jegliche Wandereuphorie war verflogen und voreilig nahm mich Hysterie in Besitz. Der Gedanke an ein Verschieben des Wanderstarts beherrschte nicht nur mein Gehirn, sondern erreichte auch alle Anwesenden durch meine ganz eindeutige Wortäußerung. In Erwartung einer solchen Szene coachte Sven ruhig und professionell durch sein Wanderhilfsprogramm. Nun wurde jeglicher Luxusartikel ausrangiert. Schweren Herzens deklarierte ich den Kumpel von Prinz als solchen. Der graue Stoffhund stand schon dem Prinz als Welpen bei und hätte dieses

Wanderereignis auf keinen Fall verpassen dürfen. Sogar Prinzens gepolsterte Schlafmatte wurde radikal ausgemustert. Unter Svens Regieanweisungen packte ich ein zweites Mal auf. Alles, was die neu definierte Sattelkapazität überschritt, wurde wahllos in oder an meinem nun ziemlich übergewichtigen Rucksack verstaut. Diesmal verlor ich selbst nach den kritischen fünf Schritten Teile des Zelts und nach weiteren fünf eine ohnehin unprofessionelle Plastiktüte. Meine Ungeduld verbot ein bloßes Umpacken meines Rucksacks und so wurde das Eine unter meinen Arm und das Andere in meine noch freie Hand geklemmt. Mangels meiner Kapazitäten stolperte Prinz - unter der Herrschaft von Sven - widerwillig und mit verdrehtem Kopf voraus. Prinz forderte die Erprobung von Svens gesamter Hundeerfahrung.

Nicht nur meine nachlässige Packfertigkeit zerrte an meinen nervlichen Kräften, sondern auch unsere als Reitweg deklarierte Route erschöpfte die im Paradiese angesammelten, aber untrainierten, körperlichen Reserven. Durch knöcheltiefen Sandboden - in gefühlter Knietiefe - schleppten wir uns bergauf und stolperten bergab. Jedes Erklimmen einer weiteren Steigung wurde ausschließlich durch die Hoffnung auf eine Beendigung der Hügelwellenqualen gemeistert. Jede Enttäuschung wurde während des - von dem ein oder anderen rückenlastigen Kniefall unterbrochenen - Herunterstolperns wieder verdrängt. Doch jeder Wellenkamm ließ nur auf die nächste Woge des stürmischen Sandmeeres ausblicken. Weder die körperlichen Strapazen noch die vielseitigen erzieherischen Bemühungen von Sven hinterließen an dem kopfverdrehten und jammernden Hund irgendeine Spur. Sven hingegen durchlitt körperliche und seelische Qualen und tauschte nach etlichen Auf- und Abstiegen völlig resigniert den Hund gegen die unprofessionelle Plastiktüte. Zurück an seiner ihm angemessenen Position - neben Pony und Frau - trottete der Hund zwar etwas zufriedener, aber keineswegs kommentarlos. Da mich nun Peng in die eine und Prinz in die andere Richtung zerrte, kam ich auch beim Hinaufschleppen öfters zu Fall und musste mich unter der immer erdrückenderen Last meines Rucksacks wieder auf die Füße rappeln. Verlockend war da der Gedanke ans Einfach-Liegen-Bleiben-und-Auf-Den-Tod-Warten. Doch mein Überlebenswille zwang mich weiter - unterstützt durch mein Wanderkartenwissen von einem tatsächlichen Ende des wellengängigen Waldes. Zusätzlich schlossen die auf Bäumen aufgemalten Wegmarkierungen einen Irrlauf ganz ohne Zweifel aus. Fast unwirklich und plötzlich erschien mir das so ersehnte Auftauchen eines Maisfeldes, das am Fuße des Hügels den Waldrand markierte.

Mit einem umwerfenden Liegestreik forderte das Pony vehement eine Pause ein und unterbrach meinen Endloslauf in einer inzwischen eingetretenen Überlebenstrance. Eine sich links des Weges hinter einer Hecke verbergende kleine Wiese wurde im allgemeinen Einvernehmen für eine ausgiebige Rast genutzt. Weniger aus Rücksichtnahme, sondern eigentlich aus Hoffnung auf einen verbesserten Packversuch, befreite ich den erleichterten Peng von seiner Last. Prinz stand mit scheinbar erschöpfungsfreiem Energievorrat an einen Baum gefesselt in den Leinen, missachtete seinen dargebotenen Snack und unterhielt uns - wie gewohnt - lautstark. Auch Pengpeng fand ohne Sattel erstaunlich schnell zu seinen Kräften zurück. Keck durchsuchte er meinen Rucksack, zerrte alles ihm Taugliche heraus und trampelte nieder, was im Weg war. Nach meinen verbalen und auch handgreiflichen Protesten beschloss er, beleidigt seinen eigenen Weg zu gehen und machte sich - da ungesichert - auf und davon zurück in Richtung wäldisches Wellental. Meinem Impuls ihm zu folgen bremste Sven mit einer strategischen List. Mein davon trabendes Pony verunsicherten schon meine verlangsamten Schritte und fast zeitgleich kamen wir beide zum Stehen. Ohne Zögern drehte Peng um und kam freudig bockend und quietschend zu mir zurück galoppiert. Gleichwohl wie Sven war sich Peng zweifellos über seine Ziellosigkeit im Klaren. Nun engverbunden erkundete ich zwangsläufig mit Peng zusammen bis Pausenende die Wiese.

Beim *Aufpacken* forderte Sven weitere Gepäckreduzierungen und -umstrukturierungen: Als schwerwiegendste Änderung wurde Peng - sicher zu seinem eigenen Bedauern - um sämtliche Kilos seines Kraftfutters erleichtert. Mit nun sturzsicher verzurrtem Gepäck folgten wir dem schwungvollen Sven zum nächsten Dorf. Meine erschöpften Füße ließen sich schwerlich voreinander setzen und ich ließ mich im Gedanken leichtfertig von der einladenden Pferdeherde gleich am Dorfeingang verführen. Doch Sven war gewillt und wohl in Besitz der nötigen Wanderkraft, um unser am Morgen ins Auge gefasste Ziel aus demselben nicht zu verlieren. Unter Ausschluss von Pony und Hund resultierten längere Verhandlungen mit Sven tatsächlich in einem Weiterwandern, allerdings mit kompletter Marscherleichterung. Nicht das die Vermutung hier aufkäme, Sven wäre plötzlich zu einem Art *Shrek* mutiert und brächte unser Gepäck selbst nach Raben. Nein, Svens soziales Engagement beinhaltete auch die Betreuung zweier geistig eingeschränkter Männer. Diese beiden wollten uns heute Nachmittag auf unserer letzten Teilstrecke begleiten und ihre Chauffeurin nahm unser sämtliches Gepäck als wieder einzulösendes Pfand für die Männer in ihr Auto.

Total erleichtert schwebte ich gemeinsam mit Peng über den sandigen Boden. Doch meine Schwebephase dauerte nur den ersten Kilometer an. Dann hielten mich meine in Bleischuhe verwandelten Wanderschuhe zwar aufrecht, aber ein Fortbewegen war sehr beschwerlich. Trotz aller Klagen bewegten wir uns mit flottem Tempo und paradox besänftigten Gemütern. Selbst Prinz blieb von der allgemeinen Beruhigung nicht verschont. Svens Fürsprache ließ mich wagen, den Hund auf der recht menschenleeren Strecke der Leine zu entbinden. Überrascht über seine erhoffte Freiheit fokussierte er sich zuerst - ganz privat - auf reine Hundeangelegenheit. Intensiv studierte er die in der Umgebung hinterlassenen Duftkarten und setzte - mit einem eleganten Beinhub - seine eigene Markierung dort, wo es ihm notwendig schien. Erst als er sich ein umfassendes Bild gemacht zu haben schien, konzentrierte er sich wieder auf seine offiziellen Aufgaben, auf sein Rudel. Während er die privaten Dinge diskret - also für uns anderen angenehm lautlos verrichtete - schienen seine offiziellen Angelegenheiten nur in lauter *Regimentsmanier* realisierbar zu sein. Durch die scheinbar mangelhafte Ausführung seiner Befehle wurde der Prinz *maulgreiflich* und versuchte das Pony durch in-die-Hinterbeine-Zwicken zur Ordnung zu rufen. Den aus meiner Sicht überreagierenden Hund legte ich nicht zuletzt zu seinem eigenen Schutz wieder an die Leine. Sicherlich wurde meine Maßregelung von dem einen oder anderen für ähnlich ungerechtfertigt und übertrieben angesehen.

Endlich in Raben sollte nun der deutlich auf der Wanderkarte eingezeichnete Pferdehof auch im Dorfe lokalisiert werden. Die Kartenmarkierung suggerierte mir eine unkomplizierte und sichere nächtliche Verwahrung meines Ponys und war eigentlich DAS überzeugende Argument fürs nachmittägliche Weiterwandern. Da unsere reine Sichtsuche erfolglos blieb und Passanten nicht passierten, beschloss ich eine Tür-zu-Tür-Befragung durchzuführen. Nach viel zu vielen schüttelnden Köpfen wurden mir endlich Straße und Hausnummer des EHEMALIGEN Ponyhofes genannt. Im sehr beschaulichen Dorf erreichten wir schnell besagten Hof. Von außen schien das Haus etwas verwahrlost und eine schief hängende Türklingel ließ eine vermeintliche Funktionsunfähigkeit vermuten. Ponygewieher aus dem nicht einsehbaren hinteren Teil des Gehöfts ließ uns wissen, dass Pengs Ankunft von zumindest einigen Bewohnern bemerkt worden war. Der Beschluss war, einfach nur zu warten. Ich wartete hoffnungsvoll auf das ungewisse Erscheinen der menschlichen Hausbewohner und Sven mit seinen Betreuten auf die bestellte Chauffeurin.

Das Pony knabberte zufrieden am Gras und selbst der Hund lag ruhig mit der Hausmauer im Rücken und beobachtete leise fiepend seinen Schimmel. Die Gelegenheit war günstig, um völlig erschöpft in mich zusammenzubrechen. Den Startschuss zum Tränenfluss gab Svens erfahrungszusammenfassende Äußerung: „Überleg dir gut, warum du dir DAS antun willst!?" Mit DAS meinte er nicht generell unsere wanderliche Unternehmung, sondern - seinen Finger auf den Hund gerichtet - den unerbittlichen Energievampir. Natürlich verzweifelte ich nicht nur an der Wanderung, vielmehr am Leben selbst, dessen Unerträglichkeit mich auf diese Reise geschickt hatte. Ich sah mich als Spielball humoristischer Götter und meine Hauptrolle in dieser makaberen Komödie schien mir äußerst unzumutbar und fernab von jeglicher Gerechtigkeit. Je größer meine Verzweiflung war, desto größer schien das Vergnügen der Herren Götter zu sein. Der Spielball wurde rund herumgereicht und jeder durfte ihn mir lustig-launig vor die Füße werfen. Und bei der Schau meiner hilflos-bemühten Spielversuche wurde lachend auf die - wie auch immer gearteten - Schenkel geklatscht. Womöglich basierte das ganze Spiel auf einer trunkenen Stammtischwette, in die ich unschuldig hineingeraten war! Von solch Gedankengut durchdrungen, klagte ich bitterlich das Universum an.

Der Hund war doch ein unverzichtbares Mitglied unseres Wandertrios! Er selbst hatte den großen Wunsch zu wandern, der ihm nur nach Überwindung zweier großer Hürden gewährt wurde. Die zumindest zu Wanderbeginn *Hinkfreiheit* seiner arthritischen Schulter und seine Freigabe durch den Vater kamen schon einem Wunder gleich. Warum nur schien alles meine größte Anstrengung zu fordern? War die Leichtigkeit des Seins nur anderen vorbehalten?

Mit dem Eintreffen der Chauffeurin verstummte auch mein tränenreiches Klagelied und Männer wurden gegen Gepäck getauscht. Ich blieb mit den *Befellten* zurück auf eine noch im Dunkeln vor uns liegende Nacht blickend. Um der Ungewissheit entgegenzutreten, versuchte ich ohne große Hoffnung - aber auf Anraten des Nachbarn gegenüber - doch noch an der schiefen Klingel zu läuten. Und nach einiger Zeit wurde die Tür von einem mich freundlich anlächelnden jungen Mann im Rollstuhl geöffnet. Wir tauschten Einzelheiten und gegen unsere Übernachtung stand im Moment nur seine Unbeweglichkeit, die um 21 Uhr von der zurückerwarteten Lebensgefährtin samt Eltern kompensiert werden konnte. So warteten wir nun in beruhigender Gewissheit auf das Vergehen der nächsten vier Stunden. Erfreulicherweise wurde Pengs Wartezeit von den heimkehrenden Kindern drastisch verkürzt. Vom gelähmten Vater instruiert öffneten sie dem Pony das Tor zu einem ungezügelten *Wiesenschmaus*, den es hin und wieder für eine kurze Anwesenheitskontrolle unterbrach. Bedingt durch meine körperliche und nervliche Erschöpfung und eine verkrampft schmerzende Schulter (das Resultat einer Kopffehlhaltung beim Gehen – wie ich erst Jahre später herausfand) kroch ein Migräneanfall langsam drohend mein Genick hinauf in meine rechte Schädelhälfte. Sie zog meine Konzentration ganz auf sich, weg von meiner derzeitigen und generellen Lebenstragödie.

Ungeachtet der aktuellen Uhrzeit weckte jedes heranfahrende Auto in mir die Hoffnung auf ein Ende des Wartens, auf ein erleichterndes Abliegen im Zelt, auf die Möglichkeit mich ausschließlich meiner Migräne zu widmen. Das Licht der Hoffnung erlosch mit den ignorant am Haus Vorbeigefahrenen. Fast auf die Sekunde genau markierte das eintreffende Auto das Auslaufen der Sanduhr. Die Blicke aller Insassen hafteten zwar neugierig auf uns, doch das Auto ließ seine lebende Fracht hinter einem Tor im Inneren des Gehöfts verschwinden. Etwas beunruhigt saß ich nun wieder wartend. Als plötzlich der ebenso freundliche wie erfreute Hausherr mich aus einer Art *Wartetrance* riss, in die ich sofort wieder gefallen war. Unsere Ankunft ließ ihn mit feuchten Augen nostalgisch von der Zeit „vor dem großen Sturm" reden, während er uns drei durch ein kleines

Türchen zum verwüsteten Ponyhof hinter dem Wohngebäude führte. Dort galoppierten drei wiehernden Hausbewohner aufgeregt ihre Koppel auf und ab. Gleich gegenüber befand sich das Wanderpferdequartier, in dem unser Pony die Nacht verbringen sollte. Doch mit einem sofortigen zaunzerstörerischen Ausbruch kommentierte er seine Umsiedlung von seiner zuvor sättigenden Wiese zu einem nahezu grasfreien kleinen Paddock. Um sein Wohl und Zufriedenheit sorgend disponierte der Hofherr um und quartierte die eigenen Ponys im Stall ein. Nun konnte Peng auf ihrer Koppel galoppieren, erkunden und natürlich nach Herzenslust fressen. Im Gegensatz zum rebellischen Peng fanden Hund und ich sogleich einen flachen, steinfreien Zeltplatz mit Blick auf unser Pony. Mit meinem Hinweis auf eine anstehende Migräne und somit einen späten Start am nächsten Tag ließ uns der Gastgeber alleine. Sämtliche sanitäre und versorgende Einrichtungen der Ponyhofanlage waren zu meiner Nutzung freigegeben. Trotz oder auch gerade wegen der im Nacken sitzenden Migräne ließ ich mir wohltuendes, heißes Wasser über den Kopf und den ganzen Körper prasseln und genoss einen ebenso temperierten Tee, bevor ich in meinen Schlafsack zum schon wartenden Migräneanfall kroch.

24. Juni 2009

Fast schlaflos benötigte ich die Nacht und den frühen Morgen, um meine Migräne mit *heilströmenden* Händen zu beruhigen. Im Gegensatz zu diversen anderen Kopfschmerzen standen Migräneanfälle leider noch nicht auf der Erfolgsliste meiner Reiki-Behandlungen. Schon seit über einem Jahrzehnt wurde ich von dieser schmerzhaft lahmlegenden Plage heimgesucht. Wohl schon genetisch festgelegt - beidseitige Familienvorbelastung - war deren Einsatz der Ausdruck einer Stressverweigerung. Im inaktiven Zustand verkroch sie sich lauernd hinter meinem rechten Schulterblatt. Einer Amöbe gleich änderte sie fortwährend Auslöser, Häufigkeit, Dauer, Therapiefähigkeit, Schmerz- und Übelkeitsgrad. Doch schlussendlich erzwang sie immer meine ungeteilte Aufmerksamkeit, die ich ihr nur liegend gewähren konnte. Das Wandern erwies sich als eine sehr effektive Therapieform, bedauerlicherweise ohne nachhaltige Wirkung. Anfänglich belästigten mich nur noch einige wenige vergebliche *Migräneanflüge*, die in leichtes Kopfweh transformiert wurden.

Inzwischen ist es mir gelungen, mein homöopathisches *Akutmigränemittel* (Sanguinaria bzw. Digitalis) zu bestimmen, das zumindest Schmerzen und Übelkeit unterdrückt.

Vom *vortägigen* Gepäckchaos noch traumatisiert sichtete ich erneut das Mitzuschleppende bedächtig und reduzierte streng jegliche unnötige Hamsterei. Multiplikate von vielleicht benötigtem Krimskrams wurden rigoros vereinfacht. Leider war die dadurch erreichte Gewichtsreduktion im 100-Gramm-Bereich enttäuschend gering. Ich strebte diesmal ein sehr sorgsames Bepacken des Ponys an und beschaffte mir die dazu benötigte Ruhe, indem ich beides Getier frei beweglich hielt. Prinz umkreiste sein Pony in geradezu entspannter Verfassung. Während Peng trotz konzentriertem Grasen meine Packhandlungen kooperativ unterstützte. Diesmal befolgte ich gewissenhaft den von meiner Stallfreundin Chris vorgelegten Packplan: Satteldecke, Sattel, Zeltplanen mit Hundedecke, dreiteilige Fahrradsatteltaschen. Schlafsack und Isomatte platzierte ich jeweils seitlich über den Seitentaschen.

Fröhlich und in aufgeregter, feierlicher Stimmung starteten wir unseren ersten Tag ganz zu dritt. Er führte uns endlich auf den ersten unserer zu begehenden Fernwanderwege, den E11. Wie sich sehr schnell herausstellte, hatte das Sabotagemonster wohl durch mein ruhiges und besonnenes Vorgehen vor und während des Abmarsches denselbigen nur verpasst, und ließ so kurz Raum für unbeschwerte gute Laune. Nach nicht mal 300 Meter Marsch hatte es uns schon eingeholt. Wie durch einen Spuk rutschte der Sattel plötzlich samt Gepäck unter Pengs Bauch und der Hund stimmte sogleich kläffend in mein *Hysteriegeschrei* ein. Das genervte Pony versuchte unserem Theater mit einem gezielt-dosierten und Prinz treffenden Tritt ein Ende zu setzen. Nach mehreren tiefen Atemzügen konnte ich mein hilfloses Gejammer zumindest in geifernden Pragmatismus wandeln. Beim Lösen des Sattels entlarvte ich den Sabotageherd als die losen Sattelgurtschnallen auf der rechten eigentlich fixen und daher zuvor bewusst unkontrollierten Sattelseite.

Begründet in meinem muskulären Unvermögen, den bepackten Sattel auf den Rücken des geduldig grasenden Lastenträgers zu hieven, ging ich - unter Prinzens lautstarken Anweisungen - erneut fast durch das ganze *Aufpackprozedere*. Einige gemeinsame Schritte auf dem sehr gut beschilderten E11 brachten den Hund und mich wieder in einen erträglichen Modus zurück. Vor der Burg Raben begegneten wir der Vorhut von fast schon alten Bekannten, dem Treck der Titanen. Viele Männer mit LKWs bereiteten das Nachtquartier für Rösser und Trecker. Von unserer Panne erfolgreich abgelenkt marschierten wir auf sandigen Wegen fast einsam und - lange ersehnt - von der Sonne beschienen durch einen duftenden Kiefernwald. Da die Waldbewohner sich doch sehr offen zeigten, folgte ich meinem Sicherheitsbedürfnis und hielt Prinzens potentiell inspirierten Jagdtrieb mit der Leine gebändigt. Doch immer wieder wurde mein Wandervergnügen von der immer wieder balancierenden Gepäckkonstruktion getrübt. Mein Schieben und Zerren hatte zu meinem Unmut nur einen sehr kurzweiligen Effekt auf die Ausgewogenheit der Last. Als wir aus dem Wald traten und das schon in Sichtweite vor uns liegende Dorf zusteuerten, waren wir drei Wandermüden einig, uns schon am frühen Nachmittag für die Nacht einzurichten. Eine Pferdekoppel in unserem Blickfeld unterstrich unsere Entscheidung, nach den gestrigen körperlichen Strapazen und aktuellen kleinen Pannen heute nur eine leichte Übung zu machen.

Das zur Koppel zugehörige Hoftor war schnell lokalisiert und unserem unerwarteten Auftritt wurde sehr freundlich begegnet. Peng durfte auf die zuvor erblickte Koppel. Seine *pferdische* Gesellschaft war in Hör-, Sicht- und sogar *Beschnuppernähe* mit klarer territorialer Trennlinie auf der benachbarten Koppel. So konnte unser Pony ganz entspannt ohne irgendwelche aufgezwungenen Rangeleien seiner jeweiligen Laune folgen. Eine Laune - die durch den plötzlich vorbeifahrenden *Titannentreck* inspiriert wurde - zeigte ihn grandios bockend als galoppierenden Wildfang. Denn unsere Wanderlust hatte uns gerade rechtzeitig auf den vordersten Tribünenplätzen eintreffen lassen, um den halben Treck von fünf historisch nachgebauten Planwagen bewundern zu können. Absolut un-

erwartet hatten uns die wochenlangen Spuren tatsächlich zum Treck selbst geführt. Unsere Gastgeberfamilie war - ganz klar - auch in den Treck verwickelt und der Opa saß *ziehharmonizierend* auf dem wahrscheinlich fröhlichsten Wagen.

Beschäftigt, zufrieden und sicher konnten wir Peng unbesorgt zurücklassen und uns dem eigenen Wohlergehen widmen. Außerhalb des Gehöfts schlug ich unser Zelt unter einem Baum direkt am Ufer eines kleinen Sees auf. Der See bildete den geographischen und sozialen Mittelpunkt des nahezu historischen Dorfes und war in alter Tradition von Häusern umringt. Jeder meiner Handgriffe wurde wie gewohnt von Prinz kritisch beobachtet. Selbst als er seine heißgelaufenen Pfoten im See kühlte und dabei seinen Durst stillte, hafteten seine Augen auf mir. Er hatte einen besonders vielschichtigen Blick: Kritisch und verantwortlich, wohlwollend und fürsorglich und auch

besorgt. Den Hunger gestillt, gingen wir mit dem Entledigen meiner Wanderschuhe in die Ruhephase über. Der Hund schien mindestens so erschöpft zu sein wie ich und stillschweigend stimmten wir überein, uns nicht mehr als nötig zu bewegen. Ich verspürte etwas Stolz und sehr große Erleichterung den ersten Tag - allein auf uns gestellt - tatsächlich gemeistert zu haben.

Wohl hatte ich eine Belohnung verdient! Und „wie vom Himmel geschickt" hörte ich das bekannte Geläut eines mobilen Eisverkäufers und sah, wie sein Wagen auf der anderen Seite des Sees hielt. Ein innerer Kampf begann zwischen meinem Schokoladeneisgelüste und meinen müden Füßen. Die ungewisse Aussicht wieder auf ein Schokoladeneis zu treffen ließ mich diese Gelegenheit doch nutzen. Trotz meiner und Prinzens schwerfälligen Füßen und Pfoten versetzte ich uns in einen leichten Trab, aus Angst durch mein vorangegangenes Zögern das Eis doch noch zu verpassen. Der Rückweg war - obwohl viel gemächlicher - noch schleppender und durch einige Pausen unterbrochen. Nur die Abendtoilette, die uns natürlich an unserem Pony vorbei führte, vermochte uns noch ein letztes Mal auf die Beine zubringen. Ein alles in rot tauchender Sonnenuntergang verabschiedete uns schließlich in die Nachtruhe.

25. Juni 2009
Der Morgen empfing uns wolkenbehangen und meine Hoffnung galt der bewahrenden Fassung des Himmels. Mit einem kleinen Frühstück im Magen packte ich Zelt und Habseligkeiten, um dann Einlass ins Gehöft zu unserem Peng zu erbitten. Die Einladung zu einer weit üppigeren zweiten Mahlzeit nahm ich - immer noch hungrig - gerne an. Leider war in *altbäuerlicher* Tradition all das Viehzeug - zu dem hier

auch Prinz gehörte - mit Hausverbot belegt. Selbst hätte ich den Hund lieber unterm Tisch gesehen, doch ich band ihn erklärend und um Verständnis bittend zumindest in Hörweite im Hof an einen Hänger. Beim Essen staunte ich über mich selbst, mit welchem Geschick ich im Gespräch schnell die überschneidenden Themen auslotete. Unsere Schnittmenge waren Kopfschmerzen in sehr penetranten und schmerzhaften Ausführungen, Migräne und Trigeminusnerventzündung. Das Letztere kannte ich glücklicherweise nur akut vorübergehend als Gesichtsrose, wogegen mein Gesprächspartner unter der chronischen Form litt. Unser Hauptinteresse galt nicht etwa dem *Bejammern* der diversen Schmerzausprägungen, sondern dem Austausch wirksamer oder auch unwirksamer Behandlungsmethoden.

Kaum hatte ich meinen wartenden Hund befreit, da konnte der Himmel nicht mehr an sich halten und Regen prasselte heftig nieder. Eiligst brachte ich Peng unter Dach, um ihn nach dem hoffentlich nur kurzen Schauer sofort trocken und *sattelbereit* zu haben. Da wartete ich nun mit meinen zwei Gefährten; der eine knabberte gemütlich am Heu; der andere fiepte mit dem Pony fest im Auge vor sich hin. So verging eine um die andere Stunde, bis der Regen endlich innehielt und blauen Himmel zwischen den Wolken durchblinzeln ließ. Sofort rief ich zum Appell. Der rutschfreudigen Schlafsack-Schlafmatte-Konstruktion versuchte ich, nun mit einem Hochbau entgegen zu wirken. Und tatsächlich gelang mir damit endlich der erfolgreiche Durchbruch, der festgeschnürten Einheit von Gepäck und Sattel. Wie gewohnt kommentierte Prinz lautstark jeden meiner Handgriffe und jede noch so kleine Muskelbewegung des Ponys.

Diesmal kamen wir gerade mal um den See, genau bis an die Stelle, wo das Schokoladeneis am vorigen Tag auf mich gewartet hatte. Hier waren mal wieder zwingende Veränderungen am Gepäck notwendig. Nicht, dass irgendetwas unerlaubt seine Position verließ! Nein, die Wolken entluden sich erneut und diesmal musste das Gepäck vor dem unerwünschten Nass mit einem dafür vorgesehenen Regencape geschützt werden. Ich selbst verhüllte mich mit einem Zweiten. Mein Mützenschirm sammelte den Regen und Wassertropfen trafen unablässig mein Gesicht. Die Kapuze meines Capes, die ich über meine Schirmmütze gezogen hatte, verdeckte komplett meine Seitensicht und beschränkte mein Blickfeld nur auf einen winzigen Ausschnitt direkt vor mir. Meine bloßen Hände froren im kalten Nass und krümmten sich klamm. Der bis zu seinem Lebensende andauernde Freiheitsdrang meines rechten Schnürsenkels zwang mich immer wieder, meine eingefrorene Regenwanderhaltung mühsam aufzubrechen und mit tauben Fingern eine Schleife zu zaubern. Regen machte mich für mich selbst unerträglich, wie sollte ich da noch an der Leine oder am Strick ziehende Tiere dulden können? Meine Toleranz- und Stimmungsskalen erreichten das Minimum. Ich glich einem zu groß geratenen, unaufhörlich schimpfenden, ummantelten Wicht, unausstehenden und unausstehlich!

Trotz aller Widrigkeiten - oder gerade deshalb - beschloss ich, den Hund frei laufen zu lassen, um zumindest eine meiner körperlichen Belastungen zu reduzieren. Die von uns beschrittenen Wege waren menschenleer und dank meinem beständigen Gekeife ergriff jedes Wildtier schon weit in der Ferne die Flucht. So nervten wir drei nur unter uns. Mit Freilaufen war natürlich nicht ein eigenverantwortlich und eigenbestimmtes in Freiheit toben gemeint, sondern das unangeleinte Bewegen sollte nur kontrolliert innerhalb meines beschränkten Sichtfeldes stattfinden. Mir war selbstverständlich klar in diesem Punkt mit Prinz unterschiedlicher Meinung zu sein. Eine stundenlange erschöpfende Debatte folgte, während der ich den beharrlichen und unbeirrbaren Hund immer wieder vor das Pony zitierte, und zwar mit einem einfachen, meiner Meinung nach klar verständlichen Kommando: „Vor." Am Ende meiner nervlichen und stimmlichen Kräfte gab ich enttäuscht (über den Hund und/oder mich selbst?) auf. Ich verstummte und ein Aufatmen meiner tierischen Begleiter war nicht zu überhören. Dem Hund ließ ich auf Verderb und Gedeih seinen eigenen Lauf. Nach mehreren ungestört kläffenden Ponyumrundungen entschloss sich Prinz nach Hütehundemanier hinter Peng herzutrotten und entzog sich damit zugleich meiner visuellen Dauerkontrolle. Ab und an drehte ich beschwerlich den Kopf nach dem Hund, indem ich mit einer Hand die Kapuze aus der Sicht zog, während mir das Regenwasser in den Ärmel lief. Die relative Beschaulichkeit wurde bei einer Dorfdurchquerung kurz unterbrochen, als ich den widerstrebenden Hund an die Leine nahm. Hinter dem Dorf führte uns der Weg weiter durch einen Wald und Prinz konnte, wieder frei, dem Pony an den Hufen kleben.

Inzwischen hatten wir Sachsen-Anhalt erreicht. Nicht nur das Design unserer Fernwanderwegbeschilderung E11 änderte sich, sondern leider auch deren Häufigkeit und Genauigkeit. So standen wir des Öfteren etwas schildlos da und tasteten uns hoffnungsvoll durch das Weglabyrinth. Verunsichert musste ich - trotz Regen - häufig den Kartenverlauf der Route mit den aktuellen Örtlichkeiten vergleichen und auf meinen Orientierungssinn vertrauen. Diesen Sinn hatte ich in meiner Kindheit und Jugend auf langen Spaziergängen mit Hund und Ausritten mit Pferd auf unbekannten Wegen tief in den Wald automatisch trainiert. Kurz vor dem sicheren aber zögerlichen Erreichen unseres anvisierten Tagesziel hatte sich der Himmel endlich genug erleichtert und der Dauerregen fand ein willkommenes Ende. Intuitiv dirigierte ich meinen Trupp ohne Umschweife zu unserem Nachtquartier. Eine ponysichere Koppel zur Linken signalisierte mir, am Haus zur Rechten zu klingeln. Unser freundlicher Gastgeber war ein pensionierter Schäfer, der sich nun um Hasen, Ponys und natürlich Hunde kümmerte. Während Peng sich auf der Koppel selbst bediente, wurden Hund und ich zum Abendessen geladen.

Gierig schlang Prinz sein Dosenfleisch hinunter um sich dann erschöpft unter den Tisch zu legen. So ausgehungert und müde hatte ich den Hund noch nie gesehen. Schon seit unserem Wanderstart sorgte ich mich angesichts seines maßlosen Tobens um seine Gesundheit. Seiner extrem ausdauernden Sturheit gewahr geworden, fürchte ich erst nach seiner TOTalen Erschöpfung einen ruhigen Hund zu haben. Natürlich begnügte ich mich nicht mit einer Einzigen, wenn auch schon sehr großen, Sorge. Jede Asphalt- und Schotterstraße in unserem Weg ließ mich eine zu schnelle - „unbedingt" zu einer Lahmheit führenden - Hufabnutzung bei unserem tadellos charakterfesten Pengpeng fürchten. Sogar wähnte ich mich selbst durch das Lärmen des widerspenstigen Hundes kurz vor einem Nervenzusammenbruch. Nun gegenüber einem Hundefachmann zählte ich detailliert meine Mühen und Bemühen auf, in der Hoffnung wirksame Hinweise zu erhalten. Ruhig hörte er sich alles an und ruhig gab er mir seinen Rat: „Lass doch den Hund einfach in Ruhe!" Dann hielt er ein Plädoyer für Prinz. Er hob seine Fortschritte und auch seine Schwierigkeiten hervor, mit dem Ziel, mein verschüttetes Verständnis wieder hervorzuholen. Gleichzeitig versicherte er mir die Robustheit von Schäferhunden im Allgemeinen.

Nachdenklich und beruhigt kehrten Hund und ich zu unseren noch ausstehenden Pflichten auf die Ponyweide zurück. Während ich unser Nachtquartier auf- und einrichtete, umschlich Prinz hochkonzentriert und ungewöhnlich stumm seinen eifrig grasenden Schimmel. Hin und wieder genügte es dem Hund sogar, das Pony liegend zu bewachen.

Vielleicht war es ungeschicktes Aufstehen oder die nun nicht zu verheimlichende Unerträglichkeit seiner Schmerzen, plötzlich zog Prinz hinkend seine Ponykreise. Jetzt überwältigten mich die *hundschen* Sorgen und in Anlehnung an mein Versprechen „weder den Hund, noch einen anderen durch den Hund zu gefährden" zog ich die Notleine oder zu zumindest unternahm ich einen solchen Versuch. Meine Bitte, den Hund umgehend abzuholen, stieß bei meiner Mutter nur auf zögerliche und verschleppende Resonanz. Prinz bekam derweilen ein umfangreiches Trostpaket mit ermunternden Worten, einem Hinkebein-Behandlungsprogramm (Arnika und Reiki) und einer extra großen Portion Cashewnüsse. Mit dem dringenden Hoffen auf eine wieder beschwerdefreie Hundeschulter, schliefen wir beide unruhig ein.

26. Juni 2009

Dem wolkenverhangenen Himmel zum Trotz bescherte mich der Morgen mit guter Laune und neuen Wandermut. Der Hund zeigte sich - ganz wundersam - hinkefrei, was ich großzügig als gutes Omen für das vollständige Gelingen unseres Wanderunternehmens wertete. Beim ausgiebigen Frühstück schärfte mir unser *schäfermännische* Gastgeber - nicht zuletzt zum Wohle von Prinz - nochmals die hundgerechten Verhaltensregeln ein. Die wichtigste Regel war Vertrauen in des Hundes Eigenverantwortlichkeit zu haben. Erste Anwendung fanden die noch unvorstellbar theoretischen Regeln bei meinem allmorgendlichen *Ponyaufpacken*. Um vorsorglich die Situation zu entschärfen, entschied ich mich für eine Freiheitsdressur: Ein im Grastempo umherschlenderndes Pony umkreist von einem hochkonzentrierten *stechschrittigen* Hund. Meine erstaunlich andauernde Gelassenheit griff in nur leicht verdünnter Dosis auf den Hund über und ließ ihn stillschweigend seine Aufgaben erledigen. Weitere Verbesserungen meiner Packtechnik erreichten ein zwar unbalanciertes, aber rutschfestes Gepäck und befriedeten zusätzlich mein empfindliches Gemüt.Harmonisch schweigend durchquerten wir mangels Beschilderung und Kartenverständnis auf Umwegen ein größeres Waldstück. Der frei und selbstentschieden hinter Peng positionierte Prinz genoss meine Stille und ich die Seine.

Wir näherten uns der Elbe, die via Autofähre überquert werden wollte. Mir bangte ziemlich, denn eine Stagnation der *hundschen* und vor allem der *pferdschen* Fortbewegung wurde von Prinz unter keinen mir bekannten Umständen geduldet. Wie sollte ich mit einem lautstark und haltlosen Hund an der einen Hand ein möglicherweise panisches Pony auf schwankenden Brettern in der anderen beruhigen und kontrollieren können? In meinem wildesten Szenario sprang diesmal Peng kopflos über Bord, nachdem er zwischen den Autos randaliert und demoliert hatte. Angespannt in meine irren Gedanken vertieft schleuste ich meine beiden Tiere durch die Straßen von Coswig, die Stadt ohne Elbbrücke. Unerwartet sprang ein aufmunternder Engel in Gestalt einer Frau aus einem Auto. Sie streckte mir voller Freude einen Eimer frisch gepflückter, rot leuchtender Erdbeeren entgegen. Enttäuscht, dass ich mangels Transportgefäß und freier Kapazitäten nur eine Handvoll nahm und an Ort und Stelle verspeiste, lotste sie mich auf unserem Weg zur Fährschiffanlegestelle an ihrem Haus vorbei. Dort erwartete sie uns mit einem Eimer Wasser, Hundeleckerli und einer Tüte voll jener leckeren Erdbeeren. Nervös und ungeschickt nahm ich die Erdbeertüte in meine unruhige *Prinzführhand* und verstaute die vom offensichtlich ebenso nervösen Prinz derzeit verschmähten Hundeleckerlis in Pengs Satteltasche.

Auf unserem Weg hinab zum Ufer schleppte sich die mit Autos vollbeladene Fähre an einem quer über den Fluss spannenden Seil gerade auf unsere Seite. Ich war noch unentschlossen, ob die Fähre zu unserem Glück oder Unglück recht klein war. „Pony über Bord" schien mir bei diesem *Fährenformat* durchaus praktikabel. Zwei Fahrräder mit FahrerInnen und wir drei waren zu meiner ersten Erleichterung die einzigen Fährgäste. Beherzt und ohne jegliches Zögern setzte Peng seine Hufe auf die schwankende Rampe und folgte mir vertrauensvoll und in gewohnter Gelassenheit auf das Schiff. Entgegen meinen sensationellen Befürchtungen gestaltete sich die *obolusbefreite* Überfahrt extrem gutmütig. Mit vorbildlichem Benehmen starrten Pony und Hund gebannt in die Fluten. Dennoch lockerte meine Anspannung erst beim Betreten des kopfsteinpflastrigen Ufers ihren festen Griff. Prinz zog es sofort mit höchster Dringlichkeit zum Fluss hinab und hinein. Eine stetig zunehmende Anhäufung von nicht nur schaulustigen, sondern auch *streichelbegierigen* Kindern ließ mich unbarmherzig zum Aufbruch zwingen, gerade noch, bevor sich eine undurchdringliche Mauer aus bedrohlich hingestreckten Kinderhänden gebildet hatte. Weder Hund, noch Pony waren Kindern zugeneigt. Erst in sicherer Entfernung erlaubte ich eine Erfrischungspause. Während Prinz seine Elbwasserverkostung weiterführte, arbeitete sich Peng durch den Uferbewuchs und ich griff zu meinem inzwischen gut geschüttelten Erdbeermus.

Neben dem offiziellen E11 Wanderweg, der geteert und ungemütlich entlang einer kaum befahrenen Kopfsteinpflasterstraße führte, lockte der schattige und ruhige Wald. Doch meine Angst, im unbeschilderten Dickicht verloren zu gehen, widerstand dem Rufen des Waldes. So führte uns der asphaltierte Weg Kilometer um Kilometer unerwartet und erfreulich zu einem ausgeschilderten *kutschbetreibenden* Pferdehof. Hund und Pony wurden jeweils von einer hübschen, artgleichen Gesellschafterin freundlich empfangen. Nach einem

kurzen quietschenden Begrüßungszeremoniell graste Peng zufrieden neben Klärchen auf dem Springplatz. Und Angie akzeptierte nach ausgiebigem Beschnuppern ihren Gast und führte durch ihr Revier. Bei einem sehr freundlichen Annäherungsgespräch mit meinen Artgenossen sprach man mit mir ganz regional in der dritten Person und viel „Na" am Satzende.

Hier bot sich mir die dringlich notwendige Möglichkeit, das komplette Versorgungsprogramm auszuführen. Trotz müder Füße und Pfoten schleppte ich den Hund und mich selbst in den nahegelegen touristisch hoch aktiven Ort, um die Vorräte aufzufüllen, aber auch, um uns je nach Gusto mit Eis oder Bockwurst zu verwöhnen. Prinz bediente sich frech aus der Einkaufstüte, als ich mich gerade auf das Entblättern meiner Leckerei konzentrierte. Zurück im Camp band ich meinen Prinzen in den Schatten, um nun den weiteren Teil des Programmes alleine zu bewältigen. Mit meiner letzten sauberen Garnitur und all meiner inzwischen ziemlich verschmutzten Restwäsche steuerte ich auf den Wohnmobilparkplatz - genauer das dortige Sanitärhäuschen - direkt neben an zu. Für nur 50 Cent konnte ich mich selbst mittels Dusche und all meine Wäsche einer gründlichen und regelrecht erneuernden Reinigung unterziehen. Die drohenden Wolken am Himmel veranlassten mich, eine Kremserkutsche am Hof als windbelüfteten, aber regensicheren Kleiderständer zu bedienen.

Inzwischen hatte sich die menschliche Besatzung zurückgezogen und wir blieben mit Angie - der Wächterin - auf dem Gelände eingeschlossen zurück. Schlafsackmüde *napfte* ich das Abendessen auf. Bis wir unsere Abendrunde starteten, nippte Prinz nur etwas an seinem Futter. Auf dem Springplatz herrschte ein mir unerklärliches Treiben. Klärchen rannte kopflos auf und ab, während Peng ganz ruhig mit leicht gesenktem Kopf in einer Ecke stand und gelegentlich gezielt mit dem Huf oder Schweif schlug. Erst bei genauerem Hinsehen erkannte ich, dass Klärchen die Gejagte und Peng der Jäger von riesigen Pferdebremsen waren. Vor unserem Zelt machte sich Angie gerade über das Hundefutter her und das völlig berechtigt, wie sie Prinz sogleich wissen und spüren lies. Prinz - der keinen Futterneid kannte -

war von derartigem Verhalten völlig überrascht und nachhaltig verunsichert und mied fortan jegliche weitere Begegnung mit der Hundeherrin.

27. Juni 2009

Den ganzen Morgen hatte ich zur freien Verfügung! Ich konnte ganz geruhsam ein Nickerchen machen, am Gras oder an Klärchen knabbern oder das rege Hoftreiben beobachten. Ich hatte nichts gegen eine festgequatschte Pia. Mit seinen Eifersuchtsszenen und Möchtegern-Kommandos strapazierte der Hund beim Bepacken mal wieder meine engelsgleiche Geduld. Endlich war Pia in der Lage das Gepäck rutschfest auf meinem Sattel zu befestigen. Leider haperte es noch mit der optimalen Gewichtsverteilung. Ob sie wusste, was für drückende Qualen ich zeitweise leiden musste?!

Den ganzen Tag folgte ich Pia brav auf einem ziemlich schmalen Pfad mitten durch riesige Wiesen mit einzelnen riesigen Bäumen. Eigentlich wäre ich gerne über die Wiesen gerannt, hätte hier und da etwas Gras gekostet und mich ausgiebig an einem geeigneten Baum geschubbert! Alles ohne Gepäck versteht sich! Für uns drei war der Weg breit genug. Wenn da nicht ständig die klingelnden Fahrräder von vorne oder hinten wären, die sich mehr oder weniger geduldig an uns vorbei quetschten. Manche hielten uns sogar an, um zu fotografieren. Und dann DER HUND! Irgendwann gingen dann die Pferde mit mir durch. Ich packte sein

Hundefell mit meinen Zähnen und hob den ganzen Kerl hoch, um den Sturkopf endlich zur Vernunft zu schütteln. Mein Erfolg war nur kurz. Immerhin genügten jetzt ein ärgerlicher Blick und angelegte Ohren, um ihn daran zu erinnern.

Als es Zeit war führte uns ein Mann zu meiner Nachtweide auf einem Gestüt. Alles war genau auf uns abgestimmt! Gerade, als wir ins Gehöft einmarschierten, kam ein großes Auto auf uns zu und hielt genau neben uns. Zu meiner Überraschung wurden nur wenige Worte gewechselt und uns allen war ein Übernachtungsplatz sicher, ein guter

Platz mit drei riesigen Pappeln. Am brauchbarsten Baum kratzte ich mich erst mal ausgiebigst, nachdem Pia endlich die Last von meinen Rücken genommen hatte. Pia jonglierte mit mir und dem Hund an den Leinen und dem Aufbau des viel zu kleinen Unterstandes. Ich hatte keine Ahnung, warum sie uns beide - oder zumindest mich - nicht einfach frei ließ. Doch irgendwie hatte Pia es trotzdem geschafft! Und dann saß sie da und beobachtete mich ganz abwesend, immer noch mit dem Hund und mir an den Leinen. Es verging viel Zeit - wir hatten ja genug davon - bis das Auto die Hofmenschen endlich zurückbrachte. Und plötzlich ging alles sehr schnell. Ich wurde auf einer Weide frei gelassen, bekam Wasser gebracht und konnte endlich frei mein Gras aussuchen.

28.Juni 2009

Mmmmhhh, Lecker!!! Konnte Dosenfleisch wirklich sooooo gut schmecken? Pia hatte mir gestern schon so eine Dose *aufgenapft*. Nur ein paar große Bissen und alles war weg!? Echt frustrierend! Und warum freute sich Pia drüber? Und warum keinen Nachschlag? Und warum ging das alles nicht schneller? Warum brauchte Pia so lange, bis alles zusammengepackt war? Und warum quatschte sie mit jedem Dahergelaufenem? Natürlich lief ich schon auf Hochtouren, bis endlich der Peng gebracht wurde. Warum durfte ich dem Peng keine Anweisungen geben? Mensch musste ja nicht gleich ordinär werden! Statt eines keifenden „Halts Maul", hätte auch ein höfliches „Nein danke" gereicht.

Irgendwann nach tausend Ewigkeiten liefen wir wieder auf dem Pfad der vielen Fahrräder und natürlich lief ich an der Leine. Wie? Mitten im Stadtpark machte mich Pia plötzlich von der Leine los. Die Sonne knallte heiß auf meinen Pelz. Und mir war schon eine ganze Weile nach abkühlen. Den Fluss hatte ich gleich gesehen. Jaaaaaa! Als ich Pia rufen hörte: „Sei vorsichtig", kämpfte ich schon verzweifelt gegen die Strömung. So was gehörte verboten! Kein Einstieg zum Wasser? Und noch schlimmer kein Ausstieg??? Zack, da ging es einfach runter und *hund* hing in den reißenden Fluten. Wie sollte ich da je wieder raus kommen? Hilfe! Warum kam Pia nicht? Sonst stand die *Rudelbestimmerin* auch immer gleich da, wenn ich nicht aufs erste Wort hörte! Hilfe! Hilfe! Die Angst schnürte mir die Kehle zu und ich konnte nicht mal bellen. Ich brauchte meine ganze Kraft um gegen die Strömung an zu schwimmen um an Ort und Stelle zubleiben. Wann machte die *Rudelführerin* sich endlich Sorgen um mich? Irgendwann nach unendlichen Ewigkeiten tauchte endlich die *Rudelretterin* hinter den Bäumen auf. „Prinz was machst du denn da?", war ganz klar die falsche Frage. Hallo?! Gerade die *Rudelpanikerin* sollte doch gleich sehen, dass ich hier in Höllenangst kurz vor dem Ertrinken war. Der Groschen fiel zusammen mit ihrem Rucksack. Sie stieg nur mit einem Bein in den tobenden Fluss und griff nach meinem Geschirr. Mit meinen letzten Kräften kletterte ich halb von Pia gezogen über ihren Körper zurück an Land. Ich schüttelte mir das Wasser aus dem Fell, doch die Angst saß nicht nur mir tief in den Knochen. Wie? Selbst mein Schimmel hatte sich um mich gesorgt. Ach ja! Natürlich musste ich mir eine total überflüssige „Ich hab's dir doch gesagt"-Predigt von der *Rudelbestimmerin* anhören plus gemeine Ponykommentare. Ich schüttelte ihre Worte wie Wasser aus dem Fell. Und wie *hund* sich schon denken konnte, musste ich mich oft schütteln. Was für ein Gejammer über einen nassen Zeh, der ein bisschen weh tat! Und an all dem sollte ich schuld sein?! Klar doch, ich wurde wieder angeleint, und zwar so lange, bis sich die *Rudelpanikerin* von meinem Wasserschock erholt hatte. Mir fährt es heute noch bis ins Mark, wenn ich an meinen Flussabsturz denke!

Mein Pony war irgendwie einsilbig und schlapp. Alles, was hinten aus ihm raus kam, war nur ein matschiger Brei. Da war kein Pferdeapfel zu finden. Nicht mal richtig pinkeln konnte er. Er spritzte nur tropfenweise überall in der Gegend rum. Da musste ich ganz schön viel *Rudelmarkieren*. Da musste ich jederzeit ein paar Spritzer parat haben.

Tausend Ewigkeiten waren wir im Riesenpark unterwegs und der *hundeverschlingende* Fluss immer neben uns. War ja klar, dass ich nicht mal in Richtung Fluten schauen durfte, ohne dass die *Rudelpanikerin* fast ausflippte. Die Frau hatte einfach keine Nerven! Irgendwann klinkte sie die Leine wieder in mein Geschirr, weil nun zwischen den Häusern vielleicht irgendwann ein Auto vorbei fahren könnte. Kein Kommentar! Die vielen Häuser wurden immer mehr und Pia hatte keinen Plan von wie und wo. Sie faselte dauernd was von wegen ein Stück Karte fehlte. Wieso? Sie hatte sogar zwei komplette Karten in der Hand. Da fehlte nichts! Ich auf jeden Fall hatte da nichts abgerissen! Irgendwann mitten im Wald war die Karte irgendwie wieder da! Und zum Glück auch Pias Nerven! Endlich durfte ich wieder frei meine Sachen machen, zumindest eine Weile. Ich war froh, dass es im Wald kühl und schattig war und die Sonne nicht direkt auf mein Fell und Schädel stach. Nach Ewigkeiten im Wald waren wir drei ganz schön kaputt. Pia jammerte über müde Füße und natürlich den nassen Zeh, an dem ich ja schuld war. Peng drückte der Sattel und die Steine auf dem Weg. Und ich schlich einfach nur total erschöpft hinter dem Peng her. Ganz ehrlich, die Flussgeschichte hatte mir ganz schön zugesetzt und ich hatte den ganzen Tag nichts mehr gefressen. Gefressen hatte eigentlich nur der Peng, die ganze Zeit. Der kann sogar beim Laufen fressen! Und Gras wächst ja praktisch überall. Wie praktisch für den verfressenen Peng!

Tausend Ewigkeiten schleppten wir uns müde und träge durch den Wald. Wie? Was? Nein! Ein superlauter Gewehrknall traf mich durch die Ohren direkt ins Herz. Ich hatte Höllenangst vor jedem Knall, vor jedem Schuss!!! Dann setzte mein Gehirn komplett aus und meine Beine rannten, ganz egal wohin. Wie? Ich wollte rennen, aber ich zerrte nur an der Leine? Wann war das passiert? Und wer war hier nochmal müde? Jetzt schleppte ich die *Rudelführerin* mitsamt dem schweren Peng hinter mir her. Tausend Ewigkeiten lief ich so quer durch den Wald und kein Ende in Sicht. Irgendwann - ich zog schon ganz lange nicht mehr an der Leine - war der Wald am Ende. Ufff! Auf der ersten Wiese machten wir endlich Pause. Was für eine Quälerei! Keine Ahnung, was sich Pia dabei gedacht hatte? Selber war sie ja auch schlapp. Ja, ja! Das fehlende Stück Karte war schuld! Wie konnte was schuld sein, was gar nicht da war? Der Peng fraß mal wieder, was das Zeug hergab. Ich bekam erstmal Wasser und dann das eklige Trockenfleisch. Ich nahm nur ein paar Brocken angewidert zwischen die Zähne. *Hund* hatte ich Hunger! Ich wollte aber das leckere Dosenfleisch vom Morgen! Da war ich stur! Ans Fressen hatte ich Ansprüche!

Irgendwann atmete ich wieder etwas ruhiger und schon wieder trieb die *Rudelbestimmerin* uns an. „Nur noch bis zum Dorf". Ganz weit in der Ferne konnte ich ganz schwach ein paar Häuser ahnen. „Nicht mehr weit." Doch gelaufen sind wir wieder tausend Ewigkeiten bis vor eine Tür, die keiner aufmachte. Hier sollten wir ausruhen dürfen? Aber wie? Keiner ließ uns rein! Ich hatte die Nase so was von voll!!! Ich und der Peng beschlossen, keinen einzigen Schritt mehr zu machen. Und der Peng rührte sich keinen Millimeter vom Fleck, bis die *Rudelpackerin* den Sattel runter nahm. Dann erst graste er mit uns im Schlepptau. Ohne Sattel war für ihn Feierabend. Doch ohne unsere Nothöhle ging bei mir nichts mit Entspannen und Pfoten baumeln. Irgendwann brachte ein Auto Menschen, die zu dieser sturen Tür gehörten. Die Tür lies uns aber immer noch nicht rein! Nein Pia, da half auch kein betteln und jammern! Die Tür schlug zu und da standen wir! Irgendwann ging die Tür wieder auf und ließ eine Frau raus. Diese Frau führte uns zwei Straßen weiter auf eine Wiese. Ich fand es OK, der Peng fand es OK, aber unsere *Rudelbestimmerin* eben nicht! Kann *hund* das glauben??? Es wurde wieder ewig gequatscht, bis irgendwann ein alter Mann aus dem Nichts kam und uns einfach - ohne viele Worte - mit in seinen Garten nahm.

Hier wieder das Gleiche! Ich fand es OK, Peng fand es OK, aber unsere *Rudelbestimmerin* eben nicht! „Zu viele Blumentöpfe, zu viele Lampen, kein *grasbares* Grün." Ich ging auf jeden Fall nirgendwo mehr hin! Aber alleine beim Pony bleiben, das wollte ich auch nicht. Ich musste also nochmal los und mit Pia den Sattel samt Gepäck holen. Und nochmal los, Heu für das verfressene Pony holen. Als ob der Vielfraß sonst verhungern würde? Dann - endlich - baute Pia unsere Nothöhle! Und ich hatte immer noch Hunger, und wie! Mein

Wunsch war Befehl!!! Ja, ja, ja!!! Der Mann kam mit richtig Leckerem aus dem Haus: Würste und Fleisch bis zum Abwinken. Und dazu kostete ich noch alles, was er für die *Rudelfresserin* brachte. Er gab sogar dem Peng einen Apfel. Ich war mit Fressen voll beschäftigt und hatte keine Zeit für die anderen wichtigen Dinge. Der Peng - der Dauerfresser - war aber schon pappsatt und kundschaftete für mich schon mal den Garten aus.

Ganz klar, die *Rudeltratscherin* kam wieder ins Quatschen! Tausend Ewigkeiten lang bis spät in die Nacht! Egal, es war ja für alle und alles gesorgt! Ich buchte es unter *Rudeltätigkeit* ab. Diesmal war der Peng im Rudel dabei! Peng stand ganz lässig mit leicht gesenktem Kopf und wir lauschten beide im Halbschlaf Pias trauriger Geschichte. Keine Ahnung, zum x-ten Mal? Jedenfalls kannte ich schon jedes Wort auswendig! Allerdings störte mich die Männerhand in meinem Fell! Und schlimmer noch, immer wieder riss die Hand eine Zecke wüst heraus! Den konnte ich nicht abschrecken! Nicht mal, als ich seine Hand zwischen meinen Zähnen hatte! So ein Ignorant!!!

29. Juni 2009

Das schnelle Regenerationsvermögen meines nachtaktiven Ponys zeigte sich in seiner - meist hörbaren - erforschenden Rastlosigkeit. Jeder ponygenerierte Laut oder noch mehr das plötzliche Fehlen eines solchen jagte mich - obwohl völlig erschöpft und nahezu bewegungsunfähig - zuerst aus meinem Schlafsack, dann aus dem Zelt und schließlich quer durch den nächtlichen Garten. Prinz beschränkte sich darauf, bei jedem meiner Ausflüge seinen Kopf verständnislos zu heben. Wem wohl seine Verständnislosigkeit galt? Peng oder mir? Der Erkenntnisprozess über die Sinnlosigkeit meines Treibens wurde durch die vergebliche Hoffnung auf das Einsetzen einer *pengschen* Ruhephase verzögert. Mit einem improvisierten Open Air Stall aus einer um vier Pfähle gespannten Wäscheleine bereitete ich dem Spuk ein Ende. Ausgerüstet mit genügend Heu, einem befestigten Wassereimer und einer sicherlich überflüssigen Decke auf dem Rücken verbrachte Peng nun sorgsam gefangen die Nacht fast unbeweglich. Die geglückte Immobilisierung des Ponys ermöglichte Prinz und mir einen ähnlich bewegungsarmen - da sorglosen - Schlaf bis spät in den Morgen.

Weder Hund noch ich selbst konnten unsere müden und schmerzenden Glieder überreden sich aufzumachen, nur die drängende Dringlichkeit unserer verdaulich bedingten Bedürfnisse vermochten sich hier durchzusetzen. Während ich unter einem heißen Wasserschauer meiner körperlichen Reinigung frönte, trocknete unser großzügige Gastgeber meinen immer noch *flusswasserdurchtränkten* linken Schuh geduldig mit dem Föhn. Nach einem üppigen Frühstück und einem geruhsamen Packen brachten wir unsere geschundenen Körper unter glühender Sonne und kurzzeitiger Führung auf den kurzen Weg. Unsere gestrige gute Fee sicherte telefonisch unsere heutige Ankunft und einen mehrtägigen Erholungsaufenthalt auf dem zwar nahegelegenen, jedoch gestern unerreichbaren Reiterhof.

30. Juni 2009 bis 2. Juli 2009
Nach unserem bisherigen eher kalt nassen Wandererleben kam die plötzlich hochsommerliche Schwüle einem Langzeitsaunieren gleich. Unsere Aktivität - die des Hundes und meine - wurde fast ausschließlich von der wandernden Sonne diktiert und beschränkte sich auf das *baumschattige* Verlegen unserer Liegeplätze. Prinz erweiterte sein Programm auf kneippsche Pfoten- und Bauchkühlungen im quasi *zeltlagereigenen* Bächlein. Ich widmete mich zusätzlich der geforderten Verarztung meines schon *eitrig-blasigen* Zehs. Peng befand sich in Gesellschaft von Peter - einem kleinen Shetlandpony - und

befasste sich in Tag- und Nachtschichten mit intensiver Nahrungsaufnahme, die er nur selten für ein schattiges Nickerchen unterbrach. Wir zwei Nicht-Grasfresser ruhten nicht nur, sondern schmausten auch. Die Hofherrin ermöglichte dies durch eine  *Chauffierfahrt* zu einer großen Kaufhalle, in der ich Unmengen von luxuriösen Lebensmitteln - wie *kühlbedürftige* Würste, *kochwillige* Kartoffeln und schwere Karotten - *hamsterkaufte*. Die Voraussetzungen für meine Ausschweifung waren durch ein *küchenausgestattetes* Reiterstübchen gegeben. Eine eigens fürs Pferdezeugs gestellte Waschmaschine stand auch meiner menschlichen Wäsche zur Verfügung. Da der Pferdehof ausschließlich pferdeartige Wesen beherbergte, musste ich für meine Reinigung auf die im Stall befindliche *kaltwässrige* Pferdedusche zurückgreifen. Die tropischen Wetterverhältnisse machten dies aber zu einer erfrischenden Abkühlung.

Das schon bei unserer Ankunft eröffnete *hofherrische* Angebot, uns ein Stück des Weges zu transportieren, gärte über die Tage hochprozentig in mir. Ein tiefgründiges Durchleuchten aller Richtungen ergab nur meinen Stolz und Ehrgeiz als Widersprecher. Die entschiedensten Fürsprecher waren die Vermeidung der Großstadt Halle, ein *kartenunabgedecktes* Gebiet von etwa 10 oder ? km Wegstrecke und die Schonung von Huf, Pfote und Nerven auf vorwiegend asphaltiertem Terrain.

Kaum hatte ich den Hintern des ungewöhnlich unwilligen Peng in den Hänger geschoben, da prasselte es auch schon heftig in dicken Tropfen vom Himmel. Eiligst schloss ich die Klappe und beschränkte mich auf einen letzten wohl unachtsamen Alles-Dabei-Check, bevor ich mich mit Prinz zum Pony in den Hänger flüchtete um gemeinsam auf unseren Transporteur - den Schwager des Chefs - zu warten. Auf der Fahrt lauerten uns immer wieder sintflutartige Gewitter auf. Die Wasserschwalle versperrten unserem Fahrer die Sicht und ängstigten den hechelnd-sabbernden Prinz. Bei Erreichen unseres erhofften Nachtquartiers - einem weiteren Reiterhof - schien die Sonne wieder unschuldig vom blauen Himmel. Unsere Aufnahme war schnell und unkompliziert. Peng wurde ein Sandpaddock zugewiesen und mit Wasser und Heu versorgt. Unser Zelt platzierte außerhalb, sonnengeschützt unter den angrenzenden Bäumen. Ziemlich schnell - doch erst nach Abfahrt unseres Transporteurs - fiel mir der Verlust zweier meiner unentbehrlichsten Utensilien auf: Schirmmütze und Handy. Die Mütze hatte wohl die Fahrt erst gar nicht angetreten, während mir das Handy im Zuge derselben aus der Hosentasche geglitten sein musste. Mit der Verbindung einiger mobilen Telefonanschlüsse gelang mir zumindest eine erfolgreiche Wiederzusammenführung von Hosentasche und Handy. Unsere ganz unterschiedlichen Schrecken therapierten Hund und ich mit dem Verzehr von Dosenfleisch und Eis aus dem nahegelegenen Einkaufszentrum.

3. Juli 2009

Ganz schön viel Wasser kam kurz nach Mitternacht vom Himmel. Die Abkühlung tat ganz gut, denn ich war schon etwas überhitzt von all der Sonne. Richtig tief schlafen ließ es sich dabei leider nicht. So überrascht war ich nicht, als ich Pia und Prinz bei Dämmerung schon aus dem Zelt kriechen sah. Erstaunlich fand ich dann nur, dass die beiden nicht wieder darin verschwanden. Und fast entsetzt war ich, als Pia tatsächlich anfing zu packen und zum Aufbruch drängte. Ich war noch nicht bereit. Wie schnell *pferd* sich doch an unabhängige Tage gewöhnte! Ich hatte noch nicht mal mit meiner Morgenroutine begonnen und nach so einer Nacht wollte ich eigentlich nicht auf mein morgendliches Nickerchen verzichten. Pia zeigte dafür leider kein Verständnis. Mit der Hoffnung von einem frühen Start auf ein ebenso frühes Ende hielt ich mich bei Laune. Und falls es meine Kräfte sprengen sollte, blieb mir auch immer noch ein Liegestreik!

Wir schlenderten entlang Wies und Flur, Hügel auf und ab, auf angenehm weichen und köstlich-satten Feldwegen. Unser Hund kümmerte sich ziemlich gut gelaunt ausnahmsweise um seine eigenen Angelegenheiten. Und es war nicht gelogen, dass wir alle drei unser gemeinsames Wandern fast stressfrei genossen. Bis Pia plötzlich mitten in den Weinbergen sich in Italien oder gar Spanien halluzinierte. Ich vermutete, es lag an ihrer fehlenden Mütze, so ungeschützt hatte ihr die Sonne schon etwas das Hirn verbrannt. Zeitweise hatte sie ihr Tuch um den Kopf gewickelt, was ziemlich lustig aussah.

Wir marschierten zwar im Kreise, erreichten trotzdem irgendwie recht zügig unser Ziel. Die dicken Haflinger grüßten mich schon von Weitem und waren regelrecht begeistert, mit mir ihre Wiese zu teilen. Pia musste quasi nur der Höflichkeit halber mit den dazugehörigen Menschen verhandeln. Doch irgendwas - oder besser irgendwer - vermasselte eine eigentlich sehr einfache Sache! Dieser irgendwer war natürlich unser lautstark sich-wichtig-machende Hund. Anstatt gemütlich auf der Wiese zu stehen und vielleicht mein verpasstes morgendliches Nickerchen nachzuholen, liefen wir in praller Sonne auf der Straße ins Nirgendwo. Das Ungewisse endete vermeintlich bei mehreren Koppeln, besetzt mit den unterschiedlichsten Pferden und einem verwirrten Alten. Doch es gab wieder keine satte Wiese für mich. Immerhin nahm mir Pia das schwere Zeugs von meinem Kreuz. Leider gab das Grünzeug, auf dem wir standen, so gut wie nichts her, so gesellte ich mich zu meinen Zweien unter den Baum und streckte alle viere für meinen so vermissten und verspäteten

Schlaf. Selbst mit geschlossenen Augen war es nicht übersehbar, dass Pia richtig panisch wurde. Warum war mir total rätselhaft. Da war doch nur das laute Gesummse, mit dem ein Bienenschwarm seine Wanderschaft kundtat. Als der Hofstaat in unserem Baum für einen kurzen Plausch rastete, konnten wir alle nur unsere unzähligen Köpfe schütteln, wie Pia VOR ANGST am ganzen Körper zitterte. Erst als die Damen weiter gezogen waren, entspannte sie sich langsam wieder. Unser Hund beobachtete alles ungerührt aus dem Halbschlaf, beteiligte sich aber am Kopf schütteln. So gab es doch immer wieder Neues aneinander zu entdecken!

Männer tauchten auf und schickten uns nach einem Eimer Wasser gleich weiter. Gefühlsmäßig hatte ich das auch so erwartet. So kehrten wir zu den dicken Haflingern zurück und Pia klingelte wieder an der Tür. Manchmal bewunderte ich ihre starrsinnige Beharrlichkeit! Und diesmal lief es so, wie es gleich hätte laufen können. Mir wurde die Wiese neben Hannes und Moritz - so hießen die beiden Kameraden - und Holger und Helga - dem Ziegenehepaar - zugeteilt. Mein interessiertes Publikum war hier auf dem  Hof groß und überzählig gefedert. So konnte *tier* viele Ahs und Ohs und zeitweiliges Gelächter bis tief in die Nacht schallen hören.

4. Juli 2009
Der Verlust meiner Kopfbedeckung hatte der sich nun endlich durch-

setzenden Sonne ermöglicht, mir einen gewaltigen Stich zu versetzen und meiner Migräne aus ihrem Versteck hinter meinem rechten Schulterblatt hervorzukriechen. Dem nicht genug, störten mich unentwegt aufdringlich fordernde Kurznachrichten zweier damals freundlich scheinender GastgeberInnen. Anstatt tief zu schlafen, beruhigte ich bis früh in die Morgenstunden meine krampfhaft pulsierende Kopfhälfte mit Reiki-Energie, begleitet von den an der Zeltwand schnarrenden Schneckenmäulern. Der triftigste Nebeneffekt dieser Prozedur war die Verlegung des fehlenden nächtlichen Schlafes auf den Vormittag und ein damit benötigtes Verweilen nach nur einem *aktivwandernden* Tag. Die verbliebene lichte Zeit widmete ich der Wiederbeschaffung und Instandsetzung unserer getragenen Ausrüstung, sprich einer Schirmmütze und der sich *nahtlösenden* Fahrradpacktasche. Den kleinen und einzigen Krämerladen des weitläufigen Dorfes fand ich auf einer bergigen Anhöhe, doch leider musste ich beutelos wieder abziehen. Unerwartet fand ich alles Benötigte und vieles mehr bei unserer älteren Hofdame. Sie zauberte ein nahezu Äquivalent der verschollenen Schirmmütze hervor. Lediglich ein Werbeaufdruck und ein etwas kleinerer Schirm verrieten dem Aufmerksamen den Ersatz. Mit für die Sattlerei gemachter Nadel und Zwirn bearbeitete ich die mit ihren schon beträchtlich klaffenden Löchern funktionsbeeinträchtigte Satteltasche. Ich beschränkte mich auf die Erneuerung der aufgelösten Nähte und vertraute naiv auf das bisherige Haltevermögen der übrigen. Doch meine absolute Überraschung war die beiläufige Entdeckung meiner mit der Hausherrin gemeinsamen Vorliebe für chinesische Kung Fu Filme und noch mehr für Jet Li, einer der wichtigsten darstellenden Kampfkünstler.

Während der angebundene Prinz unter einem *wetterschützenden* Anhänger zwischen Zelt und Pony tapfer meiner Wiederkehr harrte, wurde ich seiner Sichtweite entzogen und an den Mittagstisch gebeten. Bei meinem Wanderleibgericht - Pellkartoffeln mit Butter und Quark - wurde von Mann und Sohn zuerst die bequemste Wanderroute aus dem Kopf beratschlagt, um sie mir Ortsunkundigem später mit auf der Karte entlang fahrenden Fingern zu veranschaulichen. Des Weiteren wurde mir dringlich angetragen mein Zelt noch heute abzubrechen, nicht mit der Absicht mich davon zu jagen, sondern um die Nacht geschützt vor drohendem Regen im Gartenhaus zu verbringen. Ich fürchtete nicht die nächtliche Feuchte, mich lockten mehr die schon fertig gepackten Taschen, und die damit verbundene morgendliche Zeitersparnis und die Aussicht der glühenden Sonne vorauszueilen.

5. Juli 2009

Anstatt die Nacht tief in einem ruhigen und erneuernden Schlaf zu verbringen, horchte ich mit einem Ohr angestrengt durch die offene Tür nach Pengs geräuschvollen Taten oder vielmehr möglichen Untaten, während mein anderes Ohr im Gartenhäuschen bei Prinz verweilte, um ein unerwünschtes Davonschleichen zu erlauschen. Beides entsprang der Paarung meines ausgeprägten Verantwortungsbewusstseins mit meinem mangelhaften Vertrauen oder gar Zutrauen in meine Wanderkollegen. Weder Pony noch Hund, weder Zaun noch Garten gaben den geringsten Anlass für meine nächtliche Besorgnis.

Um sechs Uhr früh erlöste mich der Alarm meines Handys von meiner unsinnigen Pflicht und ließ mich mit dem Tagesgeschäft beginnen. Schon eine Stunde später - mir schien, wie auf ein geheimes Zeichen von Prinz hin - versammelten sich alle am Koppelgatter: Peng mit komplettem Gepäck und unsere Hofdame mit Tränen in den Augen. Bereit zum Abmarsch wurden wir mit vielen Hinweisen beherzt wieder auf den Weg geschickt. Recht einsam zu jener frühen Stunde fußten wir entlang des Süßen Sees alle drei zu meiner Sorge auf hartem Asphalt. Das hohe Gras am Wegesrand verlockte mein Pony zwar unentwegt, sein Maul damit zu stopfen, aber keineswegs dazu, den weichen aber mühevolleren Untergrund für seine Hufe zu wählen. Ganz im *Freßmodus* bewegte Peng sich nur träge und widerwillig, ganz im Widerspruch zu meinem Wunsch der stetig zunehmenden Macht der Sonne zu enteilen. Prinz erquickte sich unbesorgt in Wechselbädern: Er warf sich voller Freude ins hohe Gras oder kühlte seine Pfoten und Bauch im See. Als sich unser Wegszenario in eine befahrene Straße wandelte, schleppte ich zunehmenden genervter das ungerührt weiter schmausende Pony hinter mir her.

Eine nicht zufällige Überraschung löste meine Anspannung kurzzeitig auf, als ich in dem sich langsam nähernden Auto den zufrieden wirkenden Sohn unserer nur wenige Stunden zuvor verabschiedeten Hofleute erkannte. Er war auf den Weg geschickt worden, um unser Fortschreiten zu erkunden und, falls nötig, zu berichtigen. Nach einem kurzen Plausch spornte ich meine beiden Kameraden an, die geringe Distanz zu einem vor uns einsam liegenden Bauernhof schneller zurückzulegen, um dann wieder einen autofreien Teil unserer Tagesroute zwischen Getreidefeldern einzuschlagen. Beim Durchqueren des Hofgeländes war die Verlockung groß, das freundliche Angebot der Hofbewohner mit uns ein zweites Frühstück zu teilen anzunehmen. Ich musste wohl einen recht ungeselligen Eindruck hinterlassen haben, als ich strikt auf die bald drohende Hitze der Sonne verweisend nur aus der Ferne rufend dankend ablehnte. Meine Frustration über Pengs anhaltenden kulinarischen Müßiggang nahm gleichermaßen mit der Sonnenstrahlung zu. Abwechslung bot mir der Anblick des wohlig im goldenstehenden Getreide badenden Hundes. Zeitweise gelang es ihm, damit meinen Lippen ein Lächeln und meinem Gemüt ein Fünkchen

Freude zu entlocken. Doch mit einem Schuss verwandelte sich mein freier freudiger Hund in einen an der Leine zerrenden von Angst

gepeinigter. Das Schießmanöver wiederholte sich zur Verzweiflung meines armen Prinzen in regelmäßigen Abständen und ich ordnete es folglich den die geflügelten Vielfraße abschreckenden Aktivitäten des *Schußpatrons* der Kirschanlage zu.

Nicht nur mein Körper, auch meine Nerven waren zwischen dem davon eilenden Hund und dem dahin trödelnden Pony eingespannt. Gemeinsam mühten wir uns einen bewaldeten Anstieg hinauf, der unsere Wanderei allmählich mit vielerlei erleichterte: Die Bäume gewährten uns Schutz vor der schon beträchtlichen Hitze; der weiche Waldboden verschonten Pengs Hufe vom schmerzenden Schotter; und wir verließen den hörbaren Herrschaftsbereich des schießwütigen *Kirschpatrons*. Bei Erreichen des Plateaus waren auch unsere Gemüter wieder ausgeglichen und zahlreiche durstlöschende Regenpfützen brachten meinen Vierbeinern erfreuliche Kühlung. Endlich hatte jeder Einzelne von uns in ein freudiges gemeinschaftliches Wandern gefunden.

Mitten im Wald stießen wir völlig unerwartet auf eine Ansammlung von Häusern, deren militärische Umzäunung und ein emporragendes markantes Kreuz eine gehirnwaschende religiöse Sekte vermuten ließ. Mein Grübeln wurde durch ein aufklärendes Schild am Eingangstor mit Informationen gefüttert. Die verlassene Militärbasis diente den Trappisten kurzzeitig als Klausur und wurde dann als „offene Stätte der Ruhe" von den Zisterziensern weiter betrieben. Der Begriff „offen" beschwichtigte zumindest den gefangennehmenden Eindruck des Zaunes. Allerdings war die singende Familie Trapp (ihr Leben wurde in dem Musical „Sound of Music" vertont) meine einzige Assoziation zu Trappisten - was hier sicherlich nicht hilfreich, aber dafür amüsant war. Den Zisterziensern sollten Hund und ich an diesem Tage noch weitere Male begegnen.

Spätere Recherche ergab, dass die Trappisten sich als unabhängiger Orden strenger Observanz aus dem römisch-katholischen Zisterzienserorden mit einem kontemplativen Leben in strenger Klausur entwickelt hatten.

Beim Verlassen des Waldes empfing uns eine Feldwegallee von üppig beladenen Kirschbäumen. Unser Wandern geriet immer mehr ins Stocken, da wir die herrenlosen überreifen Früchte in unsere Mäuler stopften. Unser Pony musste sich mit dem darunter wachsenden Kraut und Gras begnügen. Im zufälligen Gespräch mit zwei weiteren kirschsaftverschmierten Mündern entdeckten wir einen gemeinsamen mehr und weniger gut bekannten Professor an der Uni Halle. Mit diesem ehemaligen Kollegen aus den Anfängen meiner *wissenschaffenden* Zeit wollte ich mich noch später am Tage an unserem Tagesziel treffen. Doch zuerst mussten wir den anvisierten Ponyhof erreichen. Von der Wegführung etwas verwirrt verfehlten wir unser Ziel nur geringfügig um ein Dorf. Noch vor Erreichen des Hofes wurde Peng aufs herzlichste von einer Ponyherde begrüßt und kurz darauf von der Hofpächterin, die mit zwei kinderbeladenen Ponys im Schlepptau an uns vorbei zog, und versprach uns nach ihrer Rückkehr ein Quartier zuzuweisen. Derweilen plauderte Peng mit seinen Artgenossen und flirtete intensivst mit einem hübschen Schimmelstütchen, während Prinz und ich - völlig überflüssig - am Rande warteten. Unser Pony wäre am liebsten an Ort und Stelle in hübscher und anregender Gesellschaft verblieben, doch die uns zugewiesene üppig hochstehende Wiese vermochte ihn zu besänftigen.

Schon kurz, nachdem ich meinem zu treffenden Bekannten unseren erreichten Standpunkt durchgab, traf dieser mit seiner sehr sympathischen und mir noch unbekannten Ehefrau ein. Unser Pony war tief ins Gras versunken und konnte unsere Anwesenheit kurzzeitig entbehren. So nahmen Hund und ich neben dem Fahrer im Auto Platz und dirigierten ihn zum nahegelegenen Sittichenbach, laut meiner

Wanderkarte der Sitz eines Klosters. Wir trafen leider einige Jahrhunderte zu spät ein und fanden nur noch Ruinen vor. Von 1141 bis 1540 beteten und arbeiteten hier zisterziensische Mönche. Im Auto nur wenige Minuten entfernt befand sich das Frauenpendant in Helfta. Das Kloster (1229-1542) galt als Zentrum der deutschen Frauenmystik und im Gegensatz zu ihren männlichen Kollegen lebten sie nach dem Motto „ohne Wissenschaft hat die Religion keine Zukunft". Sie boten Raum für humanwissenschaftliche und theologische Studien und vertraten eine menschenliebende Religiosität ohne monströse Bedrohlichkeiten im Dies- oder Jenseits. Uns erwarteten nicht etwa einzelne Mauerreste, sondern dank einer Wiederbelebungsmaßnahme im Jahre 1999 eine hoch betriebsame und moderne Anlage. Im Klosterrestaurant erzählte ich bei einer Eisschokolade den wertfrei Zuhörenden meine mich zu Tränen rührende Geschichte. Das sich-mit-einem-alten-Bekannten-in-der-Zivilisation-Treffen katapultierte nicht nur mich, sondern auch meinen Hund aus unserer unsteten Wanderwelt. Es schien uns plötzlich sehr fern und gar unvorstellbar, sich jeden Tag den unvorhergesehenen Herausforderungen zu stellen. Während mich bei unserer Rückkehr Pony und Zelt wieder in die Fußwelt zurückholten, warf sich Prinz vors Auto und bat die ihm Fremden flehend um Rettung.

Die Nacht verbrachte ich mit *hundscher* Tuchfühlung. Sein Kopf ruhte zeitweise auf meinem Hals, bis dann eine nasse Hundeschnauze in mein Ohr schnaubte. Hin und wieder wurde ich durch Kratzen an meinem Arm aufgefordert, den an Heimweh leidenden Hund zu streicheln. Völlig überrascht und verwirrt war mir seine psychische und physische Wandertauglichkeit unklar und ich beschloss, kurzerhand den Grad seiner Lahmheit als Maß dafür zu nehmen.

6. Juli 2009

Eine üppige Auswahl für Anspruchsvolle beschreibt treffend meinen Aufenthalt auf dieser bauchhohen Weide. Leider konnte ich die durchfressene Nacht nicht mit meinem morgendlichen Nickerchen abrunden. Pia hatte sich schon wieder in den Kopf gesetzt, den Tag mit einem Frühstart zu beginnen. Ganz gegen meine Natur tat sie das in letzter Zeit leider öfters. Der Hund schien in seine alten *Kläffmuster* zurückgefallen zu sein. Ich hatte keine Ahnung, was die beiden gestern getrieben hatten, aber der Hund kam mit einem ausgewachsenen Heimweh zurück. Doch nach ein paar Sprüngen ohne Leine ging es unserem Sofahelden schon wieder besser. Der Weg durch Wald und Wiesen war sehr angenehm und meine beiden Nervösen waren recht ausgeglichen. Ich vermutete, es lag daran, dass sie ihre Bäuche unterwegs mit Kirschen vollschlugen. Unsere Kartenunkundige hatte zeitweilige kurzanhaltende Phasen mit erhöhtem Blutdruck. Mir war es ein Rätsel, wie sie es anstellte den richtigen Weg zu finden, ohne irgendwo auch nur im geringsten durchzublicken. Bei ihren Ausreden pflegte ich in mich hinein zu kichern. Mein persönlicher Brüller war, wenn sie ihren guten Orientierungssinn lobte.

Wir traten unter vager Führung aus dem Wald und „mussten einfach" auf dem richtigen Weg sein. Auf jeden Fall war er es für mich! Nach der Magerstrecke im Wald gab ich mich mit der Auswahl auf dem schönen Wiesenweg sehr zufrieden. Als ich noch von weitem im Tal unten Pferde erspähte, gab es für mich keinen Zweifel mehr; dort unten musste unser Nachtquartier sein - was mir für „die Richtigkeit" des Weges vollkommen genügte. Unten angekommen hatte Pia – bevor sie an der Tür klingelte - mit einem Blick alle meine

Übernachtungsmöglichkeiten ausgekundschaftet. Mit Engelszungen redete sie auf die in meinen Augen schon ziemlich alte Frau ein. Sie wollte uns eigentlich sofort wegschicken, weil sie im Moment allein und quasi hilflos war. Mit gewohnter und pragmatischer Beharrlichkeit befähigte Pia die Frau zum erfolgreichen *Ha(ä)ndeln* eines Telefonhörers und kurze Zeit später ließ mir ein instruierter Nachbar die Wahl zwischen Stall oder Koppel. Obwohl ich zweifelsfrei die Koppel wählte, steckte mich Pia unter haltlosen Begründungen - angeblicher Durchfall, kurze Regenschauer - in den Stall. Ich knabberte am trockenen Heu und imponierte meiner jungen, naiven und äußerst hübschen Nachbarin. Ihre liebenswürdigen Augen und ihre tiefe Schwärze erinnerten mich sehr an meine alte Dame - sie hatte mich damals in meinen Babyjahren zusammen mit Pia aufgenommen. Die Erinnerungen hielten mich nur eine kurze Weile und ich versuchte, durch die recht großzügigen Lücken zwischen den Stangen aus der Box zu klettern. Wie zu erwarten wusste Pia das zu verhindern und blockierte 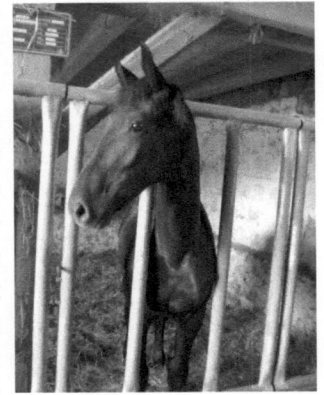 mir den Weg ins Grüne, indem sie ein Seil fast kunstvoll in die Boxenstangen flocht. Gefangen beschloss ich, ein Nickerchen zu machen. Während meines Schlafes war Pia glücklicherweise zur Vernunft gekommen und ließ mich wieder erwacht endlich aufs saftige Gras.

7. Juli 2009
Oh, ganz schön wild war der Wind, die ganze Nacht lang. Unsere Nothöhle flatterte und wackelte und manchmal hoben wir auch schon

ab. Nein! Alles war wieder ruhig und alles sackte über uns zusammen! Und wir mittendrin! Wer wäre da nicht panisch? Wenigsten half die *Rudelretterin* mir und meiner Panik sofort heraus. Die ganze Packerei dauerte wieder tausend Ewigkeiten. Ging das nicht langsam auch schneller?! Nein! Und als endlich alles auf meinem Peng verschnürt war, da machte sie die Hälfte wieder fluchend los um es dann doch wieder festzumachen??? Irgendwann nach tausend Ewigkeiten waren wir endlich wieder unterwegs. Angenehm war es heute! Angenehm kühl, angenehm im Wald, angenehm ohne Leine, angenehm flott unterwegs, alle angenehm gut gelaunt!

Schon eine ganze Weile war der Himmel ziemlich dunkel. Irgendwann kam da sicher ein dicker Regen runter. Hoffentlich ließ sich die *Rudelbestimmerin* dazu was einfallen! Nein, keiner hatte Lust auf ihre regennasse schlechte Laune! Als die ersten Tropfen auf unsere Gesichter klatschten, marschierten wir gerade durch ein Dorf an einem Kinderspielplatz vorbei. Die *Rudelregenschützerin* dirigierte uns unter ein kleines Dach am Rande des - zum Glück - kinderfreien Platzes. Oh *hund*, war das zugig! Das war quasi nur ein Dach ohne Haus! Aber wir unter dem Dach blieben so ziemlich trocken. Nur der Peng streckte seinen dicken Hintern in den Regen raus. Die *Rudelregenschützerin* hatte es also wieder geschafft!! Ich war doch immer wieder erstaunt! Was war nur das Geheimnis ihrer Zauberei?

Regen und Wald lagen hinter uns! Und ich stürzte mich in die hohen Getreidewogen. Oh, ich liebte hohe Wiesen, ganz egal ob Gras oder Getreide! Rein springen, rein werfen und ewig wälzen! Das war Glück! Ach oh, ein Reh! Glück war auch, hinter einem Reh her zu jagen! Wer interessierte sich denn für das hysterische Gekreisch der *Rudelbestimmerin*? Jaaaaa! Schneller! Quer durchs Feld hinterm Reh her! Und wie das Angst hatte! Meine Beine rannten so schnell, wie das wilde Rehherz schlug, Juhuuuu!!! Als ich nach meiner wilden Hüpferei wieder an der Leine der *Rudelführerin* zerrte, tat plötzlich mein Fuß weh. Nein! Da steckte irgendwas zwischen meinen Zehen, rechts vorne, tief im Fleisch. Aua! Das war eine größere Sache! Mit ein bisschen Knabbern und Lecken war das nicht getan! Dann erstmal die Zähne zusammenbeißen!

Ach! Muhende Pferde wollte uns die *Rudelspaßmacherin* da verkaufen!? Oder glaubte sie es selber?! Bei ihr war ich mir da nie sicher! War doch klar, dass die Kühe muhten, oder?! Die Pferde bewegten nicht mal ihre Mäuler dazu, sondern standen nur da und glotzen uns an. Dann rannten sie  mitsamt ihren *Bauchmuhern* aufgeregt neben uns her bis zum Zaun, da war dann Schluss mit dem Theater. Wir ließen die Verwirrten und die Wiesen hinter uns und tauchten in ein Häusermeer. Mir war gleich klar, dass ich wohl so schnell nicht mehr von der Leine freikam. Ziemlich umständlich führte uns die *Rudelbestimmerin* durch das Asphaltlabyrinth. Wir alle drei konnten es nicht leiden und jeder hatte seinen eigenen Grund. Mein Grund war ganz klar die Leine und natürlich die schlechte Laune der *Rudelmieseliesel*.

Richtig supergenervt war die *Rudelmieseliesel*, als wir an einen verbotenen Park kamen. Komischer Park, überall waren tote Menschen vergraben. Hallo, hallo? Jemand zu Hause? Erst zerrte die *Rudelführerin* uns rein in den Park, dann wieder raus, dann einmal schimpfend die Straße auf und ab, und dann wieder rein??? Ging's noch? Endlich im Park jagte sie den armen Peng tausend Treppen runter. Irgendwann - kaum zu glauben - beruhigte sie sich endlich und brachte uns auf einen breiten Weg. Warum denn nicht gleich so? Manchmal - nein oftmals - war sie undurchschaubar und so hysterisch! Und plötzlich, was machte sie jetzt? Sie ließ mich IM VERBOTENEN PARK von der Leine!!! Und sie schickte mich sogar in den kleinen Bach dort! Das brauchte sie mir nicht zweimal sagen!

Komisch, das Wasser schmeckte ganz salzig und meine arme Pfote brannte wie Feuer. Ob das Salz was mit den vielen vergrabenen Menschen zu tun hatte? Ein Mann zeigte mit dem Finger in meine Richtung. Na, da wurde die *Rudelbestimmerin* aber plötzlich blass! Aber er zeigte nicht auf MICH im Bach OHNE LEINE, er zeigte auf den Bach: „Der Bach ist eine Sole". Sole, keine Ahnung, was das war? Vielleicht salziges Wasser? Na das hatte ich auch schon gemerkt!

Irgendwo noch ein kleines Stück den Salzbach entlang stand ein Haus am Weg. Ganz einladend fand ich, mit attraktiver Hundedame, Pferden und Katzen, Groß und Klein. Au, meine Pfote pochte ganz schön! Am besten blieben wir hier!? Ja, die Vernunft hatte auch mal gesiegt: Die *Rudelbestimmerin* klingelte an der Tür. Die Tür ging auf, nur ein paar Worte fielen, die Tür ging zu, kurz warten, dann ging die Tür auf, wieder nur ein paar Worte, die Tür ging zu und wieder warten. War das ein Spiel oder was? Ganz schön komisches Spiel! Wir warteten und warteten und warteten ... bis ein ziemlich kleines Auto einen Mann brachte und das komische Spiel war aus. Ganz klar, ich kam mal wieder an die Leine und wurde an einen Pfahl gefesselt! Protest half da leider - mal wieder - nichts! Der Peng wurde abgesattelt und verschwand mit der *Rudelführerin* und dem Mann hinter einer Tür. Beide Menschen kamen ohne den Peng zurück. Wo war mein Pony? Na endlich, die *Rudelbestimmerin* ließ mich von der Leine los. Ich rannte schnell ums Haus und siehe da, der Peng war mitten auf einer Wiese beim FRESSEN. Für mich war noch lange nicht Feierabend und das mit meiner Pfote! Ich hatte noch einiges zu tun: Überwachung unseres Nothöhlenbaus (ich hatte keine Lust auf einen zweiten Zusammenbruch), Begleitschutz beim Einkaufen (nicht das was vergessen oder verloren würde) und die übliche Sicherheitsinspektion des Geländes (Routinesache).

Nach einer ordentlichen Portion Dosenfleisch schaute ich mir die tierischen Hofbewohner etwas genauer an. Typisch Ladys! Frau Hund war etwas zickig! Nein, ich drängte mich nicht auf! Mit den Katzenmüttern kam ich gleich klar. Die sahen direkt, dass ich ein Katzenkenner war. Und die Babys, die waren einfach nur süß! Dann ging's ins Haus. Komisch, außer mir waren da keine anderen Unmenschen. Keiner durfte da sonst rein, da hatte ich ein Sonderrecht! Keine Ahnung, wie lange wir im Haus blieben? Ewigkeiten! Es wurde gefressen und geredet, geredet, geredet ... Oh meine Pfote, meine Pfote tat ganz schön weh! Ich leckte und zupfte, aber es wurde noch schlimmer.

8. Juli 2009

Regen, Regen, Regen! Regen = Pause! Danke Regen! Faules *Rudelliegen*, den ganzen Morgen! Aber wer soll das mit so einer Pfote genießen können? Ich leckte und leckte und leckte und meine Zunge brannte schon von all dem Lecken. Na endlich! Die *Rudelkrankenschwester* interessierte sich jetzt auch für meine Pfote! Mit meinem Körper bin ich ziemlich zimperlich! Da lass ich niemand gern ran! Das konnte jetzt aber nicht ihr ernst sein, oder? Die *Rudelkrankenschwester* fummelte mit einer Pinzette zwischen meinen Zehen rum!? Das geht gar nicht! Ich knurrte und fletschte sogar meine Zähne. Und was macht die *Rudelkrankenschwester*? Die *Rudeltyrannin* band mit ihrem Tuch mein Maul zu! Ich konnte gar nicht hinsehen! Sie operierte ewig rum! Und dann sollte alles gar nicht so schlimm gewesen sein? Meine Pfote war gleich besser und ich leckte noch eine Weile - sicherheitshalber. Ansonsten war weiter *Rudelliegen* angesagt! Erst abends verschwanden wir wieder im Haus. Wieder für Ewigkeiten, wieder alles wie gehabt!

9. Juli 2009

Der heutige Start war ganz nach meinem Geschmack! Kaum hatten meine Hufe den Wanderweg berührt, da wurde Pia von ihrem klingelnden, sprechenden und hörenden Handy abgelenkt und ich konnte währenddessen ungestört und ausdauernd am Gras knabbern. Die Wegbeschaffenheit blieb zu meinen Gunsten überwiegend grasig. Hin und wieder setzte mich eine Dorfdurchquerung aufs Trockene. Angenehm ausgeglichen beschritten wir alle DREI unseren Weg fast unbeirrt. Nur eine kurzweilige Wegunsicherheit brachte unsere Pia mal wieder ins emotionale Wanken. Eine beschilderte Barrikade gebot uns den Wanderweg zu verlassen und ließ Pia einen hörbaren Konflikt ihrer Sinne - Orientierung, Regel und Sicherheit - austragen. Soweit ich folgen konnte, hatten beide - Orientierung und Regel - verloren, denn ihr Sicherheitssinn befahl ihr - übrigens auch in meinem pragmatischen Sinne - auf dem zwar verbotenen aber ausgeschilderten Wanderweg zu bleiben. Große erdwühlende Maschinen standen bewegungslos auf dem Weg und hatten in ihrer Verwüstung zu überkletternde Erdhürden aufgetürmt. Das Wegchaos führte bis ins nächste Dorf, um dann wieder der Ordentlichkeit Platz zu machen. Unser Wandern begann, in eine Phase des friedlichen Genusses einzutreten. Das *frausche Gekeif* und das *hundsche* Gekläff auf ein fast nervfreies Maß reduziert, schritten wir in gemeinschaftlicher Harmonie. Gemeinsam und doch individuell frei ging ein jeder zu seinem Willen: ich selbst grasend, Prinz schnüffelnd und *markierpinkelnd* - wie *hund* so oft pinkeln kann!? - und Pia gedankenversunken in Traurigkeit.

Ein untrügliches Zeichen für eine nahende Nachtpause war Pias intensive Fragerei nach Pferdelokalitäten. Ihre gesammelten Hinweise führten uns vor eine Kneipe genannt „der Pferdestall". Der Name schien uns in die Irre geführt zu haben. *Augen/Ohren/Nasenscheinlich* fehlte jede Spur von pferdeartigen Gesellen und eine Allgegenwart von bierdünstigen Menschen drängte sich mir auf. Persönlich fand ich Pferdestallungen unwirtlich und suchte sie nur unter Zwang widerwillig auf. Es war mir nie zuvor in den Sinn gekommen, dass Menschen es dort gemütlich finden konnten. Beharrlich oder ignorant erkundigte sich Pia über die Pferdehaftigkeit des Stalles. Nach kurzem Wortwechsel kündigte - zu meiner Erleichterung - eine Frau das baldige Erscheinen ihres im vermeintlichen „Pferdestall" badenden Mannes an. Der Mann besaß noch einen weiteren von Pferden bewohnten Pferdestall.

Unsere träge Warterei entwickelte sich plötzlich in eine Hundeleib und -leben bedrohende Angelegenheit. Aus dem Nichts stürzte sich ein aggressiver Hund beißwütig auf unseren ahnungslosen Prinz. Pia ließ die Hundeleine los und trat einen Schritt zurück. Das war alles! Verwundert sah ich, wie sie hilflos Prinz den Kampf mit der Bestie allein überließ. Das unaufhörliche Gebell, *Geknurr* und Gebeiß ließ strömendes Blut vermuten, doch zu unser aller Erleichterung blieb unser Prinz strahlend weiß und unbefleckt. Ein Ende des Gewüts schien mir aussichtslos, bis ein ohrenbetäubendes männlich-menschliches Gebrüll den irren Angreifer in die Flucht schlug und uns alle atemlos zurück ließ. Die Stimme gehörte zum Pferdestallnarr, der ohne Umschweife gleich zur Sache kam und Pia auf eigenen Wunsch mehrmals den Weg zu seinen Pferden erklärte. Unser Glück, der Stall lag direkt neben einem Einkaufszentrum. So konnte Pia unzählige Male quasi jeden zurückgelegten Schritt von Ortskundigen bestätigen lassen. Erleichtert und erfreut erkannten wir unser Ziel an freundlich wiehernden schwarzen Schönheiten. Meine Enttäuschung war verständlicherweise groß, als ich durch einen Bach getrennt von ihnen auf einer kleinen Koppel einquartiert wurde.

Der Hundekampf hatte uns allen drei nachhaltig zugesetzt. Die Anspannung wollte nicht einmal von mir abfallen. Selbst meditatives Gras knabbern und ein satter Magen verfehlten diesmal seine Wirkung. Mich beherrschte eine widerwillige, trotzige Unruhe. Mein obligatorischer Verdauungsschlaf gelang zwar, doch ich erwachte noch unzufriedener. Unruhig von rebellischen Gedanken geführt, wanderte ich am Gras zupfend den leicht *unterwindbaren* Zaun entlang. Das stromlose Schnürchen schien mich zu verspotten. Äußerst unerträglich empfand ich das Verschwinden von Pia und IHREM Hund im winzigen Unterstand. Die Exklusivität des allabendlichen Nachtlagers von Frau und Hund rüttelte schon länger an meiner Frustrationstoleranz. Heute konnten ihre freundlichen Worte, wann immer ich am Zelt vorbei streifte, meine Wut nicht besänftigen. Es war schon dunkel und alles ruhig und ahnungslos im Zelt, als ich lautlos unter dem Zaun durchschlüpfte. In der Nähe wartete ich mit schadenfroher Spannung auf die doch recht zügige Entdeckung meiner Abwesenheit. In Panik getriebener Eile stürzte Pia aus dem Zelt und vorwurfsvoll auf mich zu. Beleidigt gewann mich der Leichtsinn und trieb mich trotz schnell näherndem Auto über die Hauptstraße. Pias blanke Angst ernüchterte meinen Trotz schlagartig. Brav ließ ich mich einfangen und zu unserem jammernden Hund zurück führen. Aus meinem Handeln zog Pia - ihrer naturgemäß - sofort wirksame Konsequenzen. Mir war klar, dass dies nicht mein ersehnter Einzug in den Unterstand bedeutete. Sie band mich an einen Baum und zerrte schimpfend am Unterstand herum, bis der Eingang auf mich gerichtet war. Die Nacht verbrachte ich bei eingeschränkten Gehversuchen mehrmals bis zur Unbeweglichkeit geknebelt und beschämt auf meine Befreiung harrend.

10. Juli 2009

Ausnahmsweise war ich über unseren sehr frühen Start in den Tag dankbar. Er raubte mir zwar mein Morgennickerchen, aber erlöste mich aus meiner verworrenen Baumbeziehung. Meine Dankbarkeit währte allerdings nicht sehr lange und ziemlich schnell wünschte ich mich zurück an den Baum gefesselt. Als erste Tagesherausforderung galt es nämlich, auf den richtigen Weg zu finden. Unsere angespannte Pia hatte zwar die grobe Richtung erfasst, aber sie fand keine Markierung, die ihr den Weg anzeigte. Die unzähligen Befragten schickten uns im Kreis durchs graslose Straßenlabyrinth. Jede Runde erhitzte Pias Gemüt um einige Grade und zerrte an weiteren Fäden meiner Geduld. Der öde *Irrgang* fand ein beherztes Ende, als Pia wütend beschloss, ihrer eigenen Ahnung zu folgen. Zielstrebig zog sie den Hund und mich nun unbeirrt quer durch das Städtchen, bis sie uns mit einem Schrei ihre Entdeckung der richtigen Markierung kundtat, die wohl von einem gewissen Barbarossa stammte. Im ersten Freudentaumel spazierte sie nun den Zeichen folgend wieder in die Stadt hinein. Zum Glück musste ich nicht lange warten, bis ihr eingebautes Navigationssystem - wie sie es ohne jegliche Ironie nannte - Alarm schlug und uns kehrt umwenden lies. Endlich tauschten wir die harte Asphalthölle gegen einen erdigen Pfad entlang eines Baches, der mitten durch ein üppiges Wiesenparadies führte. Ein jedes erhitzte Gemüt fand dort seine Beruhigung beim Fressen, Baden oder Blumen bewundern und in fast nur einem Augenblick schien all der Ärger verflogen.

Zwei ungewöhnliche Dörfer kreuzten unseren Weg. Ungewöhnlich an ihnen war Pias Bewunderung für fast alles, was ihr dort ins Blickfeld kam: kleine Häuser, große Häuser, Gärten, Skulpturen. Großzügig, wie wir sie kannten, teilte sie all ihre aufkommenden phantastischen Gedanken mit uns. Dem ästhetischen Anschein nach - mutmaßte sie - waren die Bewohner kunstschaffende oder reiche Leute. Besonders eindringlich bannten die Kirchturmhauben ihre Faszination. Sie versicherte uns unentwegt, so was noch nie zuvor gesehen zu haben. Ihre Spekulationen konzentrierten sich auf zwei Haupttheorien, entweder war es eine lokale Eigenart oder eine religiöse Sonderheit. Wie dem auch war, mein Interesse galt nicht der Spekulation, sondern der

Geschmacksforschung meiner essbaren Umgebung. Ich freute mich, als der Wald vor uns einen Wechsel meiner Speisekarte ankündigte, denn meine Vorliebe galt den Waldgewächsen. Der Übergang von Wiesen- zur Waldverkostung verdeutlichte mir immer wieder die betörende Intensität, die der Wald nicht nur im Geschmack verbreitete. Der harzige süßliche Duft, die ruhigen Bäume, die quirligen Waldwesen, der kühle Schatten, das Blätterlichtspiel zauberten mich in eine andere Dimension. Bis der Hund mich aus meinem Idyll riss. Prinz hielt es mehr mit den vierbeinigen Waldbewohnern. Dem Hörsinn beraubt folgte er eifrig-euphorisch einem vorbei eilenden Reh. Während seiner mehrminütigen Abwesenheit setzte er mich rücksichtslos dem hysterischpanischen Obertongeschrei von Pia aus. Zu unser beider Bedauern führte ihn die Eskapade bei seiner Rückkehr unverzüglich an die ungeliebte Leine und mich in seinen Aufmerksamkeitsfokus.

Wir erreichten das nächste Dorf fast zeitgleich mit mehreren Regenschauern. Die herabfallende Nässe zusammen mit den Auswirkungen meiner fesselnden Nacht und den wohl erfolglosen *Quartiererkundungen* drückten Pias Laune zunehmend spürbar für uns Teamkollegen. Ungeduldig und verzweifelt zerrte sie uns durchs Dorf, rauf und runter. Sie fühlte sich nicht nur unausstehlich, sie war es auch! Die Götter hatten wohl Mitleid mit uns - oder mit ihr? - und schickten zu ihrer Besänftigung einen fahrenden Verkäufer. Er musste mehrmals unseren Weg kreuzen, bis sie die Götterspeise annahm. Nach dem Kuchen kam endlich auch die Unterkunft. Der Anblick unseres Trios lockte Mutter und Tochter aus dem Haus. Meine Schönheit und Stärke bestaunend standen sie am Gartenzaun und mein Blick fiel auf die große in zart saftigem Gras stehende Wiese im Garten hinter ihnen. Obwohl die Wiese von einem provisorischen Zaun geteilt wurde, hinter dem sich Hasen und Hühner vergnügten, blieb nach meinen Schätzungen noch genug Futter, um meinen Bauch UND meinen Kopf zufrieden zu stellen. Nach einem kurzen Gespräch mit Pia wurde ich zuerst auf den freien Teil der Wiese geführt. Ein erster Fresstest überzeugte, doch war ich immer auf der Suche nach dem ultimativen Geschmackskick und beprobte das ganze Areal. Leider traf ich bei meiner Unternehmung auf wenig Begeisterung und wurde im Gegenteil vehement behindert. Als ich verärgert quer durch ein bepflanztes Beet stapfte, wurde ich von Pia ergriffen und hinter den Zaun zu den Hasen und Hühnern gesteckt. Während ich mir erstmal den Bauch vollschlug, setzte Regen ein. Immer größer und schneller prasselten die Tropfen auf mich nieder. Schlussendlich zwangen sie mich dicht an eine Mauer gedrängt in meine unbewegliche Regenkauerstellung.

Der Regen hatte sich schon längst verzogen, als ich Frau und Hund am Abend aus dem Unterstand kriechen sah. Ich hatte mich schon gewundert, ob ich die beiden nochmal zu Gesicht bekommen würde. Ein kurzes „Hallo, mein lieber Peng" und schon machten die Zwei sich durch das Gartentor davon. Von mir wurde erwartet, alleine und brav zurückzubleiben. Ich war wohl als Lastenträger nicht benötigt und somit der Gesellschaft überflüssig! Oder war *frau* gar meiner überdrüssig? Wütende Enttäuschung loderte in mir! Die lächerliche rote Zaunattrappe überrannte ich vor den Augen der hilflosen Gastgeber und setzte meine zuvor unterbrochene Gartenerkundung fort. Zu meiner beschaulichen Bespaßung scheuchte ich von Zeit zu Zeit die Kinder des Hauses auf, die jeden meiner Schritte neugierig beobachteten. Das Auftauchen von Frau mit Hund beendete mein Treiben. Ich enttäuschte Pia auf eine bedauernde Art. Ihr Bemühen den Zaun elektrisch abzusichern waren vergeblich. Natürlich demonstrierte ich auch ihr die Nutzlosigkeit der roten Strickprobe. Doch anstatt meinen Wunsch auf Freizügigkeit zu akzeptieren, steckte sie mich in den nächtlichen Hühnerhochsicherheitstrakt. Hier fristete ich mürrisch ausbruchssicher und öde ohne das winzigste Grashälmchen die verregnete Nacht. Zu meiner Versorgung wurde mir lediglich ein Eimer Wasser bereitgestellt, der mich klatschnassen

Tropf zu verhöhnen schien.

11. Juli 2009

Als der Hahn die Sonne zu erahnen glaubte, krähte er *durchdringlich* aus voller Kehle. Er wollte wohl nicht nur den Tag ankündigen, sondern vielmehr um seine Freilassung und all seiner Mitgefangenen ins Tagestreiben erbitten. Im schlaftrunkenen Geiste erschien mir Peng mit traurig hängendem Kopf neben dem Hahn stehend und mir war, als könnte ich seinen Magen ärgerlich knurren hören. Die kostfreie nächtliche Gefangensetzung meines braven Ponys versuchte ich nach einer durchwachten Nacht recht erschöpft und egoistisch mit meinem notwendigen langen und tiefen Regenerationsschlaf zu rechtfertigen. Unruhig von den gemeinen Bissen meines Gewissens, jagte mich schließlich die Vorstellung eines hungrigen, nassen und durchfrorenen Ponys aus meinem warmen Schlafsack hinaus ins feuchtkalte Morgengrauen.

Erleichtert begrüßte mich Peng in gewohnter Weise mit seinem fröhlichen Wiehern und einer von Prinz kopierten Dehnübung - hierfür streckte er die Vorderbeine in *hundscher* Art nach vorne und dehnte sein Rückgrat vom ersten Hals- bis zum letzten Schweifwirbel, indem er sich nach hinten beugte. Bei seiner Entlassung drängte er eiligst auf das satte Grün. Zielstrebig ließ er den Schafzaun achtlos hinter sich und steuerte erneut das Gebiet seiner vortägigen Festnahme an. Meine somit vereitelte Rückkehr zu Zelt und Schlaf improvisierte ich von meinem Schlafsack umwickelt zu einem stuhlgestützten Dösen. Gemeinsam mit Prinz beobachtete ich mit einem halb geöffneten Auge das *pengsche* Bewegungsfeld, um - wenn gefordert - bei Übertretung des Erlaubten sofort einzuschreiten. Die

Notwendigkeit, mich wegen unerwünschten Schritten aus meinem warmen Schlafsack zu schälen, sprengte den erholsamen Rahmen. Anstatt meine Laune mit schlafsäcklichem Ein- und *Auswickelungen* zu verärgern, beschloss ich, mich trotz früher Stunde den Aufbruchvorbereitungen zu widmen.

Das Packgut fertig aufgereiht erwartete ich entspannt auf meinem Grenzüberwachungsstuhl das Erwachen meiner Gastgeberin. Nach sieben Uhr kam sie schlaftrunken und überrascht über unseren zeitigen Abmarschplan. Unsere Pläne waren im „Prinzip dieser Reise" flexibel. So gelang es ihr, mich mit einem unwiderstehlichen Duschangebot zu versuchen. Während das Pony von der eigens hierfür geweckten *pferdeverständigen* Tochter überwacht wurde, entlarvte und beseitigte ich bei meiner körperlichen Reinigungsarbeit die Anwesenheit von gleich zwei festgebissenen blinden, aber blutsaugenden, Passagieren. Sie hatten wohl in der Nacht einen heimlichen Tauschhandel - Hund gegen Mensch - vollzogen und sich zu mir herüber geschlichen.

Das Kartenpapier versprach uns - speziell deklariert - Pferdehuf genehme Gehwege und die Vorfreude auf einen behaglich angenehmen Tag im tiefen Wald zauberte ein sanftes Lächeln in mein müdes Gesicht. Doch schien das Pferdeverständnis der hiesigen Wegebauer recht unvernehmlich mit dem unsrigen zu sein. Die Hufe von den Schottersteinen traumatisch gepeinigt schleppte sich mein armes Pony schneckengleich die kurzen Distanzen zwischen seinen völligen Bewegungsstreiks. Mittlerweile waren meine Mundwinkel, von unverständigem *Geschimpf* begleitet, tief nach unten gezogen und endeten schreiend in einer unkontrollierten Emotionsexplosion. Plötzlich unterbrach das unheimliche Knacken eines Astes die Vibration meiner Stimmbänder und meine nervösen Augen suchten vergeblich nach dem unvermuteten Beobachter. Den mit meiner panischen Unsicherheit infizierten Hund nahm ich hektisch an die

Leine. Zum ersten und letzten Mal auf unserer langen Reise schien mir die Tiefe des Waldes bedrohlich und ein angstvolles Gefühl einer Gefahrenkombination aus „Rotkäppchen" und „Hänsel und Gretel" stieg in mir hoch. Das *steingepiesackte* Pony im Schlepptau gelang es mir dennoch, mich stetig von der äußeren und inneren Angstquelle zu entfernen.

Starrer Asphalt wechselte hier und da den spießigen Schotter ab, brachte aber keine Marscherleichterung für den geschundenen Ponyhuf. Doch als uns ein Reitertrupp begegnete, wurden die kleinen Hufe wohl durch die vermissten Artgenossen und die Hoffnung auf ein Ende der Tortur beflügelt. Auf Anfrage bestätigte der Anführer die vermutete Nähe einer jagdschlösslichen Unterkunft und versichert eine unproblematische und adäquate Unterbringung. Nach wenigen unbeschwerlicheren Schritten erreichten wir zu Mittag mitten im Wald das herrschaftliche Anwesen. Dank reibungslos handlicher Kommunikation wurden wir erwartet und unverzüglich zu unseren exklusiven Gemächern dirigiert. Kein Wunsch blieb hier unerfüllt! In unserem abseitigen Stalltrakt stand dem wohlgeborenen Peng ein massiv umzäuntes *grasbares* Grünareal mit Fitnessbahn und Schlechtwetterbereich mit schmackhaften Heuhäppchen zur Verfügung. Unterhaltung und Gesellschaft versprach ihm der ungehinderte Einblick in das prinzliche Gemach. Der Prinz hatte in seiner Schlafhalle die Wahl aus unzähligen auf Heu gelagerten Matratzen. Nach ausgiebigem Probeliegen entschied er sich für die unmittelbare Nachbarschaft zum Lager seiner Kammerzofe, meiner Wenigkeit. Nach unserem Einzug wurde geschmatzt und geschmaust. Das Pony auf dem Outdoorgrün, der Prinz im Gemach vor Ort. Nur ich zog mich zum Speisen einige hundert Meter entfernt in den Wirtschaftsraum der Hofküche zurück. Von Prinz begleitet begrüßten wir all heimisches Wild- und Haustier - von Wildschwein bis Braunbär, von Meerschwein bis Ziege - das in Gehegen unseren Gang zur Küche säumte. Mit Einsetzen eines endlosfadenartigen Regens kehrten wir zurück ins prinzliche Gemach und beschlossen, den Tag frühzeitig und geruhsam.

12. Juli 2009
Gemütlich unbesorgt schlief ich aus, und als sich nach dem ersten Öffnen eines Auges mein zufrieden grasendes Pony darin widerspiegelte, blieb ich noch lange *tagträumend* in meinen Schlafsack verhüllt. Bis auf die Verpackung tat es mir der Hund gleich. Hätte uns die Notdurft nicht unbarmherzig aufgescheucht, wären wir problemlos bis zum nächsten Morgen so verharrt. Peng begrüßte unser spätes Erscheinen mit seinem fröhlichen Wiehern. Nachdem wir unseren Körpern zu deren Gebrauch energieverdauliche Mittel zugeführt hatten, ließen Hund und ich das Pony nochmals kurz alleine um uns auf ein fragendes und dankendes Abschiedswort zur Gastherrschaft aufzumachen.

Aus Respekt für unsere Gastgeber - aber auch aus Selbstachtung - betrachtete ich den Akt des gastlichen Obdachs und Versorgung nicht als kostenfrei und selbstverständlich und machte es mir deshalb zur Gewohnheit mich stets beim Abschied nach dem erwünschten monetären Obolus zu erkundigen. Ich sah uns nicht als reisende Schmarotzer, sondern als freie Wandersleut, auch wenn Kost und Logis meist eurolos gewährt wurden.

Hier genügte der von uns überbrachte Geschmack von Freiheit und Abenteuer, den der Juniorchef in einem längeren Gespräch noch auskostete. Im vorgegebenen Tempo unseres *pengschen* Schrittmachers bewegten wir uns um die Mittagszeit auf grasweichen Pfaden wieder durch Wald und Wiesen. Nach wenigen mühelosen, von unseren Körpern und Geiste unbemerkten Stunden, übergingen wir nach einem einzigen nicht sehr ernsthaften Klingelversuch und einem zu flüchtigen Blick auf die neueröffnete Karte wagemutig unsere erste Übernachtungsoption. Im Lichte der schon tief stehenden Sonne wagten wir uns NOCH an eine Taldurchquerung. Das „Tal" empfing uns in wilder Schönheit von Menschenhand und -fuß scheinbar unberührt. Nur hier und da erinnerten uns sehr vereinzelte Bäume mit aufgemaltem blauem Kreuz, dass wir nicht in die tiefen Wälder Kanadas gezaubert waren, sondern brav in Thüringen liefen. Prinz als Fährtenleser bahnte freudig unseren unerwartet *wegsamen* Pfad durch das ihn weit überragende Gras. Immer wieder hielt er - den Kopf zu uns gewandt - inne, um sorgsam unser Aufschließen zu gewähren. Gemächlich folgten wir, das Ähren zupfende Pony und ich, verzückt der eiligen Spürnase die natürlichen Schönheiten bewundernd. Die Enge des Tales hielt uns geborgen auf dem rechten Weg und verhinderte quasi topographisch bedingt ein verständnisloses Umherirren.

Mit dem Erreichen des namenweisenden „Tal"-Schildes tauschten wir die Wildnis gegen eine Straßenbaustelle und damit gezwungenermaßen den beschilderten Wanderweg mit meiner freihändigen Orientierung. Die - wenn auch nur sehr kurze - Umgehung riss uns aus einem mühelosen Wandertraum heraus und ließ uns auf angeklebten Plateauabsätzen durch lehmigen Matsch über einen Feldweg rutschen. Eingedreckt und entnervt drang ganz plötzlich eine müde Erschöpfung zu unseren Körpern und Geistern durch. Ein genauer Blick auf die Uhrzeit und eine erschrockene Sichtung der Karte entlarvten meine *augenmäßige* Fehlschätzung des Zeit-Weg-Verhältnisses. Der Uhrzeit entsprechend wäre das Pony untergebracht und das Zelt aufgestellt, doch fühlbar unendlich ferne fünf Kilometer trennten uns von dieser Momenteinstellung. Hektisch trieb ich meine dem Meutern nahe Crew erbarmungslos voran. Von meinem inneren Navigationssystem geleitet, strebte ich zielgenau den Wiedereinstieg unserer Schilderjagd an. Doch von irriger Ungeduld verleitet, drehte ich entgegen meines besten Wissens bei der ersten, leider unklaren, Wegkennzeichnung trotzend und schimpfend in die falsche Richtung ab. Auf mich selbst und die achtlosen *Wegmarkierer* wütend, zerrte ich meine müde Bande - wie zum Beweis - auf dem Holzweg entlang. Nach einem 20-minütigen Gewaltmarsch ergoss sich der Weg endlich in eine Wiese und ich zwang zur unverzüglichen Umkehr. Erschöpft und entrüstet von meiner plan- und zeitlosen Führung verweigerte mir das Pony kurzfristig die Zusammenarbeit und erstreikte uns eine sehr knappgehaltene Pause.

Zurück auf dem vorgezeichneten Weg schleppten wir uns kraft- und nervenlos Kilometer für Kilometer den Berg hinauf. In immer kürzeren Abständen hielten die Beine und selbst das unermüdlich graszupfende Mäulchen des müden Pengs bewegungslos inne. Pengs Gebärden erinnerte mich schmunzelnd an Nr.7, der Esel im Dauerstreik aus der mir in den 80ern geliebten TV-Serie „Der Mann in den Bergen". Einerseits versuchte ich mit dem immer näher rückenden Ziel aufmunternd und anderseits mit der drohenden Dunkelheit verwarnend an seine Bewegungsbereitschaft zu appellieren, während ich ihn zu meiner eigenen Ermunterung Nr. 7 nannte. Der sich in den Schatten verkriechende Prinz beobachte ungewöhnlich unbeteiligt meine Bemühungen und schien selbst mit Energieschwierigkeiten zu kämpfen.

Die letzten bewegenden Reserven aufgebraucht gerieten wir beim Erreichen der ersten Häuser und einer Pferdekoppel in ein Dorffest hinein. Erleichtert zu schon später Stunde so viele potentielle Informanten oder gar Gastgeber vorzufinden, begann ich sogleich, den ersten Freiwilligen - ein überreifer Junggeselle - wie vorbestellt zu interviewen. Auf den ortsansässigen Pferdehof machte er mir wenig

Hoffnung. Ein alkoholisiertes träges Brainstorming über unseren möglichen Verbleib artikulierte sich - zu meinem späteren Staunen, denn an jeder Dorfecke gab es Pferde und Ponys - in gähnende Leere. Erst mein Zeig auf die genau gegenüberliegende Pferdekoppel verwies uns zwei Häuser weiter an die dazu gehörige Familie. Sich unserem verzweifelt erschöpften Zustand gewahr, bot er erbarmend seinen eigenen Garten nötigenfalls als letzte Alternative an. Von den möglichen Auswirkungen einer im Garten eines ledigen Mannes verbrachten Nacht vorgewarnt, hoffte ich zum Himmel flehend auf eine gar freundliche Aufnahme hier direkt vor unseren verschieden gearteten Nasen. Mein Klingeln und all unsere gesammelten materiellen Wünsche wurden nach kurzer - sehr angespannter - Wartezeit erhört und standen ab sofort unter der fürsorglichen Betreuung des jungen Paares, die uns für den strapaziösen Endspurt mehr als entschädigte. Bis zu seiner - von mir persönlich zu

veranlassenden - Überführung in einen angrenzenden Hochsicherheitstrakt knabberte Peng zufrieden auf der saftig-grünen, aber ponydurchlässigen Pferdeweide. Der spärliche Bewuchs des abgesicherten VIP (Very Important Pony)-Bereichs wurde üppig mit grundlegenden (Stroh, Heu) und luxuriösen (Äpfel, Karotten, ausnahmsweise eine rationierte Portion Hafer) Futtermitteln kompensiert. Prinz stärkte sich an einer dargebrachten großen Dose Hundefutter. Und während ich mich dankbar bis zum Anschlag durch einen reichhaltigen intuitiv vegetarisch gehaltenen Fresskorb arbeitete, wurde mir ein Gefühl des *Hungrigseins* bewusst. Mit müden Muskeln - fast bewegungsunfähig - dösten wir mit dicken zufriedenen Bäuchen und in universeller Demut der Nacht entgegen.

13. Juli 2009

Lecker hartes Brot zum Frühstück bestärkte mich und meine überanstrengten Glieder in der Absicht, hier - an einem guten Ort - Pause zu machen. Wie ich wohlwollend zur Kenntnis nahm, waren die Leute hier nicht nur Pferdefreunde, sondern verwöhnten auch Hund und Frau. Eine angenehm angebrachte ein- oder gar mehrtägige Erholungsphase schien mir deshalb folgerichtig. Selbstverständlich lag es klar und grün vor mir, dass ich mich tagsüber grasend auf der saftigen Wiese aufhalten würde. Mit meinen Plänen konform nahm ich nach meinem ersten Frühstück gleich das Grasen auf und konstatierte zufrieden Pia bei Kuchen und Kakao sitzen. Bis die Situation mit Pias plötzlich einsetzendem Packaktionismus auf unerklärlicherweise aus meiner Kontrolle glitt und meine gute Laune sich spurlos verflüchtigte. Als sie den Sattelgurt festzog, pumpte ich protestierend meinen Bauch voll Luft wie ein Ballon kurz vor dem Peng des Zerberstens. Das restliche Sattelprozedere ließ ich stumpf über mich ergehen, doch jeder Schritt sollte ihr mein Unverständnis und Widerwillen gegen ihren Entscheidungsalleingang demonstrieren. Schimpfend zog sie mich - den „Widerspenstigen" - quer durch das Dorf voller glücklich auf satten Weiden grasenden Pferden und Ponys.

Meine angeborene Gelassenheit litt nervös unter der intensiv geübten *Bauchluftkonzentration*. Und als ein vierrädriges Maschinenmonster an uns vorbei dröhnte, sprang ich doch tatsächlich panisch zur Seite. In meiner Verwirrung ließ ich Luft ab und der Sattel mitsamt Gepäckaufbau baumelte plötzlich zwischen meinen vier müden Beinen. In hektischer Verzögerung kehrte mit normaler Atmung meine innere Ruhe zurück. Mit pragmatischer Duldsamkeit stand ich - der nun

„Brave" - und ertrug Pias ungeschickte Rettungsmaßnahmen. Nach längerem Schimpfen und Gezerre am Sattelgurt plumpste das gesamte Gut endlich zu Boden. Mühevoll stöhnend hievte sie das Komplettpaket für einen kurzen Moment auf meinen Rücken zurück, bevor alles dramatisch vertont mit ihrem wütenden Aufschrei wieder zu Boden fiel. Die Packkunst gelang erst, als zuvor zerlegte Einzelteile auf meinem Rücken zusammengetragen und -geschnürt wurden. Auf ihren letzten Handstreich kehrte das Maschinenmonster zurück und veranlasste mich unverzüglich die *Gepäckfälligkeit* tänzelnd zu erproben. Doch mein müder Körper konnte die Last nicht mehr abwerfen. Mühsam trugen meine sauren Beine mich und das heute absolut unerträgliche Zusatzgewicht. Ein Kampf um jeden Meter! Meiner Leidenschaft - das Kosten der heimischen Kräuter und Gräser - gelang es, meine Beine zu etwas Bewegung zu überreden. So hangelte ich mich schwerfällig von Halm zu Halm, über Wiesen und durch Wälder hinter einem ungeduldig gezerrten Strick her.

Irgendwann - mit verlorenem Körper- und Zeitgefühl - erreichten meine Beine mechanisch das erste Dorf. Auf einem Hof fand ich mich in einem tierischen Alptraum wieder, umringt von hunderten grapschenden Kinderhänden. Prinz verlor ziemlich schnell die Nerven und schnappte nach den frechsten Händen. Mit seinen *Handbisslichkeiten* verschaffte er uns erfolgreich Raum. Kaum Luft geholt fand ich mich im Stall bei trocken Heu und Wasser neben Ziegen, Esel, Schweinen und Katzenbabys in eine Box gesperrt. Staunend beobachtete ich, wie Pia unser jammerndes Hündchen in der Box neben mir ankettete. Hatte er mit seinen Schnappbewegungen seine Favoritenrolle an Frauchens Seite etwa verscherzt? Gab es doch noch Gleichbehandlung? Sein Wimmern kommentierte ich mit überlegenem Hohn.

Fortlaufend ging und kam unsere Frau und hielt uns fast minutiös über jeden ihrer Schritte auf dem Hofgelände informiert. Manchmal ergötzte sie uns mit ihrem Anblick für Sekundenbruchteile, manchmal setzte sie sich minutenlang geschäftig zu uns - genauer zum Hund - säuberte und sortierte Packinhalt und reparierte Packbehältnis. Sie fütterte uns fortwährend mit belanglosen Informationen anstatt mit Karotten und Äpfel. Auch ließ sie uns über unseren endgültigen Verbleib beschwichtigend im Ungewissen. Ich ließ mich hinhalten, solange auch der Hund hier gefangen saß. Doch ich weilte nur in einer sehr kurzen Ära der speziesübergreifenden Gleichberechtigung! Nachdem Pia alle Hofangelegenheiten erledigt hatte, befreite sie den Hund und - wie sie mir unverhohlen mitteilte - besichtigte mit ihm unser potentielles Quartier, eine Koppel. Warum wird der Koppelfachmann nicht dazu gebeten, sondern das gleichgültige Laienvolk? Kein logisch und pragmatisch denkendes Gehirn kann darauf eine zufriedenstellende Antwort finden. Mein Gemüt begann, sich wieder aufzuwärmen. Sie gingen, kamen mit positiven Nachrichten zurück und verschwanden erneut ohne mich. X-Male kamen und gingen sie und verschwanden mit etwas Gepäck unterm Arm. Innerlich begann ich nun zu kochen! Mir schien, dass die beiden - im Pack vereint - geradewegs auf mich angelegt hatten. Als ich endlich aus dem Stall geführt wurde, zog ich bei aller Wut erleichtert die frische Luft in meine Nüstern. Die Koppel lag am Dorfrand und die Gehzeit nutze Pia, um mir unentwegt einzuschärfen, dass die geringste Andeutung eines Fluchtversuches mich wieder in den Stall bringen würde. Endlich ... nach ausgiebiger Besichtigung des Wiesenareals konnte ich dem Laienurteil fachmännisch zustimmen: Größe und Bewuchs waren zufriedenstellend. Ausgelassen tobte ich bergauf und bergab, transformierte dabei einen Teil meiner wütenden Energie und demonstrierte mit jedem Slide (Stopp aus vollem Galopp mit stark unter den Körper geschobener Hinterhand) kurz vor dem *Begrenzungsschnürchen* meine Zaunakzeptanz. Meinen Herdenausschluss wollte ich nun nicht mehr hinnehmen und beschloss für meine ausnahmslose Eingliederung zu kämpfen! Den Aufbau des Menschund-Hund/Pferde-verboten-Unterstandes versuchte ich, mit gezielt zerstörerischen Attacken auf das Gestänge zu verhindern. Das große Geschrei, das ich dadurch provozierte, nahm ich in Kauf. Wenn ich nicht rein durfte, dann sollte keiner unter Dach!

14. Juli 2009

Pengs drohende Flucht- und Angriffsgelüste zerrten mich die ganze Nacht ruhelos in meinem Schlafsack hin und her und ab und zu hoch, die zusammengekniffenen Augen in die mondbeschienene Dunkelheit gerichtet und besorgt nach der geforderten Anwesenheit einer auf vier Beinen umherschleichenden weißen Gestalt suchend. Tatsächlich beschränkte sich der schlaflose Albtraum nur auf meinen Kopf und Körper, die unbesorgte Realität bewegte sich friedlich grasend im vorgeschriebenen Areal und spannte knapp einen Meter schützend über dem schlafenden Hund und der zappelnden Frau.

Mit meinem ersten sonnenbeleuchteten Schritt vors Zelt schien sich - wie durch mein sorgfältig zelebriertes dunkles Ritual katalysiert - der nächtliche Albtraum in die tägliche Realität zu transformieren. Nüchtern betrachtet hatte das Pony mit unserem Verschwinden ins Zelt und aus seinem Blickfeld den Anreiz zum Unmut verloren und konnte sich nun ungestört den wirklich wichtigen Angelegenheiten widmen. Mein Wiedererscheinen allerdings reaktivierte signalartig Ponys Aggressionsmuster. Hufe trampelten bei meiner Anwesenheit auf Zelt, beschuhten Füßen und frisch gefüllten Wassereimern herum und bei meinen minimalen Abwesenheiten galoppierten sie wild und fluchtgefährlich umher. Sein ausdauernd frustriertes Gemüt und seine Gebärden entfachten nicht mehr meine Wut, sondern runzelten meine Stirn in tiefer Besorgnis. Was war geschehen? Eine wesensbezogene Analyse der Wanderung ergab eine ganz offensichtliche und massive Vernachlässigung unseres vierbeinigen Lastenträgers, dem neben dem materiellen auch gleich der anfallende seelische Ballast aufgebürdet wurde. Weder gaumenfreundliche, emotionale oder sensorische Streicheleinheiten wurden bewusst und in ausreichendem Maße verabreicht, noch einwandfreier Gehorsam mit Lob bedacht. Ausgiebig hatte ich aber meine Aufmerksamkeit und verbalen Ansprachen auf jeden seiner noch so winzigen Fehltritte konzentriert. All meine sorgende Energie wurde auf den Hund gerichtet und war von der königlichen Diva rückstandslos beansprucht worden.

Jede noch so kleine Versorgungsdienstleistung entwickelte sich zu einer kleinen Mutprobe. Ich hatte nicht nur die equide Rebellion zu fürchten, sondern auch mit vermeintlich humanen Fluchthelfern zu rechnen. Offensichtlich war unsere Koppel ein lokal beliebter Durchgangs- und Umschlagplatz und wurde von mehr oder weniger einsichtigen und gar zwielichtigen Zaunsaboteuren frequentiert. Der Fuß eines mit Begleithund Spazierenden drückte geübt und zielgenau das Zaunband platt auf den Boden und verursachte bei zwar müheloser Überwindung eine erhebliche Zaundestabilisierung. Mein unverzüglich angestimmtes Lamentieren kommentierte er nach anfänglicher Ignoranz und einem nachdenklichen Spaziergang mit freundlicher Einsicht und Auffüllung unseres leer gefressenen Hundetrockenfutterdepots. Kaum beschwichtigt und beruhigt, bezeugte ich rein zufällig wie ein schnell erscheinender und verschwindender Motorradfahrer mehrere Zaunpfähle ohne zu Zögern aus der Erde zog und sie flach legte. Reaktionsschneller als das Pony rekonstruierte ich den Zaun mit unbehaglichem Misstrauen. Bedrohende Unheimlichkeit schauerte mein Sicherheitsbedürfnis! In welchen Horrorstreifen waren wir da versehentlich hineingeraten? Mir wähnte eine verschworene dorfgemeinschaftliche Austreibung der Fremdlinge. *Marklich* erschüttert sinnierte ich unruhig über diverse Präventivmaßnahmen vor weiteren unerwünschten Überraschungen.

Mit erheblicher Zeitverzögerung nahte Aufklärung auf einem Kleintraktor mit beladbarem Anhang. Dieselbige männliche Gestalt machte sich willkürlich an der erst kürzlich demolierten Zaunstelle zu schaffen. Mein laut über die Wiese gellender Schrei hielt ihn jedoch auf, bis meine mühsam rennenden Beine mich an den Tatort brachten. Eine intensive Befragung ermittelte einen achtlos mechanisch wirkenden Wiederholungstäter mit nur minder gefühlter Reue: Wie sooft hole er hier **mit Erlaubnis** Gras und hat das Pony einfach nicht gesehen. Mit großer Überredungskunst erreichte ich die Einfahrt des Gefährts durch den regulären Eingang. Doch dank seiner wiedergewonnenen Fassung konnte ich die Ausfahrt des Beharrlichen an gewohnter Stelle - über den wieder platt gelegten Zaun - nicht verhindern. Der dritte Streich beschränkte sich nicht auf passive Fluchthilfe, sondern drohte mit aktiver Entführung unseres unbelasteten Mitglieds. Ein vermutlich alleinstehender, einsamer, leicht alkoholisierter, älterer (50+), männlicher Einwohner machte zuerst für das Pony eine weniger und anschließend mir eine sehr ernst gemeinte Offerte. Meine entschiedene Ablehnung gegen jegliche derartigen unmoralischen Angebote unterstrich unser Hund mit seiner majestätischen Präsenz. Eingewickelt in eine verworrene Unterhaltung gelang es mir erst nach längerer Zeit, mich zu befreien, und ich behielt eine beklemmende Unruhe im Innern zurück.

Die Sorge um den psychischen und physischen Zustand meiner Tiere trübte meine wanderunternehmerische Zuversicht zunehmend. Das permanente Ungewisse, Unvertraute, Unvorhersehbare außerhalb des Kontrollbereiches erschwerte die Gesamtballast des Zivilisationshundes nahe Grenzbereich, ebenso wie meine eigene als verantwortungsträchtige (Ver)Sorgungspflichtige. Hingegen sah unser aufgeschlossenes wanderlustiges Pony gerade das als besonders positiven Reiz. Nur die von uns - Hund und Frau - angelegten emotionsbeladenen Fußfesseln zwangen ihn manchmal knapp unter die Wasseroberfläche. Der Spaßfaktor schien sehr mühsam erarbeitet werden zu wollen. Zu mühsam? Zum Schutze der Anbefohlenen drohte momentan der tägliche Wanderabbruch. In Selbstgesprächen führte ich Verhandlungen mit Unbekannt über die noch minimal zu überwindende Teilstrecken - mein fast zum Greifen naher persönlicher Topfavorit „Der Rennsteig".

Die Praxis verdeutlichte mir immer wieder eindringlich, dass jedes Mitglied ungeachtet des individuellen Handicaps für das Wanderteam unentbehrlich und gewollt war. Die Fertigkeit, die wir für ein harmonisches und gesundes Gelingen noch zu meistern hatten, war ein erträgliches Balancieren unserer teamwidrigen Verhaltensmuster. Vorbildliche Orientierung bot uns - Hund und Frau - der perfekte Peng: tolerant, in sich ruhend, mutig, realistisch, vertrauensvoll und -würdig, unkompliziert und fröhlich. In drei Worten: Herr seiner Selbst!

15. Juli 2009

Erleichtert, eine weitere angespannte Nacht ohne Zwischenfälle oder gar Verluste überstanden zu haben, zollten wir dem gastgebenden Erlebnisbauernhof noch Obolus und Abschied, jedoch nicht, bevor ich brav unseren Lagerplatz wieder in seinen Urzustand versetzt hatte. Meine Entscheidung für eine weitere Packung unentbehrlicher Haferflocken lotste uns zurück ins Dorf und den Hund in eine hinterhältige *maulbeißerische* Auseinandersetzung. Bravourös schlug er den unvermittelt hervorschießenden bepfoteten *hofherrischen* Angreifer nach kurzem knurrendem Gebeiß überlegen in die Flucht. Stolz lobte ich Prinz für seine königliche Souveränität und vor allem seine *verteidigungsmotivierte* Friedfertigkeit!

Auf uns wartete das Helbetal. Seine schöne Wildheit war nicht nur durch einen Namen gezähmt, sondern auch ein breit angelegter Weg ließ angenehm reisen. Doch an graue Vorzeiten erinnernd hausten in den Wäldern die Gesetzlosen und trieben ihr erbarmungsloses Spiel mit den ahnungslosen Wanderern. Grausame Bluträuberbanden in

Gestalt von gierigen schwarzen Bremsen attackierten uns gezielt. Schmackhaft und großflächig stand der erduldende Pengpeng im Zentrum ihrer Aufmerksamkeit. Die Überzahl entging lässig den unzulänglich um sich schlagenden Schweifhaaren. Selbst Prinz, der nur seine Schnauze bloß bot, wurde zum gelegentlichen Verzweiflungsopfer. Dort hatten die wagemutigen Bremsen nur kurze Weil, bis sie von seiner flinken Pfote vertrieben oder gar zerquetscht wurden. Von den Plagegeistern angespornt schlug ich mich - einer Selbstkasteiung gleich - unter manchem wilden Schrei ins Gesicht und am ganzen Körper. Sporadisch klatschte meine Hand kontrolliert und hilflos auf mein belagertes Pony. Die Gier der wilden Horden beschränkte sich nicht auf unseren roten Lebenssaft, sie zehrten auch von unserer schon defizienten mentalen Wanderkraft. Erst bei Erreichen der Moderne - einer aufgeschotterten Fahrstraße - reduzierten sich unsere saugenden Verfolger auf spähende schwach besetzte Vortruppen und ließen uns endlich Freiraum für Ruhe und einen Blick zurück in ein märchenhaftes Tal, wo wir unser Blut so blind verteidigt hatten. Eine Plage gab der anderen den Stab. Wegelagerndes steiniges Gesindel fiel nun über die altmodischbaren Hufe unseres braven Pengs her und fütterten meine ständige Sorge um ihre mögliche auslaufende Haltbarkeit.

Von den zahlreich lästigen Begegnungen strapaziert bemühte ich mich bei *nächstbietender* Besiedlung um Unterkunft. Der erste Versuch - bei zwei emsigen Gemeindepflegern - gelang noch vor Betreten des kleinen Dorfes. Einer der Sensenmänner nahm uns ohne viele Worte mit und führte uns - nach kurzer Rücksprache mit seiner Frau - durch Hof und Garten treppauf auf eine dahinter gelegene Weide, die einst von seinen Shetlandponys bewohnt wurde. Er versorgte uns mit dem Dringlichsten - einem Eimer voll Wasser für Pony und Hund - und verschwand bis zu seinem Feierabend. Der Platz war perfekt für den Moment: Das Gras stand hoch; der Zaun war nach wenigen Ausbesserungen sicher; eine strauchige Bauchbürste ersetzte einen fehlenden Schubberbaum; er war ruhig und abgelegen; wir drei waren unter uns!

Trotz Idylle musste ich mich schlagfertig mit dem rasendvernachlässigten Pony auseinandersetzen. Sein erfolgreicher Angriff - unerwartet schon während des Aufbaus - bohrte eine zerbrechende Zeltstange durch die regenschützende Plane - erleichternd traf sie nur das Vorzelt - und ließ mich mit Worten und Händen auf den Zerstörer eindreschen. Wütend erklärte ich nun Zeltumzäunung und Wassereimerbefestigung zu meinen Routinehandlungen. Nachdem alles aufgestellt und abgesichert war, kroch bei einsetzender Ruhe und einer Handvoll Nüsse Reue in mir hoch. Großzügig und ehrlich verteilte ich Entschuldigungen und Lobpreisungen an meine tierischen Freunde, unsicher, ob diese die kontrolllos zugefügten Schmerzen lindern konnten. Die zumindest kulinarisch-materielle Zufriedenheit mit Schmatzgeräuschen von Pony, Hund und Frau entspannte die angezogenen Nerven.

Im quasi perfekten Moment tauchte unser Gastgeber am Gartenzaun auf. Er versorgte uns mit Flüssigkeit - weibische Zitronenlimo und tierisches Wasser - und Informationen aus seinem sehr abgeschirmten Leben. Ich war überrascht, was für ein spontanes Vertrauen und Wohlwollen er uns entgegenbrachte. Unerwartet verblüffte mich seine unmotivierte Diagnose: „Dem Pony fehlt Salz." Ich mutmaßte eine vermittelte und unbewusste Aktivierung seines telepathischen Kanals.

Um uns einen unbeschränkten Abgang zu ermöglichen entbarrikadierte er den Eingang direkt im Zaun der Weide und verabschiedete sich. Gerührt und von offensichtlichen Symbolen zwiegespalten blieb ich zurück. Eine schwarz-weiß-rote großreiche Flagge auf dem Dach und ein tätowiertes Kreuz mit drei 9en am Unterarm der Ehefrau könnten auf meine nächtliche Opferung auf einem germanischen Altar hinweisen? Total erschöpft entschloss ich mich gegen meine

Opferung und für einen erquicklichen tiefen Schlaf.

16. Juli 2009

Der Tag versprach weitgehend zivilisationsfremde Zeitlosigkeit bedingt durch die vollkommene Entladung meines Handyakkus mangels elektrischen Zugangs. Wohl geruht trat ich frohgemut mit Pony und Hund durch das Gartentor unerwartet in eine schmerzhafte Reaktionskette: Peng scheute wider seiner ungerührten Natur vor schaurigen Ziegen auf der gegenüberliegenden Weide; Prinz fesselte meine Beine mit seiner Leine, während ich einen Steilhang erst mit eingeschränkter Schrittlänge hinunterstolperte, später aufgrund der umgeknickten Stabilität meines linken Knöchels hinunterrollte. Unten angekommen rappelte ich mich auf und sammelte humpelnd und schimpfend Hund und Pony ein. Indem ich meinen linken leidenden Knöchel ignorant normal beanspruchte, hoffte ich jegliche Spätfolgen zu überlisten. Meine Taktik erwies sich als erfolgreich und mit dem nachlassenden Schmerz verstummte leicht verzögert auch meine Schimpferei und selbst meine Stimmung pendelte sich indifferent ein.

Das Blaue-Kreuz-Symbol unseres Wanderweges führte uns auf einem schmalen erdigen Pfad in einen kraftvoll stillen Buchenwald. Das Reich der alten mächtigen Bäume schien von Menschenhand kaum berührt und seine magisch wohltuende Ausstrahlung hatte uns drei Eindringlinge als dankbare Empfänger. An zwei Schnüren aufgereiht wanderten Hund-Frau-Pony hintereinander mit andächtiger Spannung voller Staunen und Wundern: Der Hund lauerte auf ein erschreckt davon jagendes Reh; ich rechnete jeden Moment damit eine Fee zu entdecken; dem Pony genügte wahrscheinlich unsere friedliche Stille.

In meiner rastlosen Zeitungewissheit reduzierte ich die tierisch ersehnten Pausen zu wenigen kurzen Stopps. Und als der unsrige auf einen weiteren Wanderweg mit demselben Ziel - Hörschel: Beginn des erwartungsgespannten Rennsteigs - traf, entschied ich mich für einen zivilisationsferneren Routenwechsel. So ließen wir die Stadt Mühlhausen mit dem Thüringer Hauptwanderweg positionell links liegen und folgten unbedarft dem roten Rad des Eichsfeldwanderweges. Unser Besuch im Feenland endete vorerst an der felsigen Abbruchkante der bewanderten muschelkalkigen Dünhochfläche am Keulaer Rondel, dessen Namen von einem Gedenkstein der früheren - mir sehr rätselhaften - Rondel-Gesellschaft abgeleitet wurde. Von hier fiel unser Blick tief auf Deuna - unsere angestrebte Quartierstätte - und seine aus dem Eichsfelder Kessel hervorstechende Zementfabrik. Und hier überraschte das für uns zuständige Begrüßungskomitee mit sehr frühzeitiger Planung und außergewöhnlich begabten Komparsen: Der Bürgermeister von Deuna empfing uns REIN ZUFÄLLIG am Aussichtspunkt und erklärte uns den Weg durch den Steinbruch in den Kessel hinunter direkt zur pferde- und gastfreundlichsten Familie der Stadt.

Nach ein paar Schritten wandelte sich meine Zuversicht sehr schnell in die typische hektische Anspannung einer Wegunklarheit. Einige Versuche den schmalen Pfad zu verlassen und uns rechts am Abstieg zu versuchen endeten in Sackgassen oder an unbegehbaren steinigen Steilhängen. Das stolpernde Pony zerrte ich - ständig seine Unachtsamkeit mit der damit verbundenen Verletzungsgefahr kritisierend - nervös hinter mir her. Nach meinem Hinweis „Vorsicht Graben" lag Peng fast im selben Moment verdutzt in demselbigen. Mühsam rappelte er sich unter meinen besserwisserischen Belehrungen auf. Sein Lahmen brachte mich nur kurz zu einem äußerst entsetzen Schweigen. Das Horrorszenario eines der Fortbewegung unfähigen

Ponys mitten im Wald auf einem schmalen unbefahrbaren Weg ließ mich hysterische Panik fühlen. Planlos bombardierte ich ihn mit Vorwürfen und zwang ihn - wie mich selbst am Morgen - zuerst mit vorgespielter Mitleidslosigkeit und dann mit mildem Zuspruch zum Weitermarsch. Nur ein paar humpelnde Schritte und Peng war wieder klar und wählte nach dem Schreck sehr sorgsam und bewundernswert sicher seine Trittspur während des gefährlich steilen und steinig peinigenden Abstiegs.

Als wir in der Ebene eine asphaltierte Straße erreichten, die uns sicher aus dem Steinbruch in Richtung Dorf führte, konnten wir endlich erleichtert aufatmen. Den bürgermeisterlichen Anweisungen entsprechend bogen wir mal links und mal rechts ab und landeten zur Mittagszeit genau vor der Tür unserer empfohlenen Gastfamilie. Nach meiner kurzen Ansprache wurde uns wie selbstverständlich die Richtung zu den familiären Stallungen und einem Treffen mit dem Sohn gewiesen. Eigens für Peng wurde eine üppige Weide maßgefertigt eingezäunt. Unser wiederkehrendes elektrisches Thema - ein dienstverweigerndes E-Zaungerät - erlaubte dem Pony sich nur unter meiner wachen Aufsicht auf der Spiel- und Fresswiese zu tummeln und verlegte unser Nachtquartier in den derzeit verlassenen Stall. Der von Peng geforderte Salzleckstein wurde herangebracht und mit vor Aufregung zitternden Vorderbeinen füllte er sofort hingebungsvoll schleckend sein leerstehendes Salzreservoir auf.

Mit großer Gewissheit vermutete ich hier den Ursprung seiner schlappen Müdigkeit und räumte auch eine Beteiligung derselben Ursächlichkeit für seine frustrierten Aggressionsausbrüche ein. Warum wäre mir Pengs körperliches

Bedürfnis nach Salz niemals in den Sinn gekommen? Meine Erinnerungen an das im Schoße seiner Herde oft genüsslich am Salz hängende Pony hätte meine ignorante Dummheit Besseres belehren sollen!?

Nach beendeter geschäftlicher Mittagsruhe strebte mein Bedarf nach fest-stärkehaltigen und flüssig-proteinhaltigen Nahrungsmitteln dringend zum lokalen Shoppingangebot. Derweilen verfrachtete ich meine beiden Tiere mit dem Salzleckstein in den sicherheitsgeprüften Stall. Am Wege ließ mich die altansässige Existenz eines ans Kreuz genagelten Herrn angesichts der anti-religiös marxistisch orientierten jüngsten Vergangenheit der Gegend kurz innehalten und verwundert Staunen. Noch übers Kirchliche grübelnd besorgte ich ausreichend weltliche Backwaren. In der Fleischerei traf ich auf des Gastgebers Bruder, der den Hund mit Knochen und mich mit Milch und einer Duschgelegenheit versorgte.

Frisch geduscht quartierte ich uns vier (Salzleckstein!) auf die Wiese und jeder schmauste nach seiner Wahl. Prinz hatte einen vorwitzigen Besucher, der sich nicht nur für ihn, sondern auch sein knochiges Mahl interessierte. Mein Hund erkannte den frechen Terrier nicht als seinesgleichen und jagte ihn wie eine ängstliche Katze. Plötzlich jaulte der zusammenbrechende Jäger auf, um dann mit schmerzender Schulter zu seinem Fraß zurück zu humpeln. Natürlich gingen meinen milden zusprechenden Worten ärgerlich vorwerfende voran. Hatte heute jeder quasi nur pro forma ein schlechtes Karma abzulösen?

Der sich zu uns gesellende Gastgeber stillte meinen theoretischen und praktischen Informationsdurst. Der Katholizismus der Gegend Eichsfeld ist in ihrer geschichtlichen Zugehörigkeit zur Kurmainz (bis 1803) begründet. Das Zementwerk und die nahe gelegene Baumwollspinnerei wurden durch die vorgehende ungläubige Regierung zur Unterwanderung der eichsfelder Moral durch politisch konforme

Seelen instrumentalisiert. Die politische Integration misslang und dem eichsfelder Völkchen gärte eine misstrauisch verschlossene Haltung, die wir leider bald zu spüren bekamen. Das Mainzer Bistum hatte mit seinem Symbol einem sechs-speichigen Rad (Mainzer Rad) nicht nur im Dorf überall Spuren hinterlassen, sondern auch als Wegmarkierung für unseren neu gewählten Wanderweg. Eine spontan entschiedene  Umorientierung bedeutete allerdings auch fehlende Vorbereitung. So hofften wir, die vor Ort ahnungslos einsetzende kartenfundierte Orientierungslücke durch eine aufmerksame Zeichenjagd und eine Distanz- und Richtungseinschätzung anhand einer herbei geholten Übersichtskarte zu kompensieren.

Gegen Abend sicherte ich Peng mit seinem Salzleckstein in unserem Nachtquartier, während der Hund mit mir zusammen den bevorstehenden Wanderrouteneinstieg probte. Zurück im Stall eroberte sich der Prinz schnell, zielstrebig und selbstsicher das einzige Sofa als Schlafstätte. Mir blieb meine Isomatte am Boden zwischen Hund und Pony. Da die offenen Stalltore nächtlichen Besuch von wilden und häuslichen Wesen begrüßten und wilde Hetzjagden und Kämpfe mit unserem persönlichen Wächter imaginieren ließen, bändigte ich meine Besorgnis, indem ich den möglichen Unruheherd an die lange Leine legte. Zu später Stunde blinzelte unerwartet und doch nicht überraschend der kleine Terrier kurz in den grellen Schein meiner Taschenlampe, ohne jegliche artgenössische Reaktion zu wecken. Doch während der erhofften ruhigen Nacht schlug ich mich wütend und hilflos mit einer blutrünstigen Bande herum.

17. Juli 2009

Aaaahhh, sooo weich das Sofa! Hab schon so lange nicht mehr so gut geschlafen! Bestimmt gab es noch auf unserem Pferdchen Platz dafür!? Nicht mal Zeit zum Fressen! Ich schluckte gerade noch das letzte Stück Wurst, da musste ich schon wieder arbeiten. Ich rannte hin und her und her und hin. Peng war auf der Wiese und Pia im Stall, wie sollte ich da beide im Auge behalten? Immer diese ewige Packerei! Wer konnte das aushalten? Und ein Getrödel ... das machte mich total kribbelig! Statt sich aufs Wesentliche zu konzentrieren, schlug die *Rudelpackerin* wie eine Irre auf den Salzstein ein. Da fehlten wohl die Muckis! Den Stein störte das Gehämmer nicht. Ab und zu krümelte mal was an den Ecken. Das dauerte, bis endlich genug Salzbröckel gekrümelt hatten, bis die *Rudeltrödlerin* alles in Pengs Tasche gesteckt hatte, tausend Ewigkeiten! Dann endlich holte die *Rudelpackerin* den Lastesel! Ich musste zwar dauernd ermahnen, doch es half! Die *Rudelpackerin* bepackte den Peng ruhig und fast zügig. Mein Sofa hatte sie natürlich vergessen!

Endlich wieder in Bewegung! Ahhhh, endlich etwas Entspannung und auch endlich konnte ich mal meine Sachen machen. Mein Rudel folgte mir widerstandslos in den Wald. Naja, ganz ehrlich hatte ich die Strecke der *Rudelführerin* vorher schon gezeigt. Wir mussten erstmal ganz steil den Berg hoch. Oh *hund*, mein Pony kam da ziemlich schwer ins Keuchen. Mit Sofa hätte er das wohl nicht geschafft! Oben erwartete uns ein wundersamer Wald und mich die Leine. „Eine nervenschonende Vorsichtsmaßnahme" nannte die *Rudelleinenfetischistin* das! Ich ließ mir mein aufregendes Lauern der Jagd aber nicht verderben, auch wenn die *Rudeltyrannin* mich vom eigentlichen Teil zurück hielt. Vorne belauerte ich den schmalen Pfad und hinter mir zog ich eine staunende *Rudelführerin* und einen vor sich hin pfeifenden Peng. Über was sich so ein Mensch alles wundern konnte!? Warum sollten Schneckenhäuser - die GANZ STILL am Baum klebten - faszinierend sein? Ich interessierte mich mehr für Beine, kurz oder lang, schlank  oder dick, ganz egal, schnell mussten sie sein. Und hier mitten in der Wildnis konnte ich jederzeit mit schreckhaftem Rennen rechnen.

Was? Wie? Wo kam da plötzlich die Autostraße her? Und alles war vorbei, meine Konzentration und unser Pfad! Totales Chaos! Auf der anderen Straßenseite zerrte uns die *Rudelchaotin* mal rechts, mal links in den Wald? Aber die *Rudelchaotin* schleppte uns immer wieder zur Straße zurück!? Ging's noch? Wo war nur unser Weg? Unser Weg war einfach nicht zu finden! War doch nicht so schlimm! Warum nahm sie denn nicht einen anderen? Den da? Sie schimpfte, schrie, zerrte uns hin und her. Die *Rudeltyrannin* war absolut hysterisch! Richtig richtig hysterisch!!! Ganz ehrlich, ich machte mir Sorgen um die *Rudelführerin*! Und um mich! Auch um Peng! Irgendwann holte sie tief Luft, ganz tief! Und irgendwie wurde sie ruhiger. Und dann schrie sie: „Schickt mir JETZT jemanden, der uns hilft!" Ach, nein! Keine Minute später tauchten zwei Menschen im Wald auf. Keine Ahnung wie die *Rudelzauberin* das machte? Aber ich fand das *wunderprächtig*! Wir folgten dem Fremdrudel aus dem Wald über eine Wiese durch ein Dorf und zurück auf unseren Weg. Es dauerte - durch Felder und an einer Straße entlang - bis wir wieder vor einem Wald standen. Und wieder! Die *Rudelchaotin* zerrte uns ein paar Meter ins Dickicht rein und dann wieder raus? Dann kramte sie in den Taschen, grübelte nachdenklich über der Karte und schleppte uns zum Haus auf der anderen

Straßenseite. Ja, Feierabend war eigentlich nicht schlecht! Aber irgendwie war hier alles ziemlich verseucht, die Menschen und der Ort. Ich wollte hier nicht bleiben! Die *Rudelführerin* klingelte trotzdem, aber zum Glück jagte uns eine Frau gleich vom Fenster aus wieder weg.

Oh *hund*, jetzt führte uns die *Rudelchaotin* zurück ins Dickicht auf einen schmalen Pfad. Einen interessanten Pfad mit vielen Wegeinlagen: Baumstämme quer überm Weg, rutschig steile Abhänge und Aufstiege, Holzbrücken mit Löchern. Mir machte das Spaß, ganz leichtfüßigen Spaß! Mit etwas Hohn und etwas Mitleid beobachtete ich meine beiden, die nicht so vergnügt bei der gleichen Sache waren. Die *Rudelführerin* manövrierte den *Pack-Peng* mit zittriger Schrittfolge über und durch alles Herausfordernde. Sie konzentrierte sich ganz auf den Peng und mir blieb die *unbeleinte* Freiheit!!! Endlos auf und ab! Irgendwann war auch mir das zu viel! Ich ließ es mir nicht anmerken, aber meine alten Knochen brauchten dringend eine Pause. Irgendwann nach tausend Ewigkeiten war da ein Hof mitten im Nichts. Mich störte es gar nicht, dass hier kein Mensch war. Ich fand das gut, ziemlich gut sogar! Aber warum baute die *Rudelbauerin* unsere Nothöhle nicht? Nein, das konnte doch nicht wahr sein!? Jetzt gab es doch menschliche Bewohner? Unten in einem kleinen Haus? Jetzt sollten wir warten, bis die Menschen sich zeigten? Wir warteten und warteten und warteten und irgendwann trieb sie uns wieder auf, die Straße hoch. Nein, oder? Keiner konnte mehr! Keiner wollte mehr!

Die ganze Gegend war verseucht! Als fremdes Rudel hatten wir in diesem Revier keine Überlebenschance! Ein Blick auf die Frau, und ich wusste alles. Kein Bitten und Betteln half! Keine Spur von Mitleid war in ihren Augen, in ihrer Stimme! Mir wurde ganz schlecht, richtig schlecht. Umpf, bääääh! Mir würgte es meine ganzen Würste wieder raus. Die lies mich nicht mal in Ruhe mein Ausgewürgtes wieder fressen! Hinterlistig scheuchte sie uns über eine Brücke vom Hof. Kein Herz, kein Mut! Sie sagte uns nicht die Wahrheit ins Gesicht, nämlich dass wir hier auf gar nichts warten brauchten. Schlimmer noch, sie band dem *Rudeldummchen* das Gegenteil auf die dumme Nase. Also warteten wir und warteten und warteten ... Das *Rudeldummchen* nahm sogar dem Peng seinen Packen vom Rücken. Ganz schön naiv unsere *Rudelfrau*! Ich mein ja nur! Müde, ich war so müde!!! Jeder Muskel, jede Sehne, jeder Knochen tat weh! Ich wollte nur in meine Höhle, meine Beine von mir strecken und schlafen, schlafen, schlafen! Und was tat ich!? Ich lag im nassen Gras und musste mühsam meine Augen offen halten, um den Peng zu beaufsichtigen. Das *Rudeldummchen* schaute immer wieder auf ihre Uhr, erst ganz ruhig und dann immer ungeduldiger. Klar, doch?! Irgendwann nach ewig langem Hin- und Hergezöger schleppte sie uns zurück auf den verseuchten Hof. Der Mann hatte zwar auch kein Herz, aber Mut! Er vertrieb uns ziemlich dominant und ENDGÜLTIG aus seinem Revier.

Ja und dann waren wir wieder auf unserm Weg. Da half auch all das Trösten nichts! Das mit dem Zaubern klappte hier wohl nicht! Ich sagte ja schon, alles verseucht hier! Irgendwann schoss Adrenalin in meinen Körper und brachte mich wieder in Schwung. Der Peng war wieder munter bei der Sache! Unglaublich! Egal wo, wie und wann, der brauchte nur ein bisschen Gras fressen und ein kurzes Nickerchen und schon war der wie neu! Oh *hund*, das könnte ich auch gern!

Wir wanderten tausend Ewigkeiten bis ins nächste Dorf. Ja, ging aber viel besser von der Pfote als erwartet. Dann im Dorf wurde es wieder anstrengend, richtig anstrengend. Wieder ewiges Fragen im Fremdrevier. Keiner wusste was? Wie konnte das sein? Na endlich, aber was? Vielleicht am ganz anderen Ende vom Dorf? Die Sonne ging schon unter, aber wir kamen einfach nicht von der Stelle. Unsere Pfoten taten so weh und waren so müde! Irgendwann nach tausend Fragen war es schon dunkel und die *Rudelführerin* klingelte endlich an einer Tür. Endlich, wir hatten Glück! Gleich zwei unsichere Typen zeigten sich. Ihr eigener *Rudelführer* war nicht da und sie zögerten, uns in ihr Revier zu lassen. Na endlich! Sie ließen uns rein! Unser Pony hatte Heu und Wiese und wir lagen OHNE NOTHÖHLE nur unter einem Dach gleich neben dem Peng. Ich war hundemüde und schlief aber nur mit einem Auge. Keine Ahnung, warum das *Rudeldummchen* vor dem Fremdrudel Angst hatte? Sie machte die ganze Nacht gar kein Auge zu! Die Typen waren doch total harmlos. Immerhin waren sie freundlich, nicht wie all die anderen in diesem verseuchten Gebiet!

18. Juli 2009

Nein, oder? Ich selbst hätte es nicht beschworen, aber ich war irgendwie ganz eingeschlafen. Morgens als ich ein Auge aufmachte, lachte die *Rudelwächterin* über meine Mitternachtsschnarchsinfonie. Verschlafen streckte ich meine Glieder und schlang mein Frühstück runter. So richtig wach wurde ich erst, als ich schon ewig lang neben meinem Pony hertrottete. Ich hatte wieder die Spur unseres Waldsportpfades in der Nase. Ich lief leicht und flink voraus. Oh, meine zwei Nachzügler waren so unbeholfen! Ob die das wohl schafften? Wurden die Hügel wirklich steiler? Frau und Pony keuchten so heftig, mir wurde ganz angst. Die beiden hielten aber tapfer durch! Den Peng ernannte ich jetzt zum Bergpony.

Irgendwann, als unser Weg wieder langweilig war - befestigt und eben -, seufzte unsere *Rudelbergführerin* ganz tief und ganz erleichtert. Wir liefen ziemlich fad, aber dafür ohne Mühe ziemlich schnell und irgendwann kamen wir in ein Paradies. Hier war einiges los! Pferde, Esel und Zeburinder, alle in einem Unterrudel; Meerschweinchen, Hasen, Enten, Gänse und Schweine zusammen im Gras- und Schwimmrevier; und ganz allein im Stall Porto, ein Lama. Der war ganz schön verbittert und spuckte Pia gleich ins Gesicht! Luna, eine Hündin, war hier die *Rudelführerin* und hatte über alle Unterrudel und Teilreviere die Oberaufsicht. Manche fanden hier gleich Freunde fürs Leben! Mein Bergpony beknabberte sich mit einem anderen

Bergpony über'n Zaun. Und die *Rudeltratscherin* quatschte ewig und ganz intensiv mit der Putz- und Futtermeisterin. Luna war eine richtige Zicke! Eine richtige Zicke! Nach kurzem Schnuppern biss sie mich weg. Und sie drohte mir, ganz egal wo ich war, überall! So eine Zicke!!! So langsam hatte ich keine Lust mehr auf meinesgleichen! So überhaupt keine! So langsam waren die mir sogar unheimlich! Richtig zum Fürchten! Vor allem die Zicken! Irgendwann war Lunas Arbeitsschicht zu
Ende. Sie wurde endlich in den Stall gesperrt. Endlich Ruhe! Endlich konnte ich gemütlich vor unsere Nothöhle liegen und den Vielfraß Peng beobachten.

19. Juli 2009

Die vortägigen Strapazen forderten einen *langschläfrigen* Morgen und einen sehr behutsamen Start in den geh-aktiven Tag. Vorsichtig begann ich zuerst mit freundschaftlicher Hilfestellung unserer Gastgeberin i. A. eine langwierige Aufwärmung meiner ausgeprägten Sprechmuskulatur. Uns verband unter verständnislosen Tränen ein unplanmäßiger herzensbrechender Todesfall in unseren jeweiligen Schicksalslinien. Transformierenden Trost versuchte ich, mit meinen berührenden Wahrnehmungen und den bisherigen Ergebnissen meiner todesmutig grenzüberschreitenden Forschungen über das dematerialisierte Jenseitige selbst zu finden und zu spenden. Unser Zusammentreffen ließ eher an eine Fügung als an einen chaotischen Zufall glauben, denn ihre aushelfende Tätigkeit im Streichelzoo beschränkte sich auf nur ein einzelnes monatliches Wochenende. Da ihre photographisch-artistische Hauptstellung auf der geschichtsträchtigen Wartburg erneut unseren vorgezeichneten Wanderweg beinah streifte, sollte das Tauschen unserer Handynummern ein bewusstes Treffen ermöglichen.

Ein tiefer Wolkenbehang dekorierte etwas unvorteilhaft unseren späten Aufbruch ins waldliche Wandergeschehen. Noch keine fünf Schritte und wir irrten geradewegs einer nicht auffindbaren rechts zuweisenden Wegmarkierung nach. Mein - wider erwanderter Erfahrung - blindes Vertrauen in die absolute Redlichkeit der Wanderstreckenpflege wurde fortschreitend von wunderlichem Zweifel destabilisiert und bei Überschreitung eines innerlichen Zeitlimits durch einen Vergleich meines räumlichen Orientierungssinnes und dem Wegenetz der Wanderkarte endlich - wenn auch nur kurzfristig - demontiert. Bis auf weiteres Antreffen einer sichtbaren Wandermarkierung führte meine kartenbasierte Wanderratio uns bis zur mutmaßlich verpassten Abzweigung retour und dann zielstrebig voran. Unsere flüssigen Schritte wurden von der *wasserträchtigen* Himmelsdekoration hin und wieder schauerartig verzögert. Eine Kostprobe ihrer potentiellen Macht demonstrierte ein kurzes Aufbrausen eines Wind-Wassergemisches durch die sich biegenden Baumwipfel. Das Regencape und die Bäume boten passablen Schutz vor allzu aufdringlicher Nässe. Den drohenden Kälte-Wasser-Einbruch meiner Laune sollte ein spontan komponiertes Wanderlied mit dem *ohrgängigen* Refrain „Laufen, laufen, laufen …" verhindern. Tatsächlich gelang meinem Gesang nicht nur eine Selbstüberlistung, sondern beflügelte geradezu meine fantastischen Mitläufer. Trotz einiger Widrigkeiten bewegte sich ein jeder im Team mit ungewöhnlich zufriedener Leichtigkeit. Geschickt improvisierte das Pony bei schmerzend schottriger Weglage einen *barhufbaren* Randweg. Selbst der eifrige Prinz regelte ruhig und geduldig unsere Regenpausen und mit ebensolcher Souveränität unser Vorwärtsstreben. Es schien mir, als ob ein jeder endlich in die Geborgenheit der eigenen und der gemeinschaftlichen Wanderseelenmitte eingetreten wäre.

Noch im Wald staunte und schreckte ich über die warnende (oder gar bedauernde?) Botschaft des im Tal liegenden Dorfes an das weibisch eigenwillige Volk. Hier im sogenannten Lotzengrund erinnerte ein mahnender Stein einer Hexenverbrennung. Ob wohl die Seele durch die Ungerechtigkeit dieses grausamen Mordes vom irdischen Körper beraubt, noch wütend Rache suchte? Diese Vorstellung rief - neben meinem Mitgefühl - laienhaft ein mit Gruseln behaftetes Unwohlsein herbei, da sich meine jenseitigen Fertigkeiten und Kenntnisse jener Regeln und Gesetzmäßigkeiten auf die eines ängstlichen ABC-Schützen beschränkten. Im Augenschein des Betrachters ignorant oder mutig, näherte ich mich dem Dorf in Begleitung meines bis zu den Zähnen und Hufen bewaffneten Schutztrupps hoffnungsvoll um einen gastlichen Unterschlupf zu finden.

Der dritte Versuch einer freundlichen Kontaktaufnahme glückte und ließ mich vertrauensvoll einen Hexenfreund vermuten. Er deutete auf eine Anhöhe am Rande des Waldes und bot uns fern der Augen des *dörfischen* Volkes einen massiv umzäunten Unterschlupf in der Obhut seiner friedliebenden Kamerunschafe. Die ahnungslose Schar war von unserem unausgebildeten Schäferhund aus spaßiger Eigenmacht schnell vom Plateau verjagt. Zur Vermeidung von weiteren impulsiven Schaftreibjagden von caninen oder gar equiden Jägern und nächtlichen Abstürzen hantierte ich mit vorhandenem Gezäun und grenzte zu unser aller Ruhewohl die wollene Herde auf den Steilhang aus.

Der sich zum Ideal der Freiheit bekennende Gastgeber versuchte mittels eines Gespräches den uns anhaftenden Geruch der tollkühnen Ungebundenheit in sich aufzusaugen und fand etwas Trost Teil unseres Abenteuers zu sein. Während ich redend unser Wandern teilte, füllten Hund und Pony mehr oder weniger eilig ihre Bäuche um sich dann weiteren Freizeitbeschäftigungen zu widmen. Prinz streckte sich lang und faul im Gras aus. Peng dagegen überraschte mit seinem Einfallsreichtum: Baum, Hecke, Holzstoß, Anhänger, Heulager, alles eignete sich offensichtlich hervorragend, um sich an jeder bedürftigen Körperstelle ausdauernd zu kratzen.

Als genug erlebte und erträumte Worte gewechselt waren, ließ uns der Blitzteilnehmer mit einem besorgten Hinweis zurück unsere Anwesenheit vor möglichen randalierenden Einheimischen - besonders jugendlicher Art - zu verdecken. Heimlich argwöhnte ich, wohl doch in ein Hexenjägernest geraten zu sein. Folgsam quartierte ich mich mit Hund in das einfache seitlich mit einer Plane verhängte Heulager ein und unser Zelt blieb gefaltet. Prinz schien zufrieden mit dem scheinbar abgeschlossen Raum. Mir allerdings fehlte die zeltliche Geborgenheit und es gelang mir, eine hypothetische Furcht vor giftzahnbestückten Eindringlingen reptiler Natur stetig zu steigern. Schlaflos ließ ich in allgemeiner Sorge mein verwundertes Pony stündlich bis zum ersten Sonnenstrahl im Licht meiner Taschenlampe erscheinen.

20. Juli 2009

Bedrohlich lautes männisches Gebrüll im Wechsel mit einer nervösen Autohupe kamen kontinuierlich näher und brachten mich traumatisch aus der Fassung. Ängstlich rannte ich völlig allein gelassen umher, bis endlich Pia auf der Wiese stand. Wie ein Fohlen drängte ich mich an ihre Seite unter ihren schützenden Arm. Gemeinsam harrten wir dem, was auf uns zu kam: eine erschöpfte Kuh, gejagt von einem barbarischen Kerl im Auto. Erleichtert beobachteten wir mit noch zitternden Gliedern und Herzen ihr schnelles verschwinden und das langsame

Verhallen des terrorisierenden Lärms. Dem überstandenen Drama folgte leider kein dringend benötigtes Morgenschläfchen, sondern ein überstürzter Aufbruch. Es sollte nicht nur ein Tag seelischer Qualen werden.

Eine unter meinen Sattel geratene Schnalle - eine Folge mangelnder Sorgfalt - peinigte mich unerträglich den unendlich langen Rest des Tages. Dies war einer dieser verzweifelten Momente, an denen ich den Tag verfluchte, als sich die menschliche Gesellschaft von der telepathischen Universalsprache abwandte. Mit vorsichtig langsamen Schritten versuchte ich, das beschwingte Drücken des Gepäcks auf die schmerzhaft stechende Schnalle und gleichzeitig der spitzigen Steine in meine Hufsohlen zu minimieren. Ich hatte schon damit gerechnet hierfür kein Lob, sondern nur unverständigen Tadel zu ernten. Als sich die Gelegenheit bot, versuchte ich durch eine pantomimische Darbietung meinen Peiniger zu entlarven. Auf einer kleinen weichen Grasfläche warf ich mich zu Boden und hoffte durch hin und her wälzen nicht nur Pias Aufmerksamkeit auf den Sattel zu lenken, sondern auch die Schnalle selbst aus der drückenden Lage zu befreien. Beides blieb jedoch fast ohne Folgen: „Was hast du denn? Geht es dir nicht gut, du armer Schatz? Hast du Bauchweh? Das wird besser durchs Laufen!", war das spärliche Ergebnis meiner Anstrengungen. Resigniert schleppte ich meinen schmerzenden Körper weiter. Die Schnalle grub sich mit jedem Schritt tiefer in mein gequetschtes, blutdurchschwemmtes Fleisch. Innerlich wimmerte ich erschöpft um Hilfe. Meine devote Duldsamkeit erreichte unabwendbar ihre Schmerzgrenze. Ein Zaun, der unseren Weg von einem Fluss abgrenzte,

ermutigte mich zu einem erneuten Aufbegehren. Immer wieder provozierte ich meine *verstandeslose* Führerin, indem ich die Gepäcktasche destruktiv an den Holzstangen entlang schabte. Immer wieder, immer aggressiver! Bis endlich Pias Gemüt eskalierte und sie mich zu einer besonders eindrücklichen Standpauke - Auge in Auge - zum stehen brachte. Solange ihre Stimme auf mich eindonnerte, summte ich leise vor mich hin. Plötzlich brach sie mitten im Satz ab und entfernte ganz still mit einem winzigen Griff meinen verschnallten Peiniger. Minuten der beschämenden Reue und bedauerlichen Entschuldigungen folgten. Endlich von der schmerzenden Folter befreit, kommentierte ich eine rasant aufbereitete Neuinterpretation meines Verhaltens mit gelangweiltem Gähnen. Wirklich Bedeutung hatte für mich nur ein Satz: „Das wird nie wieder vorkommen".

Zumindest war ich auf den letzten wenigen Tagesschritten schmerzfrei wieder aufnahmefähig und konnte nun der Welt um mich herum wieder Beachtung schenken. Auf einer steinernen Brücke blieben wir lange stehen und starrten gebannt in die reißenden Fluten des Flusses unter uns. Das leichte Zupfen an meinem Strick zog mich aus meinen Gedanken und zurück in den Schritt. Mit bewährten Fragen schleuste uns Pia durchs Dorf und mich auf eine Koppel mit drei jungen unerfahrenen Burschen. Nach einer friedlichen Begrüßung nutze ich zuerst die Gelegenheit in einer Erdmulde die seelische Last des Tages von mir abzuwälzen um dann den neugierigen Aufforderungen, von meinen Abenteuern zu erzählen, nach zu kommen. Dabei musste ich leider zu meinem Entsetzen feststellen, dass die Koppel völlig abgegrast war. Kein noch so kurzer Halm war hier zu finden. Dieser Fehlbestand blieb zum Glück auch den *Verfügungsermächtigten* nicht verborgen. Nachdem Worte und Zäune gewechselt wurden, hatten wir mit einem kleinen Bestand wenige Stunden zu tun. Mit vollen Mäulern horchten alle andächtig meinen ungeschmückten Ausführungen. Als die Lippen nur noch mühsam zupften und die Zähne mit anpacken mussten, um das gleichmäßige Malmen fortwährend in Gang zu halten, begannen subtile Sticheleien, die zu einer heißen Diskussion um die Duldung meiner *mitfressenden* Anwesenheit führten. Nach offenen Drohungen entschied ich, das Fressen ein und mich abwesend in eine Ecke zu stellen. Vor Futterneid zerfressen kippte die Stimmung völlig und eine böse Hetzjagd mit mir als Hasen begann. Selbst der winzige Shetty - mit einem Jahr eigentlich noch ein Baby - rannte in der geifernden Meute. Nach so einem Tag war eine frustriert rebellierende Jugendbande an der Hacke wirklich das Letzte, was ich mir gewünscht hätte. Prinz feuerte von der Zuschauerbande aus unseren wilden Galopp Runde um Runde an. Bis ein wohl bekannter schriller Schrei dem irren Treiben endlich ein Ende zu setzen versprach. Mit heftig züngelnder zornroter Aura betrat Pia die Arena, rief mich zu sich und brachte den heranrasenden Anführer durch bloßes Ausstrecken ihrer magischen Hand ehrfürchtig zum Sitzen. Erstaunt über ihren Mut und ihre Wirkung, ließ ich mich bereitwillig von ihr in Sicherheit bringen. Die Nacht verbrachte ich bei reichlich Heu - ruhig und friedlich - allein in einer mir ausnahmsweise willkommenen Pferdebox.

21. Juli 2009
Äußerste Sorgfalt und drei kritische Augenpaare überwachten jeden meiner belastenden Griffe am Ponysattel, um unbedingt einem erneuten humanen Versagen vorzubeugen. Als wichtigste und längst überfällige Maßnahme wurden Schnallen jeglicher Art einer fährlässigkeitssicheren Positionsveränderung unterzogen. Materiell ausba-

lanciert strebten wir mit letzten, von meiner kindlichen Aufregung angespornten, Schritten dem neuen - die abwegige Durchquerung Thüringens bedingenden - Wanderkapitel entgegen, dem mit meiner Phantasie umwobenen Rennsteig. Maßgebend für unsere ausschließlich asphaltierte beunruhigend turbo-hufabriebige Wandergrundlage war die Überlagerung von Fuß- (Eichsfeldwanderweg) mit Fahrradfernwanderweg (Fernradweg Werratal). In der touristisch hoch aktiven Gegend (nähe Wartburg und Eisenach) wurde massenhaft aufgetreten oder um vielfaches populärer aufgetrettelt. Nur wenige versäumten unsere einmalige Wanderattraktion zu bestaunen, zu befragen, photographisch oder gar filmisch festzuhalten und zerstückelten somit unsere leichtfüßige Schrittgeschwindigkeit zu einem zähflüssigen Stop-and-Go-Modus gleich einem Presseempfang auf dem roten Teppich. Dem äußerlichen Trubel auf wieder getrennten Wegen entkommen und nur noch wenige beschwingte Schritte vom Rennsteigtor entfernt duellierten sich stolze Zufriedenheit über das Erreichte und aufgeregte Freude auf das Bevorstehende um die vorherrschende Kontrolle meiner inneren Säfte. Der ungeduldige Plan, unverzüglich auf den Steig zu rennen ward - quasi im Vorbeigehen - von einer gemischten Gruppe aus Pferden, Frauen und Hunden flexibel verworfen und gegen eine zweitägige Einquartierung ersetzt worden.

Auf abgegrastem Land befreundete sich Pengpeng mit Max und Udo - zwei vorerst freundliche Shetlandponys - während ich mich unter Aufsicht meines plötzlich caniphoben Begleithundes mit freundlicher Unterstützung unserer Gastgeberin den Aufbau-, Vorratsbeschaffungs- und Wascharbeiten widmete. Unter erhöhten Abschirmmaßnahmen schleuste ich Prinz zwischen Feld und Haus hin und her, denn selbst niedliche Welpen schreckten nun den *hundetraumatisierten*, undank sämtlicher allesamt unprovozierter Beiß- und Schnappattacken vieler Begegnungen seiner Art. Das vom Hund beschadet durchlebte Drama schien sich nun im Pony unwillkürlich oder gar wegen meiner mangelhaft überschauenden Schutzmaßnahmen willkürlich zu spiegeln. Die bissig-schlagkräftigen Angriffe von Max waren allein futterneidisch motiviert. Auf kargem  Boden zeigte sich Max sozial beim zart freundschaftlichen Fellknabbern, jedoch nach einer Übersiedlung in kniehohes Gras verwandelte er sich in eine hetzend und aufhetzerische Bestie. Dank eines gleichmütigen und integren Udos waren letztere Bemühungen vergeblich. Da meine zunächst auf die verbale Ebene beschränkte Beihilfe als nicht ausreichend empfunden wurde, verdeutlichte mein Pony seine brisante Lage mit einer *elektroschockenden* Flucht durch den Zaun. Nach einer kurzen einverständlichen Rücksprache wurden Peng ein Baum und die Hälfte der Fläche zugesprochen. Mit den bis zum Zaun weitergeführten Drohungen protestierte der Streithammel gegen die Teilung und für eine radikale Vertreibung. Von der nun aufs Virtuelle reduzierten Gefahr unberührt ruhte und schlemmte ein jeder von uns in seinem geschützten persönlichen Raum: Peng knusperte sich durch diverse Gras- und Kräutersorten, kostete auch die Walnussbaumblätter; Prinz bewertete sein Dosenfutter; auf meiner Zunge verschmolzen heiße Pellkartoffeln mit kräftiger Butter.

22. Juli 2009
Ein ungewöhnlich aktiv geplanter Ruhetag inklusive Fuß-, Bahn- und Bustransfer zu einem vereinbarten Treffen auf der Wartburg mit einer Tage zuvor geschlossenen Bekanntschaft scheiterte an einer sich mir bisher - als vorwiegend privater Verkehrsteilnehmer - entzogenen Vorschrift, der Maulkorbpflicht für Hunde im öffentlichen Verkehrsnetz. Der öffentlich-rechtlich verhinderte Ausflug kehrte - katalysiert durch einen Telefonanruf - die Pole in geheimer Erleichterung um.

So bewegte sich nun der zuvor ruhende Wartburgpol mit zeitlicher Verzögerung in die Abendstunden für ein vertrauensvoll gemeinsames Verweilen in einer hochgradig verletzten Emotionsebene auf unseren aktuellen Stützpunkt zu.

In ungeduldiger Vorfreude führte ich Prinz zum Rennsteighaus, nicht nur, um dort den ersten Rennsteigflair begierig aufzusaugen, sondern auch um meine steten Zweifel - im speziellen über die Pferdetauglichkeit bezüglich Weg und Unterkunft - bereitwillig zerstreuen zu lassen. Aufgeregt schlich ich in ungeklärter Erwartung mit meinem gelangweilten Hund durchs Haus, bis ich plötzlich peinlich berührt durch mein kindisches Tun verlegen die Flucht ergriff. Zurück vor Hof ließ ich ein weiteres Pfund Kartoffeln kochen, während ich andächtig und bewundernd der weit gereisten Geschichte unserer versierten Gastgeberin - einer mutigen und unabhängigen Pferdefrau - lauschte, bis die erreichte Garzeit die Zwiesprache beendete. Vor unserem fragilen Gemach erfreute sich zuerst mein Gaumen, anschließend mein Magen mit sämtlichen Verdauungsorganen an einem triefenden Kartoffel-Butter-Gemisch. In ruhender Vorbereitung lag ich auf dem Rücken im Gras, den Blick in den blauen Himmel gerichtet über mein gelebtes und ungelebtes Dasein sinnierend.

Kapitel 5: Die phantastische Belastungsprobe

Der Rennsteig: von Hörschel bis Blankenstein

mit Wanderkarten:
Rennsteig

Verlauf der Route in Thüringen (T)/Bayern (Bay)
auf dem Rennsteig

Datum	Ziel	km	Fernwanderweg
23.07.2009	Ruhla	22	Rennsteig (T)
24.07.2009	kleiner Inselberg	14	Rennsteig (T)
25.07.2009	Ebertswiese	10	Rennsteig (T)
26.07.2009	Oberhof	21	Rennsteig (T)
27.07.2009	Schmücke	8	Rennsteig (T)
28.07.2009	Frauenwald	12	Rennsteig (T)
29.07.2009	Pause	0	Rennsteig (T)
30.07.2009	Neustadt am Rennsteig	16	Lokaler Wanderweg (T)
31.07.2009	Friedrichshöhe	16	Rennsteig (T)
01.08.2009	Neuhaus	11	Rennsteig (T)
02.08.2009	Kleintettau	16	Rennsteig (Bay)
03.08.2009	Brennersgrün	16	Rennsteig (T)
04.08.2009	Schlegel	14	Rennsteig (T)
05.08.2009	Marxgrün	12	Rennsteig(T)/ Frankenweg(Bay)
∑ 14 Tage		∑ 188	

23. Juli 2009

Nach ewigen Vorreden war es soweit, endlich der Tag des neuen Weges war da. Was da wohl auf mich wartete? Das Palaver der *Rudelführerin* war zwar endlos, aber leider ohne Inhalt, wie eine ausgelutschte Tüte Katzenfutter. Der Peng hatte da seine ganz eigene Theorie: Weg = Gras. Keine Ahnung, was für mich drin war? Bisher wurde meine Freude immer ausgebremst! Für mich gab es nur hysterisches Geschrei und Leinenzwang! Die ganze Nacht hatte mich mal der Blitz, mal der Donner aus meinem leichten Schlaf geschreckt.

Und obwohl ich hundemüde war, platzte ich vor Aufregung und Ungeduld. Und warum noch so ein Fotoshooting? Total aufwendig, total lästig und total langweilig! Und alles vor so einem total öden Haus! Laut unserem *Rudelmodel* setzten wir quasi eine Dauerduftmarke und markierten so den Beginn DES WEGES. Irgendwann trippelte ich endlich auf DEM WEG! Alles war so aufregend! Richtig feierlich war uns! Und dank der frohen Stimmung löste unsere *Rudelnavigatorin* schnell den engen *Rudelverband* und mich von der Leine. Ganz aufmerksam erkundete ich den Weg mit Ohren, Augen und Nase. Ich war auf alles vorbereitet, dachte ich zumindest. Na, da gab es einige Überraschungen, überall: Hütten mit freiem Zutritt, Tische und Bänke zum drunter kriechen. Ich schnüffelte mich hoch konzentriert millimetergenau in jeder Hütte, unter jeder Bank und jedem Tisch durch verschiedenartige

Geruchswolken: menschlicher Schweiß, diverse Deodorants und Parfums, tierische Duft- und Urinnoten und besonders aufregende Spuren von Fressbarem. Ich rekonstruierte alle Teile in meinem privaten Nasenkino zu einem lebhaften Film. In jeder Hütte, aus der ich schaute, unter jedem Tisch, unter jeder Bank, wo ich eingequetscht lag, fühlte ich mich so geborgen! Ganz unter uns, ich war nicht wie der Peng! Ich war kein echter Held! Klar, ich war gern den ganzen Tag auf Erkundung unterwegs! Aber ein sicheres und gewohntes Zuhause, das fehlte mir!

Ich war ganz vertieft ins Hüttenhopping! Erst als die *Rudeltyrannin* mich wieder an die Leine fesselte, merkte ich, wie müde meine Pfoten waren! Die Schlafplatzsuche war sehr mühsam! Mein einfach genialer Vorschlag in einer der vielen Hütten zu übernachten wurde mehrheitlich abgelehnt! Dann war da noch eine Art Park mit verlassenen Häusern, viel Gras und - ganz lustig - war an jeder Ecke eine meckernde Ziege an einen Stock gefesselt. War ja klar, dass die *Rudelbestimmerin* auch diesen Platz  nicht wollte! Hier war es unheimlich? Buuhhh! Und weiter, weiter, weiter ... Da war keine sichere Lage in Sicht! Irgendwann nach tausend Ewigkeiten kam unsere *Rudelfrau* endlich zur Vernunft! Sie ließ uns auf einen Campingplatz einladen. Halleluja!!! Der Peng wurde an einen Stock gefesselt, genau wie die meckernden Ziegen, määäh! Und was sollte das jetzt? Ich auch?! Warum hörte mich keiner? Die *Rudelfrau* ging und ließ uns wie zwei Trottel stehen! Irgendwann klatschten mir dann noch Regentropfen ins Gesicht. Na endlich, nach tausend Ewigkeiten kam sie endlich zurück! Ich kroch gleich in unsere Nothöhle und war viel zu müde, um auch nur noch einen Happen zu fressen.

Meine auf einem Wissensvakuum fundamentierte Rennsteig-Vorfreude schien durch ihre früh einsetzende Dauerhaftigkeit das verfügbare Pensum an Freudigkeit voreilig verbraucht zu haben und ließ nun großzügig Raum für die ernüchternde Realisierung der zuvor vehement erdrückten Vorahnung einer unserer täglichen Schrittmenge und equiden Bedürfnissen unangemessenen Unterkunftsverfügbarkeit entlang des Bergkammes.

Ganz klar hatte Prinz den Rennsteig für sich entdeckt, doch für mich hatte er sich noch nicht offenbart.

24. Juli 2009

Warum war denn mein Rudel so schlecht gelaunt? War ich der Einzige, der die ganze Nacht tief geschlafen hatte? Der Peng hatte Halluzinationen: Im Dunkeln sei ein blitzender und donnernder Wasserfall über ihn hergefallen. Also da wüsste ich von! Das hätte ich im tiefsten Koma gemerkt! Und die *Rudelbestimmerin* hatte die ganze Nacht zwanghaft den Peng beobachtet. Er konnte eh nicht weg, schließlich hatte sie ihn eigenhändig angebunden! Wie dämlich!?

Die zwei Streithammel keuchten ganz schön schwerfällig den Berg hoch! Und wozu die vielen Pausen? Ich hörte da auf meinen Überlebensinstinkt und beobachtete das Kreuzfeuer lieber im sicheren Abstand. Ich war entsetzt! Und ich hatte auch Mitleid! War ich tatsächlich mit so einem unpraktischen Rudel konfrontiert? Zarte Ponyhufe wurden von groben Steinen gequält, Herzen und Lungen pumpten heftigst bei noch so leichtem bergauf, Gesicht und Hände gefroren unter peitschendem Wind und Regen, kurzum war alles dramatisch ANTI. Als sich mein zimperliches Pony in den Stillstand zickte, eskalierte der übermüdete menschliche Wahnsinn: Die *Rudelirre* schrie, zerrte, schob, drohte, tobte, hüpfte, lachte hysterisch, weinte verzweifelt, bis sie plötzlich schweigend erstarrte. Ganz schön beängstigend! Ich war diesmal nicht schuld! Aber ich konnte ihre bedrohlich tiefen Atemzüge nicht mehr aushalten. Mit einem flehenden Wimmern durchbrach ich diesen irrwitzigen Starrsinn und konnte unseren *Rudelgeist* wieder erwecken. Mit verhaltenen Gemütern bewegten sie sich nun zumindest gemeinsam, mühsam, langsam vorwärts. Ganz schön ungeschickt, wie die beiden aufwärts und noch schlimmer abwärts über die Steine rutschten. Das Theaterstück der beiden war viel besser als irgendeine meiner Darbietungen als angeblich angestammte Drama Queen. Ich ließ mir davon meinen Spaß nicht verderben! Ich besuchte jeden Aussichtspunkt, jede Hütte und jede Bank!

Hoppla! Am Ende des Bergaufs war ein betriebsamer menschlicher Versammlungsstützpunkt. Ich hatte fast einen humanen Schock. Ihre Spuren zu erschnüffeln fand ich sehr spaßig, aber der direkte Kontakt war mir - ganz ehrlich - richtig zuwider. War mir gerade recht, dass der stürmisch kalte Wind unsere *Rudelnavigatorin* von hier verscheuchte. Was sich die *Rudelbestimmerin* nur dabei gedacht hatte? Wie konnte so ein Ort ein geeigneter Schlafplatz sein? Dank Pengs Treppenlaufbehinderung trennten wir uns ziemlich schnell von dem treppab strömenden Menschenpulk und teilten die Asphaltstraße mit ein paar Autos. Am Ende teilte sich die eine Straße in zwei. Da war unsere orientierungslose *Rudelführung* mal wieder überfordert! Trotz eines leichten hysterischen Anfalls gelang es ihr, mit viel Fragerei einen Schlafplatz zu finden: auf einem Rasenstück hinter einem riesigen Wohnkomplex. Ich bewunderte ihre Beharrlichkeit, ihre Entschiedenheit! Ich hatte gerade mein verdientes Dosenfleisch runter geschlungen, da regnete es auch schon wieder. Und ich hatte da so eine Gewittervorahnung! Vorsichtshalber legte ich mich gleich auf die Decke der *Rudeltyrannin*. Ich konnte ihren Angriff zwar abwehren und den Platz verteidigen, aber leider endete ich ganz ohne Schlafdecke.

Der imaginäre Märchenpfad realisierte sich als eine extremsportliche Expedition und beseitigte recht boshaft jegliche *illusionierte* Leichtigkeit, indem er - mit einer ausgesuchten Mixtur aus irdischen und himmlischen Hilfsmitteln - schmerzhaft Körper und Seele traktierte, um scheinbar empirisch meine Bruchgrenze festzulegen.

Gegen diese tierquälerischen Bedingungen legte ich unwiderruflich und ohne weiteren Kommentar mein Veto ein.

25. Juli 2009

Oh *hund*, was für eine Nacht! Die Wetterdämonen jagten gemeinsam und laut. Der arme Peng! Ganz allein und unter freiem Himmel! Ich hätte nie mit ihm getauscht! Der Wind zerrte abwechselnd mit Regen und Hagel ohne Pause an der dünnen Haut unserer Höhle. Irgendwann lag ich mitten in einer Wasserpfütze. Ob das gut ging?

Das Ding hielt doch nie!? Ich hielt aus und am Morgen stürzte - wie erwartet - die ganze Höhle auf uns.

Ach, und der kühne Peng, den hatte der Krach heute Nacht doch verschreckt! Nervös, nass, hungrig und frierend rannte er kopflos in seinem Revier rum. Wir warteten Ewigkeiten, bis der Peng endlich trocken, und laut der *Rudelpackerin* packbereit war. Und dann stoppten wir gleich wieder an der nächsten grünen Ecke und beobachten ihn beim Gras knabbern. Warten, warten, warten! Immer warten! Jetzt reichte es aber! Ich drängte mein Rudel energisch vorwärts. Wieder wurde über Steine gestolpert, gejammert, gezickt, gezerrt und getobt. Ich war hier wohl der Einzige, der normal war! Wer sollte so ein Rudel kontrollieren? So ging das nicht! Ich musste mir was einfallen lassen! Ich grübelte und mein Rudel grübelte mit mir. An der nächsten Wegkreuzung wählten wir - vereint im *Rudelbewusstsein* - einen leichteren Weg - auf meiner Skala mit niedrigstem Schwierigkeitsgrad. Meine Nase schnüffelte hier nur flüchtig menschliche Spuren. Interessant penetrante Stellen wie Hütten, Tische, Bänke oder Aussichtspunkte gab es hier nicht. Die allgemeine Spannungslosigkeit wirkte auch auf mein Rudel. Endlich kamen wir recht zügig und friedlich vorwärts.

Als wieder gestolpert wurde, erreichten wir einen menschlichen Versammlungsort und ich bekam Leinenzwang. Aus der auffälligsten Höhle auf der Wiese zogen lecker-dicke Duftschwaden in meine Nase. Dort führte die *Rudelbestimmerin* vor einer Tür Verhandlungen. Und am Schluss kam dabei nur ein paar Schluck Wasser für mich raus?! Sie schimpfte wütend vor sich hin und zog den Peng quer über die Wiese zu einem richtigen Höhlenrudel. Der Revierchef öffnete uns gleich die Tore in sein großes Reich. Überall standen kleine Höhlen rum! Wozu er die alle brauchte? Sein Rudel war sehr klein: nur zwei Weibchen - eines davon schon ziemlich alt - und zwei hilflose Welpen. Ob jung oder alt, groß oder klein, ich war, und wurde, wohl kein Menschenfreund!

Und was war das? Der Peng lief hier frei rum? Kein Zaun? Keine Leine? Wieso dass denn? Ich hatte nicht viel Zeit zum Grübeln. Ich musste mit der *Rudelführerin* WICHTIGE Dinge erledigen. Ganz klar, die Futterbeschaffung stand ganz oben auf unserer Liste! Wir liefen nur ein paar Schritte, bis die *Rudelbestimmerin* OHNE MICH über einen Zaun kletterte. Es gab also doch einen Zaun! Oh *hund*, ich war jetzt ganz allein! Und wenn der Peng mich jetzt ganz tückisch angriff? Der hatte echt Spaß mir grausige Angst einzujagen! Durch ein paar Fieper versuchte ich, meine Situation deutlich zu machen. Bis erst zwei Würste durch den Zaun gesteckt wurden und die *Rudelversorgerin*

dann - schwer unsportlich - über den Zaun plumpste. Applaus für die leckere Zauberei! Mit vollem Magen sah ich jetzt gelassen den restlichen - absolut langweiligen - Aufgaben entgegen. Während die *Rudelführerin* sich den Herausforderungen stellte, überwachte ich als Begleithund: Ich wartete und gähnte viel. Ausgiebige Körperpflege war ihr nächster Programmpunkt. Alle paar Tage tat sie ganz wichtig damit, wobei sie VORHER immer viel vorteilhafter roch als NACHHER. Ich wurde diesmal sogar vor der Haustür abgelegt UND angebunden. Das konnte ja ewig dauern!

Ich döste ganz langsam weg. Irgendwann schreckte ich panisch hoch: Der Peng wieherte mir ins Ohr! Als guter Jäger hatte ich mich ziemlich schnell wieder gefangen. Ach der Vielfraß interessiert sich auch mal für sein Rudel?!Ich wies ihn ein und gehorsam stellte er sich - mit Sicherheitsabstand

- in der Sonne ab. Wir dämmerten zusammen mit drei viertel geschlossenen Augen vor uns hin. Irgendwann - nach tausend Ewigkeiten – holte uns die *Rudelsauberfrau* mit einem zufriedenen „Hallo" ins Jetzt zurück. Ich und mein Pony brachten uns für die paar Schritte zurück zur Nothöhle mit *Rudelgähnen und -strecken* wieder in Gang.

Das buchstäblich einstürzende (Himmels-)Zelt war eine angemessene Manifestation unserer akuten Wanderverfassung, deren kurz bevorstehende Vernichtung nur durch eine glückliche Erweiterung des Wegsortiments um einen parallel verlaufenden ponygängigen Rennsteig-Radweg verhindert werden konnte.

Einsichtiges Handeln der Befehlshabenden regenerierte mein positives Körper- und Wandergefühl und der Bonus einer barrierefreien Unterbringung versöhnte mein geschundenes Gemüt.

26. Juli 2009

Aahhooohhhhaaaahhhhhhhh, ich hatte schon lange nicht mehr soooo gut geschlafen!!! Nach ein paar Dehn- und Stimmübungen waren mein Körper und Geist hellwach. Alles war bereit zum Aufbruch. Und was machte der denn jetzt? Der Peng legte sich hin und schlief ganz fest ein?! Der hatte so eine neue Marotte: DAS MORGENSCHLÄFCHEN. Ewigkeiten lag er da ausgestreckt unter den Bäumen, mit offenem Maul und geschlossenen Augen. NUR mich störte das! Die *Rudeltratscherin* quatschte mal wieder fröhlich mit dem Revierchef. Irgendwann nach tausend Ewigkeiten stand der Peng wieder auf seinen hornigen Klumppfoten und wir zogen endlich los.

Was für ein Gewimmel! Überall tauchten menschliche Rudel oder Einzelgänger auf, zu Fuß oder auf Reifen. Die meisten beschnupperten uns neugierig auf menschliche Art: Also ich musste an der Leine dauerwarten und endlos IMMER WIEDER das gleiche Gequatsche mit wechselnden Partnern anhören. Zum Glück durchquerten wir auch menschenleere Reviere. Ohne blöde Leine konnte ich auf jeden Aussichtshügel rennen und mir die kühle Luft um die Nase und durch das Fell wehen lassen. Mich störten nur das Ponygezicke und das Weibergeschrei. In ruhigen Phasen zauberte die *Rudelversorgerin* was ganz Besonderes: süße blaue Beeren. Sie pflückte sie von den vielen kleinen Büschen. Warum nur so wenig?

Tausend Ewigkeiten durchstreiften wir die Wälder. Ich wollte nur noch meine müden Pfoten an gemütlich ausgestreckten Beinen erholen. Irgendwann sah ich endlich sehr viele - SEHR VIELE - menschliche Hochbauten unten im Tal. Die *Rudelführerin* wählte neuerdings unseren Schlafplatz in deren Nähe oder manchmal sogar mittendrin. Eine neue dumme *Rudelmarotte*! Die Auswahl eines geeigneten Schlafplatzes machten der Peng, oder eigentlich nur die *Rudelbestimmerin* sehr kompliziert. Hier schleppte sie uns bis ans andere Ende des Häuserwegs, ewig weit. Aha?! Pia öffnete OHNE ZWEIFEL UND ZÖGERN die Tür zu einem leeren, aber ganz sicher noch bewohnten Stall?! Sie sperrte den Peng in eine Box und gab ihm Futter aus dem Stall. Mich fesselte sie in einer anderen Box bei Wasser und Trockenfutter. Und dann!!! Dann verriegelte Sie die Tür von außen mit einem „Ich komm gleich wieder meine Schönen" und ließ uns ganz alleine IM FREMDREVIER. Ganz toll, und wenn das einheimische Rudel zurückkam? Was dann? Ich war angebunden! Ich war total ausgeliefert! Wo war sie überhaupt hin? Ein Rudel sollte einfach IMMER zusammenbleiben! Besonders in Fremdrevieren!!! Ich starrte angestrengt auf die Tür. Und der Peng? Der knabberte ungerührt und zufrieden an seinem Heu?! Irgendwann nach tausend Ewigkeiten - zermürbenden Ewigkeiten - hörte ich was an der Tür. Hatte ich da richtig gehört? Ein UNSCHULDIGES „Hallo, bin wieder da", das war alles? Endlich konnte ich mich von meiner verantwortlichen Anspannung lösen. Immerhin hatte sie die *rudelgemeine* Futterbeschaffung auf ihrem Einzelgang erledigt. Und warum war ich die ganze Nacht gefesselt?

Eine heitere Hochgebirgsflair versprühende Rennsteigkulisse debütierte in Begleitung seines vielfältigen Repertoires und ermüdete uns mit einer überlangen Aufführung.

Müde, müde, müde ..., müde von den Steinen, müde von den Schmerzen, müde von den Streitereien, müde von der Verstandeslosigkeit, müde vom Laufen, müde vom Tragen, müde ...

27. Juli 2009

Ich war noch halb im Tiefschlaf und hörte die *Rudelfrühaufsteherin* geschäftig rumoren. Ich blinzelte vorsichtig mit einem schläfrigen Auge. Plötzlich war ich hellwach. Wie? Sie war schon fast mit Packen fertig! Nervös nahm ich sofort die Verfolgung jede ihrer noch so kleinen Bewegung auf. Aua, ich hatte an allen denkbaren und undenkbaren Stellen Muskelkater! Aber trotzdem war mein Körper aufgeputscht und ich aufbruchsbereit. Doch nichts passierte!? Der Peng wurde nicht bepackt, sondern auf die Wiese geschleppt. Es wurde verzögert, verschleppt, gefressen und getrödelt!? Ewig langes nutzloses Rumhängen! Irgendwann wurde wieder nicht aufgesattelt? Nein! Ich und der Peng wurden WIEDER in den Stall gesperrt?! WIEDER entfernte die *Rudelrebellin* sich ALLEINE von ihrem Pack! Ich war mit Adrenalin vollgepumpt und musste jetzt rennen! Ich durfte jetzt nicht in einem Stall gefesselt werden und Ewigkeiten auf IHRE Rückkehr warten. Ich hatte einen langen Atem, einen richtig langen Atem!! Ich hielt mein Protestgejaul vom Moment, als die Tür schloss, bis sie wieder aufging, durch! Die *Rudelversorgerin* hatte die Hände voller Tüten. Gemeinsam durchstöberten wir den Inhalt nach Wurst. Als ich mit der Ersten fertig war, bediente ich mich einfach selbst. Die *Rudelpackerin* war mit Aus-/Umpacken abgelenkt. Und ich musste meine ins Leere gelaufene Energie wieder auftanken.

Warum dauerte alles wieder Ewigkeiten? Es war nicht zum Aushalten! NEIN, oder? Absolut haarsträubend ungerecht! Ich wurde *eiskaltschnäuzig* angeschrien und in die Ecke geschickt! Wenn sich ein Haar in meinem Fell bewegte, kassierte ich sofort einen strengen Blick. Ich war total eingeschüchtert. Ich traute mich nicht einmal mehr, Luft zu holen!

Ein Fremder forderte meinen Einsatz als Schützer des Rudels. Ich überzeugte schnell mit meinem tiefen Gebell. Er hinterließ nur wenige Worte und war wieder verschwunden. Die wirre Packerei der *Rudelchaotin* wurde nun hektisch, aber kam endlich zu einem Ende. Gerade war der Peng beladen, da kam der Fremde mit zwei riesigen Gäulen zurück. „Immer ruhig mit den dicken Pferden, das vorher war nicht so gemeint!" Er steckte die zwei Riesen in unseren Stall und nach unendlichen Ewigkeiten brachen wir endlich auf, mit ihm. Da hatten wir uns was eingefangen: Keine fünf Schritte und schon wieder Pause mit noch mehr Fremden und viel Geschwätz. Wollten sich die vielen Leute etwa alle unserem Rudel anschließen? Zum Glück war die *Rudelführerin* plötzlich in Eile. Ganz in meinem

Rudelsinn!

Wir hatten alle Fremden zurückgelassen. Und endlich waren wir auf unserem Weg! War ja klar! Wir schlichen nur vorwärts. Überall Verzögerungen! Manche waren ganz brauchbar, besonders die leckeren blauen Beeren und die erhobenen Über-Land-Blicke. Aber die meisten waren unnütz und richtig lästig, besonders das menschliche Gequatsche und das Ponygezicke. Und bei jedem Neustart kämpfte ich mit meinen widerwilligen Muskeln.

Ahhhh, trotz ewiger Trödelei trafen wir doch noch auf einen anständigen Schlafplatz. Der Peng wurde in Schritt- und Sichtweite von unserer Nothöhle auf eine XXS-Weide abgestellt. Da konnte ich meinen Wach- und Sicherheitsdienst sogar mit einem Auge und Ohr gemütlich von meinem Schlafplatz aus machen. Wenn ich nicht gerade die *Rudelversorgerin* bei ihrer x-ten Futtersuche begleiten musste. Ganz unter uns, manchmal punktete sie nur ganz knapp hinter meinem Pony als *Rudelvielfraß*. Irgendwann flauten die Fressattacken der *Rudelvielfresserin* ab und endlich konnten wir in unserem Bau alle viere von uns strecken. Was war das? Ein Schrei zwang uns wieder auf die Pfoten. Ein Blick genügte: Der Peng war weg. Ich war sofort auf 120%! Die *Rudelchaotin* machte so viel Aufregung, bis wir den Kerl endlich gefangen nahmen. Für die Nacht steckten wir ihn dann in einen sicheren Käfig.

Das gebirgige Reich balancierte sein steiniges Trauma mit betörenden Aussichten.

Nicht nur meine Hufe, sondern mein ganzes Ich waren hypersensitiv auf nur jegliche Andeutung eines Steines und wir reagierten mit einer vehementen (allerdings keineswegs willkommenen) Abwehr.

28. Juli 2009

Meine Nachtruhe war tief und wieder mal viel zu kurz. Ich war total schlapp! Hatte ich mich etwa an der momentanen *Rudelschwächelei* angesteckt? Aber meine innere Unruhe hielt meine Pfoten und Stimmbänder trotzdem im Trab. Und ganz klar bekam ich dafür keinen Applaus. Die *Rudeltyrannin* war gereizt in der Vorbereitungsphase und ungerecht kommandierte sie mich mit Wut in die Ecke - Bauch flach auf den Boden. Tausend Ewigkeiten lag ich so.

Irgendwann war ich wieder AUF meinen vier Pfoten erlaubt. Endlich unterwegs! Ich trippelte zuerst, trabte gelegentlich, aber meistens schleppte ich mich müde vorwärts. Die anderen zwei waren auch müde: KEIN *Gezicke*, KEIN *Gezänke*, KEIN Gekreische. Ganz ehrlich, ich war froh um jede noch so unmotivierte Pause und wir hatten davon ziemlich viele. Taugliche Ruheplätze waren relativ einfach zu finden. Für Ruheplätze galten andere und vor allem weniger Vorschriften als für einen Schlafplatz: Von oben trocken, Ruhe zu dritt, am liebsten mit Bank (für mich drunter und die *Rudelsitzerin* drauf), je nach Körperhitze Sonne oder Schatten und für unseren Dauerfresser natürlich lecker Gras.

Ich stimmte der *Rudelbestimmerin* total zu, als sie schon früh anfing, nach einem Schlafplatz Ausschau zu halten. LEIDER hatte sie dabei etwas Orientierungsschwierigkeiten. Erst zerrte sie uns ewig auf einer Autostraße zu einem verlassenen Stall, um dort zu grübeln, ob auch wirklich kein Tier oder Mensch zu sehen war. Dann fast auf den gleichen Umwegen wieder zurück bis - wie von mir bestellt - ein Ordnungshüter - mein menschlicher Bruder im Geiste - uns auf den direkten Weg zum nächsten Rastplatz schickte. Auf und weiter ging's ins nächste Dorf für weitere Hinweise. LEIDER stand die *Rudelchaotin* kurz danach mit uns ratlos im Wald. Angeblich stand auf allen Schildern in allen Richtungen das Gleiche. Zwei Waldgänger führten diesmal unser Rudel bis zum - Ort aller Richtungen - an und GANZ WICHTIG über den kürzesten Weg. Zwar waren wir nun im richtigen Ort, aber noch nicht an der richtigen Stelle. Nein! Das war ja klar! Wir verloren den Weg und ich steckte mit den Pfoten tief im Matsch. Was machte sie jetzt? Jaja, ganz sicher! Die *Rudeltyrannin* zerrte uns querfeldein steil den Hang runter, quer über einen Sportplatz und Wiesen. Sie ignorierte jede Straße, die uns in die Quere kam. Ganz schön beunruhigend! Nein, oder? Wer hätte das gedacht! Die *Rudelführerin* hatte uns so doch tatsächlich auf dem direkten Weg zu unserem Schlafplatz gebracht: eine schöne Wiese MIT PRIVATSPHÄRE neben einem Pferde/Kuh/Katzenstall. Da hatte die *Rudelnavigatorin* wohl aus dem Nichts eine Spürnase gezaubert. Applaus!!!

Bevor an Ausruhen zu denken war, führten wir die üblichen Schlafplatzmarkierungsrituale durch. Jeder hatte seine Vorlieben: Pia mit der Nothöhle und einem Seil, Pony mit seinen Pferdeäpfeln und ich verspritzte meinen Duft an allen strategisch wichtigen Stellen. Ich war schon lange fertig und hatte mich im Schatten langgestreckt und beschlossen, mich für mindestens tausend Ewigkeiten nicht mehr zu bewegen. Da hatte die *Rudelbauerin* endlich ihre letzten Seilgriffe getan. Nein, ich hatte keine Lust NUR KURZ irgendwo mitzugehen! Trotzdem wurde ich angeleint und auf die Beine gezwungen. Nein, ich konnte diese unseriösen Fragen nicht leiden! Interessierte ja niemand, dass ich hundemüde war und mir alles weh tat! Gegen meinen Willen schleppte die *Rudeltyrannin* mich in die Ortschaft und zurück. Erst nach tausend Ewigkeiten endete diese Peinigung wieder unter meinem Baum auf der Wiese. Und dann nur noch schlafen, schlafen, schlafen, essen, schlafen, schlafen, ...

Mit tapferem Geist schleppten wir unsere erschöpften Körper auf sich immer wieder neu verlierenden Pfaden hin zu *illusionierten* Refugien bis doch ein aller Verlangen genügender Unterschlupf gefunden und gewährt wurde.

Wie doch im lastfreien Zustand der Genuss einer schmackhaften Wiese alle Tagesmissstände relativiert!

29.Juli 2009

Ich war schon wach, rührte mich aber nicht. Schließlich wollte ich keine NOCH schlafende *Rudelfrau* wecken! Diesmal jagte mich die Sonne erst spät am Morgen aus der heißen Nothöhle. Ich schaffte die wenigen Schritte bis in den kühlen Schatten der Bäume und ließ mich  gleich wieder flach auf den Boden fallen. Ewigkeiten später hörte ich die *Rudeltyrannin* rumoren und hob meinen Kopf um die Situation abzuschätzen. Als ich sie mit ihrer Schlafdecke auf mich zu wanken sah, war ich beruhigt. Unsere Tagesbewegung beschränkte sich größtenteils auf Sich-Räkeln und Dem-Schatten-Folgen. Oh, ein ereignisloser Tag mit ewig langem *Dauerrudelliegen*!

Die lokale *Pässlichkeit* gewährte willkommen bequeme Gelegenheiten für reinigende, regenerierende und reparative Betätigungen von unlängst differenziell herausgeforderten Team Individuen.

Eine äußerst qualvoll verdiente Ruhepause für meinen ungemein hohen physisch-moralischen Erholungsbedarf.

30. Juli 2009

Gerade als die *Rudelpackerin* all den umständlichen Kram verpackt, verschnürt und sorgfältig vor unserem Bau aufgereiht hatte, fielen die ersten Regentropfen. Ziemlich genervt warf sie alles kreuz und quer wieder zurück. Ich musste über Berge klettern, um MEINE Ecke zu erreichen. Da lag ich im Chaos und hoffte heimlich, dass der Regen tausend Ewigkeiten dauern würde. Mir und meinen müden Muskeln war es noch nicht nach Wandern, sondern mehr nach einigen Tagen gemütlichem *Rudelliegen*. Leider trocknete mein Wunsch ziemlich schnell aus. Und durch diese Verzögerung mussten wir hilflos mit ansehen, wie unsere panisch schreienden Kuhnachbarn schroff auf einen LKW gezwungen wurden. Solange meine Mitgeschöpfe nicht rannten - also nicht bedrohend auf mich zu oder ängstlich vor mir weg - war ich ein sehr starker Mitfühler. Und was ich mit den Kühen fühlte, war erschreckend grausig!

Irgendwann tauchten wir hinterm Dorf in den Wald ein und trotteten immer nur bergab. Oh oh! Ich hatte da eine Befürchtung, aus Erfahrung! ORIENTIERUNGSLOSIGKEIT! Sonst hielten wir uns auf diesem - wie auch immer - Weg immer OBEN auf dem Bergrücken! Nach tausend Ewigkeiten erreichten wir ganz UNTEN einen See und ich war immer noch allein mit meinen Orientierungssorgen. Na was soll's! Ich entschied mich diese Fährte aufzugeben und streckte stattdessen meine Nase frei in den Wind. Ahhhh, was für ein seltenes Gefühl: gelassene Zufriedenheit!

Ich war noch im See beschäftigt, mitten in einer Pfoten-Bein-Bauch-Abkühlung und die *Rudeltyrannin* drängelte schon wieder ungeduldig zum Aufbruch. Ach nein! Immer diese Hetzerei! Meinetwegen konnte sie gleich hier unser Nachtlager aufschlagen! Noch schnell ein Schluck Seewasser und schon trabte ich wieder voran und sicherte die Strecke ab. Meine wichtigste Aufgabe war die Überprüfung der Trinkwasserqualität jeder Pfütze. Natürlich gab ich - wie immer - vollen Körpereinsatz und tauchte - meinen Bauch bodenflach in die Pfütze - meine Zunge ins Wasser. Doch statt Dank nur nörgelnder Spott!!!! Aufgeschlämmt-mit-Hund war wohl nicht Ponys Geschmacksrichtung, was? Ich ließ mich davon nicht demotivieren. Sollte ich etwa meine *Rudelpflichten* vernachlässigen? Undenkbar! Auf der Strecke hatte ich ziemlich lang und viel zu tun: jede Menge Pfützen, Rinnsale, Bäche. Ich war Wasser übersatt und ließ immer öfter nur meinen eingetauchten Bauch

entscheiden. Ich war schon ganz aufgeweicht, bis wir nach tausend Ewigkeiten Kühe, Häuser und unseren Schlafplatz erreichten.

Meine zunächst zögerliche Untreue zum Rennsteig steigerte sich zum reuelosen Genuss einer konträren Talroute auf hufbequemen Wegen unter einem berauschenden Blätterspiel des Windes.

Es ging abwärts und alles wurde besser!

31.Juli 2009

Es ging wieder bergauf und wir folgten wieder dem Bergkamm. Na, das ging aber schnell! Wir waren mitten in einem unkontrollierbaren Menschengetümmel. Menschliche Rudel zogen sich gegenseitig an. Anstatt sich im ganzen Gebiet zu verteilen, klebten sie zusammen. Was für ein seltsames Verhalten? Ich fand es richtig lästig und langweilig: Ich wurde kurz an der Leine gehalten; ich wurde ständig von schaulustigen Blicken gemustert; ich musste mir x-Tausend Mal die gleiche Geschichte anhören. Irgendwann nach tausend Ewigkeiten Langeweile erreichte ich endlich einen Ausgleich: ein *rudelfreies* Revier und eine ordentliche Portion Dosenfleisch.

Unsere mit leichter Beklommenheit gefärbte Rückkehr auf den alten Weg wurde unverhofft gefällig aufgenommen, hufbar und begegnungsreich mit üppiger Wegzehrung.

Wieder oben auf wurde ich auf Schritt und (Gras)Biss viel bestaunt: Kein Wunder - bestätigte mein Spiegelbild.

1. August 2009

NEEEEEEIN, nicht schon wieder! Sobald die *Rudelpackerin* das letzte Teil verpackt hatte, legte sich mein Pony schlafen! Der Peng sollte nachts nicht fressend rum schleichen! Der sollte besser anständig schlafen, so wie wir! Ich durfte ihn nicht mal auf die Beine treiben, schließlich wollten wir den restlichen Tag NICHT mit einem schlecht gelaunten Pony verbringen. Ewigkeiten schlich ich auf leisen Pfoten um den Tiefschläfer.  Hatte er mich doch zweimal mit seinem lauten Gewieher erschreckt! Ich wurde mit jedem verhaltenen Atemzug angespannter. Bis der Peng endlich langsam wieder zu sich kam, explodierte ich. Jetzt aber flott! Ich bemühte mich, den restlichen Packablauf reibungslos zu regeln, aber ich wurde mal wieder ignorant sabotiert: Ich musste in einer Ecke sitzen und die Trödelei schweigend ertragen. Nach unzähligen Verzögerungen stürzten wir auf die Strecke und mal wieder in ein Menschengetümmel. Der Peng war ausgeschlafen recht flott unterwegs. Zu flott! Plötzlich stand der oben auf der Böschung mit dem Gepäck unterm Bauch. Nur ruhig geblieben! Mit wenigen Handgriffen und einigem Kraftaufwand brachte die *Rudelführerin* alles wieder in Position.

Irgendwann nach tausend Ewigkeiten erreichten wir ohne weitere Zwischenfälle eine große Stadt. Ein paar Zwischenfragen, und die *Rudelbestimmerin* führte uns auf einen Pferdehof. Hatte ich da irgendwo was verpasst? Keine Voruntersuchung durch den Revierchef? Der hiesige *Rudelführer* akzeptierte uns einfach so? Wir waren zwar angekommen, aber keine Spur vom Ausruhen! Die *Rudeltyrannin* versuchte mich in eine Pferdebox zu sperren, GANZ ALLEIN. Das ging nicht! Das ging gar nicht! Ich tobte wie wild und so kettete sie mich beim Peng an den Zaun und verschwand, OHNE MICH! Ich dröhnte Ewigkeiten mit meinem Protestgebell, bis sie endlich wiederkam. NEEEINNN! Total SKRUPELLOS!!! Jetzt sperrte sie mich wirklich GANZ ALLEIN in eine dunkle Pferdebox ein. Ich heulte, jaulte, wimmerte! Bis ich mich stumm und ängstlich in eine Ecke drückte. Tausend Ewigkeiten musste ich zittern und in dieser Düsternis ausharren! Und als ich endlich wieder durch die offene Tür ins Licht blinzelte, ja da konnte ich wieder richtig atmen. In Freiheit und mit zwei Würsten und mit der *Rudelführerin* war fast alles schon wieder gut. Jetzt erst konnte ich das Fremdrevier und seine Bewohner genauer taxieren: Den kleinen Hofrüden setzte ich klar und ohne Umschweife an seinen Platz; die schöne Hündin erlag machtlos meinem Charme; die Pferde hatte ich gleich unter Kontrolle; der Teich war tritt- und trinksicher; die paar Menschen hielten angemessen Abstand; der Peng war ausbruchssicher und übersichtlich untergebracht. Wir benutzten dort eine nicht mehr gebrauchte Höhle. Dieses Lager war nicht so privat. Aber ich hatte Sicht und auch schnellen Zugriff zu meinem Teich und Pony. Hier kamen wir endlich zur Ruhe. Ich hatte Hunger! Großen Hunger! Ich bekam satt Dosenfleisch und die *Rudelversorgerin* streckte mir noch andere Leckerbissen hin. Endlich lang ausstrecken und am Besten nicht mehr bewegen!

Unser zwangloser und ereignisreicher Tagesmarsch führte unfehlbar in ein scheinbar vorbereitetes Obdach, wo versorgende und pflegende Notwendigkeiten mit großzügiger Hilfe- und Bereitstellung erledigt werden konnten.

Endlich wurde sich Pia meiner wahren Natur und der daraus folgenden Erfordernis für mein Wohlbefinden ganz bewusst!

2. August 2009

Ein guter Schlaf, satt Fressen und ein zügiger Start ohne das übliche Ponynickerchen: Was will *hund* mehr! Aber dann nur nach wenigen Schritten verloren meine Zwei immer schneller das Tempo. Bis sie schließlich keuchten und krochen und standen. Und dass wegen dem bisschen Berg? Ich musste tausend Ewigkeiten warten. Irgendwann waren sie dann endlich oben. Wie lästig! Nach tausend Ewigkeiten waren die beiden Luftschnapper endlich wieder bei Atem. Na wer sagte es denn! Ging doch! Gut gelaunt und mit ordentlichem Schritt kamen wir ganz gut vorwärts. Ich hatte unterwegs einiges zu tun: Viele Pfützen mussten getestet werden; zwei Dörfer wurden unter meiner Aufsicht durchquert und auf meine Anweisung verteilte die *Rudelversorgerin* blaue Beeren.

Im dritten Dorf wurde plötzlich alles ziemlich zäh und undurchsichtig. Obwohl die Tür wieder zu ging, ohne dass was passiert war, blieb unsere *Rudelbestimmerin*. Das war hier doch ganz OFFENSICHTLICH ein ungeeigneter Schlafplatz! Sie nahm all unsere Sachen von meinem Pony und dann folgten wir dem Vielfraß tausend Ewigkeiten durch den Garten kreuz und quer, hoch und runter. Meine Laune verschlechterte sich mit jeder Ewigkeit, auch die Laune der *Rudelbestimmerin*. Warten, warten, warten, …! Auf was denn nur? Mein dauerfressender Fleischkloß wurde eh nie satt, nur müde! Keine Ahnung, was sie vorhatte! Da war doch ein Plan, oder? Ich war kurz vorm Verzweifeln, als alles rasend schnell ging: Der lokale Revierchef war zurück und erteilte uns freundlich und kampflos Bleiberecht; der Peng verschwand oben hinter den Bäumen in einem Pferdestall und ich mit der *Rudelbestimmerin* unten im Nachbarhaus. Das war ein guter Plan!!! Und das Beste, ich und die *Rudelführerin* waren alleine im ganzen Haus: keine *Fremdrudelregeln*, kein Rücksichtnehmen, kein Aufpassen, nur totale Entspannung, aaahhhuuuhhhhhaaahhhhh!

Unsere *rennsteigsche* Belastungsprobe durch widrige äußere und innere Ströme schien mit dem Erreichen leichter gängigerem Grund wahrhaftig überstanden zu sein und schaffte Raum für ungehaltenen Frohsinn und Bequemlichkeit.

Unterwegs rann und stand Wasser im Überfluss und ich erlaubte mir, nur das Schmackhafteste zu wählen.

3. August 2009

Mitten im Wald folgten wir einem extrem wichtigen Menschenverbindungsweg. Dauernd rasten die Zweibeiner - einzeln - in ihren Autos hin und her. Die Teile waren stinkend, laut und ziemlich lästig, doch wenigstens schützen die Blechbüchsen mich vor einem direkten menschlichen Kontakt. Unsere *Rudelbestimmerin* verhielt sich sehr eigenartig. Sie war total angriffslustig! Dann und wann schrie sie ihre Wut den sausenden Kisten hinter her. Wir und das Geschrei gingen tausend Ewigkeiten. Oh *hund*, das nervte vielleicht! Irgendwann durchkreuzten wir und die Straße einen großen Menschenwohn- und Versammlungsplatz und da schimpfte sie nur noch leise vor sich hin. Die Blechkisten waren doch taub und tot! Merkte sie das denn nicht???

Obwohl die Straße immer breiter wurde, folgten uns nur noch wenig Ruhestörer. Und irgendwo fand unsere *Rudelnavigatorin* ein Schlupfloch und wir drei verschwanden im Wald. Endlich wieder allein! Endlich war die dämliche Autohatz der *Rudelchaotin* zu Ende! Unser hysterisches *Rudelweib* entspannte sich und verteilte blaue Beeren. Endlich waren wir wieder im *rudelstimmigen* Trott! Jeder erledigte wieder seinen EIGENTLICHEN Auftrag. Bei der nächsten Gelegenheit bestimmte die *Rudelführerin* den geeigneten Schlafplatz und wir besetzten den Garten ohne Widerstand. Es gab nichts zu meckern! Alles war zu meiner Zufriedenheit. Sogar die Dorfschönheit begrüßte mich kurz und überließ mir durch ihr Herrchen eine gute Portion Dosenfleisch. Bevor wir uns in unseren Bau verkriechen konnten, fehlte noch unsere kleine Abendtoilette. Nein, oder? Was macht der Peng jetzt? Ich und die *Rudelbestimmerin* hatten noch keine vier Schritte gemacht, da sprang der Peng mit einem Satz durch die Hecke auf unsere Seite. Wieso das jetzt? Keine HYSTERISCHE Reaktion der *Rudelführerin*! Mein Pony bekam meine Leine und dann erledigten wir alle drei unsere Geschäfte gemeinsam. Der Peng wurde dann wegen seiner Sprunghaftigkeit in den Stall verbannt und ich hatte damit die ganze Nacht meine Ruhe.

Die motorisierten Machtverstärker, die neben unserem friedlichen Pfad auf dem eigens ihrer lärmenden Schnelligkeit gewidmeten Asphalt eiligst dahin gehetzt wurden, setzten meine emotionale Kontrolle aus und stachelten in mir einen aggressiven Wahn an.

Diesmal ließ ich mich von meinen beiden nicht so einfach abhängen: Mit einem wohl durchdachten Sprung durch die schwächste Stelle der Hecke war ich nun auch Teil des WICHTIGEN Abendgeschäftes!

4. August 2009

Eigentlich hatten wir einen ungestörten Schlaf! Aber mitten in der Nacht rumpelte es verdächtig in Pengs Zelle. Meine Anweisung war klar und einfach: „Ohren und Augen zu"! Klar doch! Natürlich, mal wieder ein *Rudelaufstand*! Der Peng wurde befreit und sprang als Allererstes wieder durch die Hecke! Da stand er nun ohne uns draußen. Der glotzte auch noch rotzfrech zu uns rüber! Nach kurzer Aufregung musste ich dann den gefesselten Peng bewachen. Ach nein! Nicht jetzt! Die *Rudelpackerin* war schon wieder in ihrer *Aufbruchsunruhe*. Oh *hund*, warum steckte sich mich immer mit ihrem Gestresse an???

Obwohl unsere *Rudelchefin* immer sehr geschäftig tat, dauerte es immer Ewigkeiten, bis wir endlich abmarschierten. Nein! Das gab's doch nicht! Nein, KEIN HALT! Was sollten wir hier an dieser blöden Hütte? Wir waren ja kaum losgelaufen und ich hatte noch nicht mal nur eine kleines bisschen meiner Nervosität abgetrabt. Klar doch! Hier hielt uns das Dauergequatsche der *Rudeltratscherin* viele tausend Ewigkeiten fest! Komisches Rudel war das, ein alter *Rudelführer* und zwei Welpen. Oh nein! Gerade als ich wieder unterwegs frei Luft holte, sah ich das Fremdrudel im Augenwinkel schon hinter uns. Na da waren wir aber schnell wieder abgehängt! Danke Trödelpony! Wir hatten den Wald wieder für uns allein! Sicher in unserem *Rudelverband*, jeder seiner Nase nach und KEIN FREMDKONTAKT, das war LEBEN!!!

Ach, nein! Nicht schon wieder! Der nächste Störer hat uns aufgestöbert: Mann im Traktor. Ich drängelte noch unruhig weiter

 und der Peng lag schon behäbig beim Mittagsschläfchen im Graben. Irgendwann gab ich mit demonstrativem Seufzen auf und verkroch mich an den einzig schattigen Platz weit und breit, unter den Mann im Traktor. Keine Ahnung, wie viel tausend Ewigkeiten ich da lag???? Trotz Dauergequatsche musste ich doch tatsächlich eingedöst sein.

Warum tauchte hinter uns plötzlich das *Fremdrudeltrio-AltJung* wieder auf? Warum schnüffelten sie uns wohl nach???? Ohne auch nur eine meiner Fragen zu beantworten, waren sie an uns vorbei gezogen. Was war das jetzt? Ich hörte ein unheimliches Donnern hinter uns. Die *Rudelchefin* befahl mich und den Peng an die Seite, und dann sah ich schon den Monstertraktor auf uns zu rasen. Der wollte uns umbringen?! Ohne Vorwarnung sprang zuerst der Peng mit einem Satz auf mich. In Panik sprang ich dann auf das vorbei hetzende Riesenrad. Noch im Sprung und Schock riss mich die *Rudelretterin* an der Leine zurück. Der Traktor wollte mich umbringen! Der wollte mich wirklich umbringen!!! Ja jetzt, jetzt stand das Monster ganz still! Bestimmt bereitete es den nächsten Angriff vor!!! „Sofort fliehen! Schnell!" Die *Rudelbestimmerin* schlich mit uns zurück in Richtung Hinterteil. War das klug? Wir hatten uns nicht mal bis zur Hälfte davon geschlichen und schon waren wir durchschaut. Das Ding zog seines Weges und zischelte fürchterlich!!!! Der überängstliche Peng sprang diesmal auf die *Rudelbestimmerin* und ich landete mit ihr flach gestreckt in den brennenden Nesseln. Wir waren im Schock: ich, der Peng UND die *Rudelführerin*! Das Monster wollte uns wirklich umbringen!!! Da waren wir gerade mal mit dem Leben davon gekommen! Ich lief nur noch mit einem Ziel in der Nase: meine Nothöhle, Sicherheit und Ruhe!

Unachtsame Glückseligkeit konnte den Ahnungslosen mit einem dramatischen Unheil überraschen.

Ich hörte nur das fürchterliche Donnern und konnte nichts sehen, rein gar nichts; mein Rundumblick wurde durch meine ausladende Fracht behindert und eine Kopfdrehung durch Pia: Ich hatte Angst, ziemlich viel Angst!!!

5. August 2009

Ich trabte hoch konzentriert auf unserem schmalen Weg. Öfters stoppte ich für genauere Untersuchungen. War ja klar! Die *Rudelführerin* ließ sich mal wieder durch die rasenden Fahrzeuge genau neben uns ablenken. Wie? Was? Plötzlich standen wir auf steinhartem Boden in einem Versammlungsort für Menschen und Blechkisten. Ich war so beschäftigt. Ich hatte gar nicht gemerkt, wie das plötzlich so schnell ging. Seltsam? Richtig feierlich hielt die *Rudelführerin* an einem Wasserspender. Nur für einen Schluck aus dem Eimer! Hier erklärte die *Rudelbestimmerin* den Ort zu was GANZ BESONDEREM! GANZ EHRLICH, hier war alles EXTREM GEWÖHNLICH! Wie das? Ihr Hochgefühl war verflogen, bis wir steil und schnell ganz unten im Zentrum eintrafen. Aber natürlich hatte sie noch genug Laune zum Dauerquatschen. Na, ich war froh um die Pause und die zwei leckeren Würste.

Warum das jetzt? Ich musste ganz kurz an der Leine und dicht Bei-Fuß nicht neben, sondern AUF der Autostraße laufen? Na endlich! Irgendwann waren wir wieder auf UNSEREM Weg im Wald. Endlich wieder frei laufen! Die *Rudeljammerfrau* brabbelte vor sich hin und manchmal ließ sie sogar einen hysterischen Schrei los. Und das ganze Theater nur, weil der Peng hin und wieder auf einem spitzen Stein wackelte. Irgendwann liefen wir über eine Brücke und wechselten auf die langweilige Seite des Baches. Na, endlich! Endlich war wieder Ruhe im Rudel! MEINE Nase folgte jetzt ungestört MEINEN Geschäften! Und ich konnte jederzeit MEINEN Bauch und MEINE Zunge in den Bach strecken. Na ging doch! Unsere *Rudelmanagerin* suchte uns ohne weitere Zwischenfälle einen guten Schlafplatz.

Meine mangelnde Rennsteig-Visionalität verhielt sich ins Enddetail konsequent: Unser Standhalten der unwegsamen Strapazen erfuhr keinerlei Würdigung, stattdessen blieb unsere Vollendung der *Rennsteigrunst* ernüchternd ohne offiziellen Beobachter.

Brunnen sind einfach faszinierend!

Kapitel 6: *Opteamiertes* Ringelreigen

Der Frankenweg: von Blankenstein bis Harburg

Verlauf der Route in Bayern auf dem Frankenweg
von Schlegel nach Ronheim

mit Wanderkarten:
Naturpark Frankenwald (UK 50-4)
Naturpark Fränkische Schweiz Veldensteiner Forst (UK L 29)
Nürnberger Land (UK 50-18)
Neumarkt i.d. OPf. (L6734)
Beilngries (L6934)
Naturpark Altmühltal mittlerer Teil (UK 50-24)
Naturpark Altmühltal westlicher Teil (UK 50-23)

Datum	Ziel	km	Fernwanderweg
06.08.2009	Hohenzorn	13	Frankenweg
07.08.2009	Reichenbach	14	Frankenweg
08.08.2009	Pause	0	-
09.08.2009	Pause	0	-
10.08.2009	Ramscheid	12	lokaler Wanderweg
11.08.2009	Gundersreuth	14	Frankenweg
12.08.2009	Berghaus	16	Frankenweg
13.08.2009	Loffeld	17	Frankenweg
14.08.2009	Schweisdorf	12	Frankenweg
15.08.2009	Poxdorf	14	Frankenweg
16.08.2009	Kalteneggolsfeld	12	Frankenweg
17.08.2009	Neudorf	15	Frankenweg
18.08.2009	Pause	0	-
19.08.2009	Bieberbach	13	lokaler Wanderweg
20.08.2009	Pause	0	-
21.08.2009	Lilling	15	Frankenweg
22.08.2009	Pause	0	-
23.08.2009	Pause	0	-
24.08.2009	Pause	0	-
25.08.2009	Pause	0	-
26.08.2009	Pause	0	-
27.08.09	Pause	0	-
28.08.2009	Kersbach	18	Frankenweg
29.08.2009	Peuerling	12	Frankenweg
30.08.2009	Hagenhausen	14	Frankenweg
31.08.2009	Pilsach	14	Frankenweg
01.09.2009	Winnberg	13	Frankenweg
02.09.2009	Pollanten	15	Frankenweg
03.09.2009	Stierbaum	15	Frankenweg
04.09.2009	Appenstetten	12	Frankenweg
05.09.2009	Pause	0	-
06.09.2009	Pause	0	-
07.09.2009	Pause	0	-
08.09.2009	Bergen	13	Frankenweg
09.09.2009	Oberhochstatt	12	Frankenweg
10.09.2009	Wettelsheim	18	Frankenweg
11.09.2009	Hechlingen am See	15	lokaler Wanderweg
12.09.2009	Mathesmühle	18	Frankenweg
13.09.2009	Ronheim	9	Frankenweg
∑39 Tage		∑ 365	

Die intensive Schulung unserer Wander- und Teamfähigkeit ließ uns endlich vertrauensvoll im ziellosen Treiben ganz ankommen: Jeder hatte für sich LOS GELASSEN und konnte einfach SEIN. Nur noch vereinzelt - und von außen penetrant aufgezwungen - wurden wir von ausgeprägten Erschwernissen gestört. In der nun geltenden Regel schlenderten wir selbstzufrieden auf Schotter, Asphalt oder betretener Erde durch Wiese, Wald und Felder. Wir tauchten in den Zauber verborgener Wälder und schlängelten uns unter der Beobachtung von gefühlten hundert Augenpaaren durch deren schmale Pfade. Im Fluss des Wandelns wurden unsere Gemüter über Augen, Nasen und Mäuler kindlich verzückt. Die plötzliche Enttarnung rehhafter Wesen ließen Hundeblut und -beine wallen. Winzige Insekten tanzten wie tausend kleine Elfen in der Morgensonne. Und so manches Kraut überraschte die Ponyzunge mit ungewöhnlichen Geschmacksakkorden. Eine überblaue Pflaumenpracht hatte zwischenzeitlich die üppige Kirschreife als versorgendes Beiwerk entlang unseres übungsreichen Lebenspfades abgelöst und gleich Gästen an Bord eines Kreuzfahrtschiffes trieben wir - jeden Morgen von Neuem - sorglos im Fluss des Tao durch den zu entdeckenden Tag.

Von erhabenen Aussichten lag uns das Land weit zu Pfoten, Hufen, Füßen und an strategischen Orten wachten, in weiser Schönheit, Jahrhundert(e)zeugen. So notierte die solitär über dem Bambergerland thronende Kuipserlinde unser Vorüberziehen mit akribischem Geiste. *Baukünstlicher* Ersatz schien mancherorts errichtet, um diese Naturwacht zu imitieren. Doch offengestanden mangelte es uns beim niedlichen Anblick des Muggendorfer Pavillons gewaltig an natürlicher Ehrfurcht.

Mehr oder minder kryptische Botschaften, anscheinend allein für mich hinterlassen, überraschten an kreativ entfremdeten Wegwarten. So stand ich am Rande eines Abgrundes vor dem Kuipserkreuz und seinem Rätsel: „Im schönen Garten der Natur ist des Geliebten heisse Spur. Und wollt Ihr ihn noch mehr verstehen, dann bleibt an diesem Kreuze stehen."

Zahlreiche kirch- und klösterliche Monumente säumten *wallfahrtlich* unsere oberfränkische Route. Hier wurde unser Weg auch von - ganz und gar gegenwärtigen - Jakobspilgern gekreuzt oder selbst deckungsgleich in elitärem Schritt bewandert. Unzählige jakobisch-leuchtende Gesichter verfinsterten sich auf mein Stichwort - Frankenweg, nicht Jakobsweg - mit fast abschätziger Enttäuschung. Vielfältig von introvertiert bis extrovertiert, von streng bis lässig, von aktiv bis erloschen, waren die religiösen Spuren von Trappisten (ein ehemals zum Kloster Marienberg verfremdeter Raketen-abwehrstützpunkt), Zisterzienser (das Kloster Langheim, idyllisch privat) und Franziskaner (die gar protzige Wallfahrts-kirche Vierzehnheiligen) verteilt. Diese nachdrücklichen Hinweise versuchten wohl, die spirituelle Kraft unserer profan-angesetzten Wanderung in mein Bewusst-sein zu drängen. Und tatsächlich rückte fortschreitend das nahende Ziel immer mehr in den Hintergrund, und letztlich nährte ausschließlich das Wandern selbst unseren Antrieb.

Anfäng(er)lich befolgte ich unmündig die in Baum und Karte gemeißelte fränkische Weglinie, bis so mancher kraftraubende Programmpunkt unser Vorankommen unnütz hinauszögerte. Bergauf und ab keuchten wir für einen eisernen Aussichtsturm, für den Zusammenschluss von Rot und Weiß zu dem EINEN Main oder gar ohne attraktiven Grund verständnislos im Kreise. Mein daraus genährter Ärger förderte eine umsichtige Emanzipation von pragmatischen Alternativrouten. Die aus diesem Unsinn geborene kühne Mündigkeit ließ uns nicht nur Umwege kürzen, sondern auch unbequemen Hindernissen, wie Städten, Bergen und so mancher *pengschen* Unwegsamkeit ausweichen. Zum Trotze meiner strategischen Planung jedoch stellten sich weiterhin und beständig unvermutete Herausforderungen in unseren Weg. Wir bezwangen steile Auf- und Abhänge stolpernd oder rutschend, abgründige Pfade in zögerlicher Balance, donnernde Autobahnbrücken bei stockendem Atem, wegquerende Baumstämme mit bedachtsamem Schritt, verschwundene Pfade der *hundschen* Nase folgend und bürokratische Absperrungen im pragmatischen Geiste. Hin und wieder plagte mich eine sichere Ungewissheit über den entgangenen Verlauf des vorgezeichneten Weges und immer mutiger verwarf ich sie im bewussten Tausch gegen das neu gewählte Abenteuer.

Das gelegentliche Scheitern den gezeichneten Weg real im Auge zu behalten war meist ungeschicktes Selbstverschulden, selten fahrlässige Fremdeinwirkung. Mangelnde Achtsamkeit durch intensive Gedankenarbeit oder eifriges Geplapper mit sporadischen Wegabschnittsgefährten zwangen uns zur Neuorientierung auf Umwege oder bei streckenweise komplettem Orientierungsverlust zur widerwilligen Umkehr. Fremde Nachlässigkeiten forderten durch launische Variationen der Wegzeichen wie verdeckt, fehlend oder sogar völlig deplatziert - im zweifelsfreien  Widerspruch zum Kartenweg - vorausschauende Präsenz. Mit zunehmender geistiger Übung von Führung und Geführten fand der abwegige Zufall entweder ganz lässig oder bei gelegentlicher widerspenstigen Hartnäckigkeit meiner Person mit vor Ort bereitgestelltem menschlichen Geleit zurück auf den anvisierten Frankenweg. Die Schulung meiner *Wanderwegigkeit* erfolgte mit allen Mitteln: Für eine kurze Distanz wurde sogar mein blindes Vertrauen allein in Gott und die Welt abverlangt, als die lückenhaften Wanderkarten mich planlos in die erstaunlich sichere Obhut der Wegzeichen übergaben.

Ganz jäh und überrascht bemerkte ich, wie das Fränkische genügte, um mein schwäbisches Herz heimatlich zu berühren.

Das Frankenland, offensichtlich ein Pferdeland, erleichterte meine Unterkunftslogistik flächendeckend mit einem artüblichen Angebot: Ob professionell oder privat, unter freiem Himmel oder ausgebautem Dach, zufällig am Weg gelegen oder auf Empfehlung angesteuert, verfügbare oder improvisierte Kapazitäten, wir waren meist beim ersten Anlauf willkommene Gäste. Nur noch selten wurde für ein passendes Quartier extra Mühe an mentaler oder/und physischer Ausdauer von uns verlangt. Mit vertrauensvoller Beharrlichkeit warteten wir unbegrenzt vor Hoftüren - einmal offensichtlich auf den wachsamen und uns zur Versorgung abholenden Nachbarn -, klopften mehrfach an viele oder sogar dieselbe Tür oder quälten uns abgewiesen - manchmal planlos - jenseits der Erschöpfung durch Wald und Flur. Allabendlich jedoch war uns die lückenlose Versorgung aller Tagesnöte und selbst manch kühner Tageswünsche gewiss. Bei Bedarf konnten Einkäufe selbst oder gar fremder Hands erledigt werden, konnte geduscht, Wäsche gewaschen, Akkus von Handy- oder Fotoapparat geladen, wenige

Male auch die elektronische Post durchgesehen werden. Regulär wurde ich in- und auswärts zu Tisch gebeten und schon mal vom ganzen Dorf mit Nahrungsmitteln versorgt. Schutz vor nassen Wetterlagen wurde auf Strecke ALLERORTS unter oder in vorgesehenen Bauten ermöglicht. Gesundheitliche Ernstfälle gleich welcher Art und Ausmaß wurden mit Rat und Tat an den betroffenen Stationen versorgt. Salben und Verbandsmaterial halfen wund gelaufenen Fußsohlen. Unterstände und  Häuser boten dem sonnengestochenen Hund kühlen Schatten und eine Tierärztin Verständnis und mehrere Spritzen für die daraus gereifte heftige Erkältung. Ein geschundener Ponyrücken wurde *physiotherapiert* und die *Sattelplage* von einer Sattlerin geschwind erträglich angepasst. Eine barfüßige Zahnärztin entlarvte eine gefühlte Zahnwurzelvereiterung lediglich als temporäre Zahnfleischentzündung. Und gleichsam wurde wandergeschundenes Material, wie Packtasche und Führseil, kurz vor der totalen Funktionsuntüchtigkeit durch professionelles Material ausgetauscht. Unsere unerwartete Gesellschaft wurde STETS MIT ABSOLUTER SELBSTVERSTÄNDLICHKEIT bis zur vollständigen Genesung gepflegt.

Die eingangs nicht nur zu der vor allem selbst geforderten Abgrenzung von parasitärem Vagabundismus angetragene monetäre Offerte reduzierte sich vorwiegend zu einer rituellen Anstandsformel und die Gastlichkeit wurde eher individuell auf einer feinstofflichen Ebene vergolten. Unser universellstes Gut war ein Stück gelebtes Abenteuer. Weiters sondierte ich subtil nach *resonierenden* Gesprächsthemen und bedarfsgerecht redete oder hörte, lachte oder weinte, freute oder trauerte, beriet ich oder wurde beraten. In einer durch unser sehr kurzweiliges Gastspiel behüteten Anonymität erreichte meine hemmungslose Offenheit und empathische Akzeptanz oft streng behütete Tiefen der Herzen. Gelegentlich wurde ich handgreiflich bevorzugt bei längeren Aufenthalten und war variabel im Einsatz (als Hunde- oder  Babysitter, Stallhilfe, Erntehelfer etc.).

Für eine ausdauernde Wanderschaft schien die leider noch sehr holpernde Achtsamkeit für gesundheitliche Probleme und vor allem die Disziplin für rechtzeitige und ausreichende Genesungspausen entscheidend. Neben winzigen fliegenden Lästigkeiten, die Tag und Nacht mit aufdringlichen Summtönen entweder im großen Schwarmverband Kopfhaut und Gesichtsöffnungen oder einzeln Blutadern anflogen, blieb unsere größte Widersacherin, zumindest von meiner Person, lange unerkannt. Im Verborgenen wirkte sie harmlos, doch unverhüllt verbrannte die Sonne selbst die Luft um uns herum. Ganz unbeschwert trottete dabei der Jugendliche, aber die alternde Physiologie von uns anderen rang mehr oder weniger erfolgreich mit der Hitze. Ausgerüstet mit Schweißdrüsen und Kopfbedeckung gelang es mir, meine Betriebstemperatur im schadfreien Bereich zu halten. Doch bar jeglicher innerer oder äußerer Kühlsysteme wurde der Hund zweimal nach Rückzug in seine Zelthöhle über Nacht abgeschaltet, bis die folgende schwere Erkältung einen Arzt und eine einwöchige Rekonvaleszenzpause erforderte. Konsequenterweise entwickelte ich speziell für unseren Hund eine recht logische Überlebensstrategie: Vermeidung von extremer Hitze. Das Wandern wurde nun temperaturabhängig nur unter Wolken oder bei aufgehender Sonne praktiziert, ansonsten lümmelten wir solidarisch unter Bäumen oder versteckten uns hinter Mauern.

Mit dem zuvor schon **LEIDER** zu oft geübten Zeichen für massive Unerträglichkeit, eine dem Schmerzausmaß angepasste Schrittverzögerung, erreichte das Pony **LEIDER** wieder nur mein wutentbranntes Unverständnis. Mittels eines theoretischen Fehlerausschlussverfahrens erklärte ich kurzerhand das leidende Pony zu einem hypochonderndem lahmen Gaul und rechtfertigte mein beschimpfendes Gebrüll und beschleunigend wirkende Maßnahmen. Nach dem Aufsuchen unserer Tagesunterkunft bekräftigte ein befreit fröhlich auf der Koppel umherspringendes Pony weiterhin meine Ignoranz. Erst am nächsten Morgen überzeugte die dramatische Reaktion auf einen Handstrich über den Ponyrücken, ein minutenlanges Zittern. Handlungshilfe alias der Hofherr war im Moment zur Stelle und startete sofort mit einem Telefonanruf eine dreitägige Problemlösungskette: Eine *homöopatente* Physiotherapeutin diagnostizierte und therapierte den vom **Sattel**druck einseitig geschwollenen Widerrist; eine Sattlerin nahm und korrigierte das Maß am abgetragenen **Sattel**; und der Ponyrücken regenerierte sich stationär und **sattel**frei.

Offensichtlicher war mir das eigene lähmende Leiden mit dessen Anlass und Auswirkung. Meinen Gang regulierende orthopädische Einlagen schnitten unvermittelt mittig und bis zur Laufunfähigkeit ins Fleisch meiner rechten Sohle. Nach Versorgung mit Salbe und Verbandsmaterial, zwei Tagen Ruhe und sechs Tagen Wandermarsch wiederholte sich der Eingriff allerdings durch reaktionsschnelle Polsterung abgeschwächt am linken Fuß. Über die spontan entwickelte Einlagenüberempfindlichkeit meiner Fußsohlen konnte ich mich leider nur wundern und es blieb mir nur, die Übeltäter ganz unten im Schuh zu verstecken.

Die Attraktivität der begangenen Wegabschnitte regulierte die Zahl der Begegnungen in gleichem Maße, verkehrte allerdings deren Intensität fast regelhaft. Vor der historischen Kulisse einer vorüberschnaufenden Dampflokomotive gerieten wir in eine lebhafte Horde qualmender Sockenträger (www.sockenqualmer.de), die neugierig mit und über uns schwatzten. Relativ scheu und wortkarg hingegen trat ein Mann erst im Verlauf einiger Tage bei unserer dritten Sichtung im Kulmbacherland an uns heran. Tatsächliche Weggenossen waren rar und in drei Paaren nur ausschnittsweise auf dem Frankenweg unterwegs. Ein einvernehmlicher Zusammenschluss mit der jeweiligen Herrengruppe erforderte bis zur Wiedertrennung beim Erreichen der individuellen Tagesetappe ein ausdauerndes Entschleunigen der Männerschritte und ein geduldiges Beschleunigen der Ponytritte. Hingegen konnten wir das zügellos davon eilende gemischte Paar trotz eines THEORETISCH tagelangen Rückstandes via einer abtrünnigen Abkürzung mit einem gemeinsamen Überschreiten unserer persönlichen  (Frankenweg-)Ziellinie bei Harburg überraschen.

Häufig gab es flüchtige Begegnungen in der wohl menschlichen Tradition der Pilgeralmose. Meist wurden durch unser Aufsehen angeregt häusliche Vorräte zu Fuß, Fahrrad oder Auto herbei oder gar hinterher geschleppt. Spontane Geldgaben lehnte ich, das Wohlwollen anerkennend, mit großer Strenge ab. War es der momentane Unnutz unfähig unsere Münder und Gemüter zu erfreuen? Oder ein möglicherweise geschichtlich in mir verankertes buddhistisches Prinzip der Bettelmöncherei? Die Tiefe meines Motivs blieb auch mir selbst verborgen.

Überanstrengende Situationen wurden von außerordentlichen Zuwendungen aufgefangen. Etwa fielen wir völlig erschöpft in die quasi ausgestreckten Arme einer gezielt zu unserer Rettung ausgesandten Tochter, deren Familie uns zur einstweiligen körperlichen und geistigen Regenerierung bei Speise und Gespräch heim in den Garten holte. Direkt vorangegangen war eine bedauernde Sichtung unserer sich dahin schleppenden Körper und Gemüter bei der Heimkehr von einer fröhlichen Familienausfahrt.

Immer öfter erstaunten mich ganz offensichtlich minutiös abgestimmte Zusammentreffen mit dem scheinbar einzigen Zweck, uns auf spontanen Abwegen zu einer vorbestimmten Unterkunft zu führen. Gerade recht, kurz vor der erforderlichen Wegablenkung, kam uns ein Bauer mit Traktor in die Quere und nötigte mich, da widerwillig, uns telefonisch zum 80-zigsten des Seniors beim auserwählten Gasthof anzukündigen. Warmherzig wurden wir dort wie Ehrengäste zur Geburtstagsfeier empfangen und tags darauf erst mit einer Empfehlung fürs nächste Quartier auf den Weg geschickt. Synchron zu unserem Auftritt in einer Seitenstraße einer größeren Ortschaft versammelten sich spontan drei Individuen, teils mit Hundeleckerli und Apfel ausgerüstet, die nach kurzer Diskussion einstimmig unsere nächste Unterkunft abseitig unserer vorgeschrieben Route festlegten. Ein intensiver Blick auf meine Karte überzeugte mich tatsächlich, eine Abkürzung via dem urig-freundlichen Gollerbauern zu gehen.

Unausweichlich war die meist von dritter Partei nachgeholfene öffentliche Bekanntmachung unseres unzeitgemäßen Trios durch Lokal- und Fachpresse. Interviewt wurde entweder mit

Voranmeldung im Hausbesuch oder spontan vor der Pressestelle mitten auf dem Berchinger Marktplatz bei Roibuschtee und süßen Stückchen. Als überraschendes Resultat wurde ich auch bezugsfrei, ohne meine tierischen Gefährten, im *Tagblatteinzugsgebiet* erkannt. Zur *Marsch(gepäck)erleichterung* schickte ich das abgewanderte Kartenmaterial voraus in die Heimat und mein Postamtsbesuch im Alleingang wurde mit „Sind Sie die Frau mit dem Pony? Ich hab Sie gleich erkannt" bemerkt.

Schöne Überraschungen - gedanklicher oder gegenständlicher Art - verstreuten sich romantisch bis humorvoll, manchmal auch nur nützlich über unseren Weg. Unser einstrophiges Frankenweglied kam bruchstückhaft aus einem Popsong meiner Jugend zu uns und ich trällerte durchgehend zur Erheiterung, bei Bedarf auch zur Ermutigung den Refrain („Frankie" von Sister Sledge, höre hier http://www.youtube.com/watch?v=1Tl-c_puzbM). Neben einer umfangreichen Gastfreundschaft regulierte ein als Hufschmied und Hundetrainerin optimal kombiniertes Pärchen unsere derzeitigen Handicaps, die zugespitzten Ponyhufe mit einer Raspel und den Hundecodex in mündlicher und schriftlicher Form. Gelegentlich wurden wir zu privaten oder öffentlichen, spontanen oder lang geplanten, kleinen oder großen Festen geladen. Bei einer privaten Führung durch des Künstlers Werkstatt fand auch ich Gefallen an seinem Lieblingswerk, einer in und mit einem geheimnisvollen Lächeln gemeißelten Buddhaskulptur. Mit einem lang - wegen Verschmähung - verschleppten Packtaschenfundus gelang es mir sogar, mich selbst zu überraschen. Ein achtlos gekaufter schokoladenartiger Riegel mit unklar definierter Füllung enthüllte

sich bei der verzweifelten Beruhigung eines überwältigenden Hungergefühls als köstlichster Schoko-Marzipantraum.

Der eingetroffene Herbst versprühte am hellen Tag laubbunt seine Reize, mit seinem Abendrot tauchte er uns in eine frei-friedliche Stimmung und sein sternklarer Nachthimmel ließ uns nicht nur Sternschnuppen und Flugzeuge gleich Walfischen im Meer beobachten, sondern auch die Weite des Universums kosten. Unsere Umgebung reagierte auf den Rückzug der Sonne meist kühl und teils stürmisch, was vornehmlich meine dünne Haut empfindlich berührte. Während meine beiden Kollegen von ihren angewachsenen Fellanzügen warmgehalten wurden, war mein mitgeschleppter Kleidervorrat ausgereizt. Und als das Maß meiner emotionalen und gesundheitlichen Kälteunverträglichkeit erreicht war, wurde mir rein zufällig eine herrenlose Fleeceweste zugesteckt. In kalten Nächten verheizte mein Körper die über tags gesammelte Sonnenenergie. Bei mangelnder Ausbeute jedoch musste meine Körperkerntemperatur den Schlafsack über den eingehauchten Atem aufwärmen.

Für meine verzweifelt und unablässig mit dem rasant endenden Lebensverlauf des Liebsten hadernde Seele wurde entlang der Strecke spiritueller Beistand bedarfsgerecht stationiert. So manches am Wegesrand aufgeschnappte Gespräch stieß mit einer zügigen Wendung ins Metaphysische wechselseitig neue Gedanken an. Und aus heiterem Himmel wurde mir ein Stück Fiktion real vor die begriffsstutzigen Füße geworfen: Engelthal, der schicksalhafte Ort einer ewigen Liebe in einer letztens von mir verschlungenen Lektüre. Erst die mehrfache Erwähnung eines vor der Reformation existenten Klosters durch den gastgebenden

Engelthaler rief mir die Jahrhunderte überdauernde innige Verbindung einer Nonne und eines flüchtigen Söldners ins Gedächtnis. In „Gargoyle" ließ Andrew Davidson die zwei Liebenden im 14. Jahrhundert eben im deutschen Engelthal und im 21. Jahrhundert in den USA aufeinandertreffen. Und hier schien mir nun sein phantastisches Spiel mit Reinkarnation und unsterblicher Liebe wie ein tröstender Gruß meines Liebsten aus dem Jenseits.

Endlich hatte ich unser *Rudelleben* geregelt. Was für ein Kampf um die Ranghoheit mit diesen Sturköpfen, über Monate! Ich musste zugeben, für die geregelte Ordnung der *Rudelverhältnisse* war das ein oder andere Zugeständnis nötig. ICH zumindest hatte mein Bestes gegeben! Und endlich hatte ich freie Zeit, mich auch um all die anderen Angelegenheiten zu kümmern, auch mal ganz gewissenlos um mein ganz persönliches Vergnügen. Drei Leidenschaften machten mich zum Privathund: Badewasser, Höhlen und fliehendes Viehzeugs. Am Liebsten hatte ich Wasser kühl, klar und frisch. Und am Wichtigsten war, dass es genug Platz für ein Vollbauchbad gab, ganz egal ob im Stehen oder

liegen. Ganz praktisch stieg ich in jeden See, Bach und Brunnen. Der schlürfende Riesenschädel meines Ponys allerdings machte mein Brunnenbad oft zur Mutprobe. Keine Pfütze war mir zu klein oder zu schlammig, in jede streckte ich meine Zunge und meinen Bauch. Ganz besonders interessierten mich Höhlen, ganz egal ob groß oder klein. Am liebsten aber lief ich gerade noch ungestreift durch enge Röhrentunnel. Höhlen rochen so anders, viel intensiver! Höhlen waren so angenehm kühl und feucht! Aber am schnellsten schlug mein Herz für flinke Beine, ganze egal ob lang oder kurz, ob vier oder zwei. Ich jagte nur auf Sicht. Im Wald stand ich deshalb nach einem nur kurzen Sprint immer atemlos und ganz alleine da. Ich jagte nur aus Vergnügen, ganz ohne Mordlust. Besonders gern rührte ich ganze Hühnerrudel auf, indem ich gemütlich hinter dem einen Huhn oder anderem Hahn her rannte. Leider nur störte das schrille Anti-Jagdgekreische der *Rudeltyrannin* meine sämtlichen Jagdvergnügen.

Meine wichtigste Aufgabe war mein Rudel zu beschützen. Auf Wanderschaft ohne eigenes Revier war das eine sehr gefährliche und aufwendige Sache. Dazu musste ich unbedingt die Umgebung genauestens in der Nase behalten und für den unbedingt richtigen Geruchsabdruck meines Rudels sorgen. Nur meine Duftmarke mit der wehrhaftesten und dominantesten Aura im Rudel durfte in den Fremdrevieren schnüffelbar sein. Schwierig, weil auch meine beiden *Rudelanhängsel* notgedrungen und fleißig die ganze Gegend markierten. Einen Durchschnittshaufen ließ ich ganz lässig mit einem Bissen durch mein Maul verschwinden. Die Riesendinger aber, die mein Pony - der Dauervielfraß - alle naselang raus drückte, konnte ich mit bestem Willen nicht vernichten. Ich musste mich mit einem symbolischen Happen

auf unsere *Rudelgeschlossenheit* begnügen. Da half nur noch meine Chemiekeule! Großzügig bepieselte ich alle festen und flüssigen Ponyhinterlassenschaften, bei den unentfernbaren flüssigen menschlichen Mengen reichten ein paar Spritzer. Nur einmal, hundemüde, wollte auch ich unsichtbar sein, um mir das sichere Nerventheater mit dem Hofhund zu ersparen. Nur einmal in meinem ganzen Hundeleben legte ich mir einen Tarnmantel aus Kuhgülle an. Damit

verwirrte ich nicht nur den Hofhund, ich wurde sogar von meinem eigenen Rudel nicht mehr erkannt und in die hinterste Stallecke vertrieben. Mein Tarnmantel hielt lange, SEHR LANGE! Genauso lange weigerte sich mein Rudel, mit mir weiterzuziehen.

Jeder, der mich kannte, sollte wohl nicht nur über meine Vorlieben, sondern auch ganz genau über meine Unlieben Bescheid wissen. Und in der Zwischenzeit sollte meinen *Rudelmitgliedern* wohl bekannt sein, was mir als ruhiger, friedliebender, zurückhaltender und ordentlicher Hund zuwider war. SOLLTE! Nur weil ich tagsüber ganz entspannt unter freiem Himmel döste, gab es des Öfteren absolut überflüssige Diskussionen über die Beschaffenheit des Nachtschlafplatzes. NACHTS KANN NUR IN EINER HÖHLE MIT MAXIMAL EINEM OFFENEN AUSGANG GESCHLAFEN WERDEN!!! Denn nur dort war ein Rudel vor den vielen fürchterlichen Biestern sicher, die vor allem NACHTS herumschlichen. Denn nur deshalb hatten wir ständig unsere provisorische NOTHÖHLE dabei!!! Es kann kein zu warm, zu stinkend, zu sternklar, zu was-weiß-ich für einen halbherzigen oder schon gar nicht für überhaupt keinen Höhlenersatz geben. Nur einmal griff ich zu extremen Maßnahmen und wendete mich gnadenlos von meinem Rudel ab! Wegen unbelehrbarer Sturheit - ich sollte die Nacht unter einem Anhänger schlafen - ließ ich mein Rudel ohne Schutz in der offenen Wildnis zurück und schlief total unsinnig an einen Pfeiler angebunden allein im sicheren Pferdestall. Nur einer nahm fast nie an unserem *Rudelschlafritual* teil! Denn der kugelrunde Peng passte selten in unsere Höhlen! Das war nicht weiter schlimm, weil es sogar nachts nur am Fressen war. Und ganz ehrlich, ich fand das *Rudelschlafen* ohne den tückischen Kugelbauch viel gemütlicher!

Jeder *ausserrudelsche* Kontakt war purer Stress für mich: Je mehr, je dichter und je unkontrollierbarer alle um mich drängten, desto hundsmiserabler wurde mir. Nein, ich war kein Feigling, ich mochte Fremde einfach nicht! Und ja, ich wollte Abenteuer, aber bitte mit einer sicheren und vertrauten Höhle am Abend Zutritt NUR für *Rudelmitglieder!* Alles musste meine Ordnung haben! Unkontrollierbare Unordnung machte mich einfach nervös! Ganz ehrlich bewunderte ich insgeheim unser Pony für seine offene Gelassenheit. Ganz anders als wir Nervösen konnte DEN PENG fast nichts aus der Fassung bringen. Von all diesen Fremdkontakten waren Hunde und Menschen die Anstrengendsten und leider auch die Häufigsten. Unter den Hunden wurde ich meist mehr als weniger aggressiv geduldet. Und ein flüchtiger Menschenblick, ganz egal wie gut gemeint, war mir schon zu aufdringlich. Wurden die Blicke intensiver und auffordernd, verwarnte ich schon mal mit einem ganz klaren Knurren. Schon allein um näheren Kontakt zu vermeiden hielt ich mich bei Provokationen - egal welcher Art, egal von wem - sehr zurück. Einmal aber hatte ich keinen Ausweg. Völlig entnervt und müde, seit Ewigkeiten mitten in einer unruhigen, durcheinander schwatzende Menschenmenge festgesetzt, sprang ich meinem Provokateur an die Gurgel. Der Mensch hatte mich doch trotz häufiger Verwarnungen durch mein redseliges *Rudelmitglied* immer wieder angestarrt und sogar angesprochen. Obwohl meine Zähne selbstverständlich seinen Hals NICHT berührten, endete mein Angriff erfolgreich mit einem schon lange überfälligen Rückzug in unsere Höhle. Selbstverständlich war eine

Entschuldigung fällig! Und tatsächlich entschuldigte sich die Schwatzhafte reumütig bei mir.

Wie immer stieg die Anspannung, als die Hofhunde uns entdeckt hatten und lautstark auf uns zu rasten. Und wie immer verunsicherte unsere *Rudelzicke* mit ihrem *Gefuchtel* und Gekreische das eigene Rudel, aber immerhin auch die Angreifer. Mit dem zweiten Blick war schnell klar, dass die beiden ganz harmlos waren, eine alternde Prinzessin mit kläffendem Zwerg. Und da hatte ich noch so ein Gespür: SIE WAR ANDERS ALS ALLE ANDEREN! Beim rituellen Beschnuppern hatte ich ein Gefühl von tiefer Freundschaft, von Zur-Gleichen-Sippe-Gehören! Der andere war zum Glück kein Mitglied ihres Rudels und schlich sich recht schnell davon. Die Hündin nahm uns mit Sonderstellung in ihr Rudel auf und teilte großzügig alles mit uns! FRIEDLICHES RUDELFRESSEN, FRIEDLICHES RUDEL-LIEGEN, EINFACH FRIEDLICHES HUNDSEIN UNTER FREUNDEN!!! Wir hätten viel zu erzählen gehabt, aber lieber schwiegen wir gemeinsam im Einklang. Viel zu schnell war alles vorbei! Nur nach einer Nacht in einer RICHTIGEN Höhle und der üblichen Trödelei am Morgen waren wir wieder unterwegs.

Es war heiß! Mir war heiß! Mit war richtig heiß! Mir war viel zu heiß! *Unaushaltbar* heiß! Unannehmbar heiß! Und keine Abkühlung! Nirgendwo! Kein Brunnen, kein Bächlein, keine Pfütze! Nichts wo ich meinen Bauch hätte rein strecken können! Nicht mal eine Pfote! Nicht mal meine Zunge! ÜBERHAUPT GAR NICHTS! Mein Hirn kochte, mein Schädel brummte! Mir war hundeelend! Eigentlich war ich schon seit Ewigkeiten am Tot-Umkippen, ich hielt mich aber irgendwie auf meinen vier Pfoten. Und ich hatte keine Ahnung wie lange noch! Obwohl wir schon Ewigkeiten durch die Hitze streiften, hatte unsere *Rudelbestimmerin* scheinbar immer noch keinen geeigneten Platz für unsere Höhle gefunden. Und UNFASSBAR, da stand unsere *Rudelführung* jetzt auch noch ziemlich ratlos mit uns IN DER HITZE mitten im Wald! Abwechselnd schimpfte sie wütend oder starrte stumpf vor sich hin. Und irgendwann scheuchte sie uns HEKTISCH wieder auf. Eigentlich war ich nur noch ein übler Kopfschmerz und mein Körper lief quasi ohne mich, bis irgendwann ENDLICH unsere Höhle stand. Ich kroch schnurstracks hinein, fiel so-gut-wie-tot um und war für nichts und niemanden mehr zu sprechen. Irgendwann, an einem anderen Tag kam ein bisschen Leben in mich zurück. Gerade genug, um mich für ein paar Schlucke Wasser vor die Höhle zu schleppen. Hunger hatte ich auch irgendwie, aber das trockene Zeugs konnte ich auf keinen Fall runterwürgen! Da musste wohl ETWAS gezaubert werden, damit ich wieder auf die Pfoten kam! Und es wurde gezaubert! Unsere *Rudelversorgerin* gab mir irgendwann tatsächlich ein Stück Fleisch, zwar nicht roh, aber lecker! Ich beschloss von nun an NUR noch ECHTES Fleisch zu fressen, dass ich hie und da vor die Nase gehalten bekam.

Nur EIN TAG Pause und schon scheuchte uns die *Rudelführung* wieder auf und es war immer noch HEISS, VIEL ZU HEISS! Mir war NATÜRLICH gleich wieder HUNDEELEND! War wieder SO-GUT-WIE-TOT! Wieder nur EIN TAG Erholung! Wieder VIEL ZU HEISS! Wieder HUNDEELEND! Diesmal FAST-GANZ-TOT mit brutalem *SCHÜTTENIESEN*! GANZ BRUTALEM *SCHÜTTTEL-NIESEN*! Irgendwie und irgendwann lag ich röchelnd, aber erleichtert in einem ORDENTLICHEN Höhlensystem. Um mich herum wurde verbissen schlecht über mein brutales *Schüttelniesen* gerätselt und immer wieder bekam ich süße Kügelchen ins Maul geschoben. Hoffnungslos röchelte ich weiter vor mich hin: HILFE, ich brauchte dringend HILFE!!! Irgendwie und irgendwann führte mich die *Rudelbestimmerin* durch das verzweigte Höhlensystem in eine verlassene Schlafhöhle. Aber von wegen süße Träume, ich röchelte mich mit verstopfter Nase angestrengt durch die Nacht. Irgendwie wurde ich in ein Auto verfrachtet und irgendwann beim Aussteigen hatte ich den Tierarzt gleich in meiner maroden Nase. Das ERSTE

MAL in meinem Hundeleben zerrte ich geradewegs in die übel stinkende Tierarzthöhle und wartete langgestreckt, bis ich dran war. Irgendwann wedelte mein Schwanz fast, als mich die EXPERTIN genauer ins Auge fasste. Irgendwie bekam ich irgendwas gespritzt und BESONDERS WICHTIG ich sollte GANZ OFFIZIELL viele tausend Ewigkeiten in einer kühlen Höhle *rudelliegen*!!! Irgendwann *rudellag* ich dann tausend Ewigkeiten und völlig unbesorgt in der kühlen Schlafhöhle und bequemte mich tagelang nur für Leckereien und unvermeidliche Geschäfte auf die Pfoten.

Eigentlich wurde ich schon als vielseitiger Probekoster geboren, doch irgendwie wurde mir mein Hundeleben lang immer der gleiche grausige Trockenfraß vor die Nase gestellt.  Immer wenn meine gerümpfte Nase und mein vielsagender Blick nach irgendetwas anderem verlangten, bekam ich immer das Gleiche zu hören: „Du kannst doch nichts anderes fressen; Du bist doch viel zu empfindlich!" Dabei machte mich doch DER SCHÄDLICHE DÖRRFRASS systematisch kaputt!!! Als Wanderhund nutzte ich nun leidenschaftlich jede Gelegenheit, alles Mögliche durchzuschmecken. Wirklich ALLES!!! Ganz egal ob Mango, Kirschen, Pflaumen, Karotten, Kräuter, Gräser, Kartoffel mit vor allem der Butter, Nudeln, Dosenfleisch, Braten, Würste, Pansen, rohes Fleisch, Knochen und, und, und ... UND was an mir empfindlich war, das war mein GAUMEN gegen LANGEWEILE! Das eingetrocknete Zeugs fraß ich nur als Notration, wenn unsere *Rudelversorgerin* eine gelegentliche Zauberpanne hatte.

Im Status **Komplett-Einig-Barrierefrei** war ich mittlerweile so richtig zufrieden. Dem beständigen Wandergeist war es endlich gelungen - zumindest im Regelfall - die hysterischen Seelchen etwas zu beruhigen. Den wechselnden Duft von süßem Gras, warmer Erde und würzigem Wald genoss ich in tiefen Zügen am liebsten mit einem Büschel Grün zwischen meinen Zähnen. Gern und ausgiebig schubberte ich vorzüglich mein Hinterteil an berufenen Kratzbäumen. Und

dank meiner ausgefeilten Fress-Wandertechnik konnte ich mich bei unseren angesagten Vesperpausen ganz selbstbewusst für ein entspanntes Nickerchen ablegen. Die meisten Nächte ohne Wächter auf mich allein gestellt, nutzte ich tags die Päuschen für einige behütete Tiefschlafphasen. Und jeden Morgen, sobald mein Packen bereit zum Beladen vor mir lag, war die präzise Zeit für meinen ersten und wichtigsten Tagestiefschlaf.

Das Abenteuer im Blut behandelte ich neugierig jede aktuelle Lebenslage mit absoluter Gelassenheit. Erstens vertraute ich meiner Strickführerin mit einem blinden Auge; zweitens war ich klar und clever genug mit meinem anderen sehenden Auge Situationen realistisch abzuschätzen; und drittens war ich seit je her ein Teufelskerl. Mein Wandern war bunt: Ich schritt, rannte, kletterte, rutschte, schlitterte, sprang, stolperte, humpelte, stakste, trödelte und manchmal blieb ich streikend stehen oder warf mich sogar dramatisch auf den Boden. Baumstämme quer über dem Weg, rutschige Steilhänge, Brücken über donnernde Autobahnen oder reißende Flüsse, Treppen hoch oder runter, Wanderungen auf schmalem Grat, motorisierte Maschinen - egal wie groß, wie laut, wie schnell oder wie viel -, Kinder auf der Rutsche oder mit Kernseife und Wasser bewaffnet, unter den Bauch verrutschte voll bepackte Sättel, nichts von all dem berührte auch nur leicht meinen Blutdruck oder Puls. Allerdings brachte so manche Leckerei meine Vorderbeine zum aufgeregten Zittern. Meine Favoritenliste war beachtlich; trockenes Brot, auf jeden Fall Bananenschalen mit oder ohne Banane, inzwischen auch Salzlecksteine und ja, der offiziell ABSOLUT VERBOTENE Hafer, waren ganz sicher in den Top-Ten.

Und doch gab es tatsächlich bestimmte Zustände, die meinen Blutdruck in die Höhe trieben, aber meine Stimmung in ein dunkles stinkendes Loch. DAS WAREN ZUSTÄNDE VON BÖSARTIGEN KÖRPERSCHMERZEN. Hier nur zur Klarstellung: Mein Schmerzempfinden war kein bisschen zimperlich. Es gab eigentlich nur zwei übelste Schmerztäter: Steine wider meine Hufe und der Sattel wider meinen Rücken. Pauschal verlangsamte ich bei wesentlichen Schmerzen zuerst einmal mein Schritttempo, wenn nötig bis zum völligen Stillstehen. Leider erreichte ich im ignoranten Dickicht meiner Strickführerin kein Verstehen, sondern das wütende Gegenteil: Ich wurde beschimpft, angeschrien, angeschwiegen, angestarrt, angetrieben, bedroht, gezogen, geschoben; Sie hüpfte, kniete, zog sich an den Haaren, biss sich auf die Lippe, fauchte, knurrte, schrie oder schwieg. In größter Verzweiflung, wenn ich dann doch einmal das Jenseits meiner Schmerzgrenze erreicht hatte, konnte ich nur mit sehr drastischen Aktionen wie Auf-den-Boden-werfen oder Ganzkörperzittern etwas Mitgefühl abbekommen. DAS WAREN SCHWERE MOMENTE, IN DENEN ICH MICH AUSGELIEFERT, UNVERSTANDEN, JA SOGAR VERZWEIFELT FÜHLTE! Die steinigen Schmerzstifter verzogen sich nach kurzer Weile ganz von selbst, doch der übelste Peiniger war leider fest auf meinen Rücken geschnallt. Gut in Form war er wie eine zweite Haut. Wenn er aber Falten warf, quälten mich seine Ecken und Kanten solange bis mir gelang die allgemeine Aufmerksamkeit und auch Aktion darauf zu lenken. Mir zu Leid war dies meist ein sehr langer Prozess. Weit weniger dramatisch bekam ich gegen die lästigen Ohrenmücken pragmatisch schnell die Narrenkappe vom Hofe Arthurs über die Ohren gezogen.

Im Allgemeinen lief ich recht sorglos durch den Tag. Nur der alltäglich letzte Gang zur Quartiersuche bedrückte mich. Ein Blick und ich wusste, ob wir willkommen oder lästig waren. Jede Musterung ertrug ich bang und angespannt, denn für die Art meiner Unterkunft war auch der gute Wille entscheidend. Am liebsten war ich auf einer satten Weide, am besten mit Kratzbaum und dem viel zu kleinen Herdenunterstand. Und nur fürs Protokoll: Nie und nimmer konnte ich akzeptieren, dass ICH keinen Platz im Herdenunterstand hatte!!! Idealerweise graste ich in nachbarlicher Gesellschaft von anderen Vierbeinern, natürlich auf meiner eigenen Seite des Zaunes. Nur auf Stippvisite war mir das Herdengerangel einfach zu anstrengend! Bei sehr stürmischen Bedingungen konnte ich mich auch mal über einen trockenen Stall und dürres Gras freuen. Meist wurde ich hinter einen schon vorhandenen Zaun oder in einen Stall gesteckt und bei viel gutem Willen wurde quasi aus dem Nichts etwas Passendes erschaffen. Manchmal erwarteten mich Kostbarkeiten wie ein Mineralleckstein, ein satter Apfeltraum unterm lauen Nachthimmel, eine Koppeleinweihung. Manchmal aber war es dürftig und schmuddelig. Die mir zugewiesenen Gesellschaften waren mehr oder weniger verschiedenartig: Hühner, Katzen, Schafe, Ziegen, Kühe, Esel und natürlich auch meinesgleichen in allen Größen und Dialekten. Einen sehr nachdenklichen Eindruck hinterließen die Gespräche mit diversen Damen während meiner Nacht in einer streng reglementierten Milchkuhanstalt. Unglaubliche Geschichten aus dem Leben hörte ich ausführlichst von einem waghalsigen Ritterpferd. Doch überall war ich der Abenteurer.

Kapitel 7: Das große Hadern mit dem Ende

Der Schwäbische-Alb-Nordrandweg (HW1): von Harburg bis Reichenbach

Verlauf der Route in Baden-Württemberg
auf dem Schwäbische-Alb-Nordrandweg (HW1) mit diversen
Abkürzungen und lokalen Wanderwegen
von Ronheim nach Ursental

mit Wanderkarten:
Schwäbische-Alb-Nordrandweg (HW1)
Freizeitkarte Freudenstadt Kniebis Oberer Neckar (F504)

Datum	Ziel	km	Fernwanderweg
14.09.2009	Mönchsdeggingen	11	HW1
15.09.2009	Schweindorf	19	HW1
16.09.2009	Hülen	22	HW1
17.09.2009	Glashütte	12	HW1
18.09.2009	Lauterburg	16	HW1
19.09.2009	Lützelalb	13	HW1
20.09.2009	Gingen	15	HW1
21.09.2009	Reichenbach	14	HW1
22.09.2009	Pause	0	HW1
23.09.2009	Pause	0	HW1
24.09.2009	mit dem Hänger nach Bettenhausen	101	Verkehrsstraße
	zu Fuß nach Leinstetten	2	lokaler Wanderweg
25.09.2009	Ursental	7	lokaler Wanderweg

$\sum$ 12 Tage $\sum$ 232

Dichter Nebel kündigte nun allmorgendlich den Beginn der kalten Zeit an und ermahnte mich dringlich zu einem Abschließen des zeitlosen Wandelns. Dieser graue Schleier verschluckte die Wanderzeichen und ließ mich blind umherirren. Selbst bei klarer Sicht versagte nun auch die Zuverlässigkeit des Wandermaterials. Gut versteckte Zeichen und imaginäre Wegeinzeichnungen auf den Karten durchkreuzten mir die anscheinend ganz einfache Führung. Immer wieder war ich allein der Hilfestellung ZUFÄLLIGER Lotsen ausgeliefert, die immer wieder meinen aktuellen Standpunkt mit der Kartenrealität in Einklang brachten. Warnungen vor versteckten Gefahren verunsicherten mich zwar, aber erst ihre nachdrückliche Anweisung räumte gehorsam Platz für Angst in mir frei und führte uns umständlich auf Umwege. In Auswegslosigkeiten allerdings hoffte ich die ein oder andere Gefahr - Wildschweinhorde oder  mordwütiger Jäger - durch meinen lauten Gesang zu vertreiben.

Mein Innerstes wurde als dieses undurchsichtige Chaos wie ein holografischer Film projiziert. Zwar war der Auslöser für dieses

Wanderunternehmen der profane Ponytransport von Nord nach Süd, doch schürfte ich im Stillen weit tiefere Hoffnungen. Dem Lebensplan beraubt war ich auf der Suche nach Klärung der Vergangenheit und der Zukunft. Doch ich konnte nichts, was meinen ganz präzisen Vorstellungen entsprach, in meiner erwanderten Realität entdecken. Keine Versöhnung meiner Seele mit dem brutal willkürlichen Schicksalsschlag. Kein abgeschotteter Ort für ein meditatives Warten auf mein erlösendes Ende. Ganz überraschend fand ich Geborgenheit im viel geübten Müßiggang nur mit dem bloßen Überleben betraut. Demnach steigerte nun die drohende Wanderziellinie stetig meinen panischen Unmut. In mir war KEIN MUT um diese unverbindliche Freiheit aufzugeben, KEIN MUT um mich mit diesem vertragsbrüchigen Leben in gesellschaftliche Normen zu zwängen, KEIN MUT um einen neuen Lebensweg zu planen. Der Gedanke aus diesem Abenteuer mit leeren Händen heraus zu treten ließ mich enttäuscht verzweifeln. Blindwütig stapfte ich mehr auf Abwegen als nach Vorschrift in Richtung Heimat - darunter auch ein halbherziger Besetzungsversuch eines protzprunkigen Katholikenklosters.

Unfähig, auch nur die Hand vor Augen zu sehen brauchte ich eine etwas grobsinnigere Hilfestellung, um aus diesem emotionalen Smog herauszufinden. Mit dem ersten Versuch - „DU HAST MIT DEM WANDERN ERREICHT, WAS DU WOLLTEST. AUCH WENN DU ES JETZT NOCH NICHT WEISST." - verfehlte ein beiläufiger HW1-Wanderer durch meine festen Ansichten bis zu mir vorzudringen. Demnach wurde der zweite Versuch aufwendig in einem weiten

Spektrum angelegt. Geradewegs nach unserem Auftauchen aus dem wilden Wald nahmen wir die ausgelegte Fährte - eine Handvoll Pferde und zwei Dutzend riesige Minischweine - unmerklich auf. Zuerst waren die irdischen Bedürfnisse im Fokus (Quartierbezug, Nahrungsaufnahme, Körperreinigung, Vertrauenschaffen, Erholungsphase). Gründlich vorbereitet folgte eindringlich das spirituelle Gespräch. Trotzig forderte und erhielt ich ausführliche Erklärungen der Inhalte meiner Wanderlehre. Ein im Glas steckender *Federzeig* von oben - eine sich aufs Stichwort wie von Geisterhand bewegte Vogelfeder - bekräftigte die Essenz des Trainings: die Anwendung des Gelernten im Alltag.

Auf ungewisse Zukunft vertröstet, fand ich mich weiterhin widerwillig mit dem unvermeidlichen Wanderende ab. Wie zur Beschwichtigung wurden wir von idealistischen Wandererlebnissen regelrecht überhäuft: *lagergefeuerte* Folienkartoffeln, *hochebene* Seen, wildgemachte

Waldpfade ... Selbst der Weg ins Himmelreich wurde uns gewiesen. Und dann, an einem herrlich repräsentativen Tag, verlief ich mich zusammen mit einer über uns *reportierenden* Pferdepressevertreterin in eine wanderwegtechnische Sackgasse. Eine Sackgasse, die mir ausdrücklich den augenblicklichen Wanderabschluss vermittelte. Die Abwicklung der letzten Kilometer war ein formaler Selbstläufer: die ausklingende Wartezeit bis zum Transport kurz vor die heimatlichen Tore, die letzte Nacht in freiem Geiste und schmutzigen Kleidern und der letztlich freudige Zieleinlauf mit großem Empfang.

Der Nebel - mein neuer Freund - erschien seit einiger Zeit aus dem Nichts und legte sich jeden Morgen ganz früh, ganz dicht übers Land. Mit dem grauweißen Schleier vor Augen war wohl für unsere Führung kein Durchkommen. So konnte ich unter seiner Schutzherrschaft ganz unbehelligt mein
Morgenschläfchen ausdehnen und gemütlich mein zweites Frühstück zupfen, bis die Sonne ihn irgendwann davon jagte. Eigentlich lief alles einschließlich ich selbst angenehm mühelos. Keine schweißtreibenden Anstrengungen oder Schwierigkeiten unterwegs! Nichts drückte mich von oben oder unten, von vorne oder hinten, von innen oder außen! Und ALLTÄGLICH wartete eine satte Weide! EIGENTLICH! Doch seit kurzem hatte unser Menschlein zu seiner tiefen Grundtraurigkeit

eine allgemeine *Wuttrotzigkeit* entwickelt. Dieser Rückschritt OHNE GRUND verwunderte und beunruhigte mich doch ein kleines ETWAS. Wohin würde uns dieser Weg wohl führen? Mit dem restlichen ETWAS ließ ich mich wie gewohnt nicht mal von einer mitreisenden Hirschlaus aus der Ruhe bringen.

Und ganz plötzlich war alles vorbei! Wir waren am Ziel angekommen und ich wurde zu einem wunderlichen Alten in eine Box gesteckt. Und ganz plötzlich stach mir es mir ganz tief ins Herz, die Sehnsucht nach meiner Herde.

Mit dem nebeligen Nass wurde inzwischen JEDEN Morgen OHNE ENDE getrödelt. Fast schon ein Wunder, dass wir überhaupt noch vom Fleck kamen! Vor lauter Ärgern verlor ich da schon mal meine Kontrolle und stolperte dann schon mal kopfüber in einen *Stromschockerdraht*. Autsch, ah meine Schulter! Ah, bestimmt war da was kaputt, total kaputt! Und ganz sicher half das hysterische Gemecker der *Rudelbesserwisserin* NICHT! Na, ein paarmal gekonnt gehumpelt und alles war wieder eingerenkt, auch die *Rudelbelehrerin*.

Ohne Ende streiften wir nun schon ewig kreuz und quer durch fremde Reviere. Keine Ahnung, wohin die *Rudelführerin* überhaupt wollte!? Und überhaupt, wie lange noch?Und auf einmal hatte ich so bekannte Düfte in der Nase. Ich war mir nicht sicher, aber irgendwie hatte ich mich vor sehr vielen tausend Ewigkeiten schon öfters durch dieses Revier geschnüffelt. Und diesen Weg kannte ich doch!? Da vorne um die Ecke, da war doch dieser Pferdestall!?  Vor vielen tausend Ewigkeiten war ich da immer wieder mal mit meinem alten Rudel! Jetzt! Jetzt konnte ich die Pferde sehen! Jetzt konnte ich WIRKLICH den Stall sehen! Jetzt war ich mir ganz sicher! Es musste dieser Stall sein! Und ja! Ich konnte Menschen sehen! Ganz viele Menschen! Wieso machte die *Rudelbestimmerin* mich ausgerechnet jetzt an die Leine? Und warum ging das nicht schneller? Warum wurde hier immer GETRÖDELT!!!  Und jetzt! Jetzt kam uns ein großer Mann entgegen! Nein oder? Oder doch! Er war's! Mein alter *Oberrudler*! Loslassen! Endlich loslassen! Ja!!! Alle waren da! Das ganze Rudel!!!! Was für eine Freude! ENDLICH WIEDER ZU HAUSE!

Kapitel 8: Nachbesprechung

Szene:

Eine grüne Wiese mit einem reifen Apfelbaum in der Mitte. Interviewer und Pia sitzen in lockerer Haltung im Schatten des Baumes auf dem Boden. Pengpeng grast mit gespitzten Ohren in der Nähe. Prinz wechselt seine Positionen: Er liegt mal bei den beiden Menschen oder hütet Pengpeng.

Dialog:

Interviewer:
Wer von Ihnen Dreien kam überhaupt auf die Idee, quasi auf Schusters Rappen halb Deutschland zu durchqueren?

Pengpeng:
Ich war wohl alt genug um, an ein kleines Mädchen verschenkt zu werden und musste zu ihr in den Schwarzwald gebracht werden. Als Pia mir meinen bevorstehenden Transport im Pferdehänger erklärte, kamen mir sofort unschöne Erinnerungen an meine Überfahrt aus England in den Kopf. Natürlich stellte ich jetzt einige Bedingungen.

Pia:
Als ich merkte, wie widerwillig mein Pony dem Transport im Hänger entgegen blickte, beschloss ich ganz spontan, die Strecke einfach zu Fuß zurückzulegen.

Interviewer:
Wie viele Kilometer sind Sie eigentlich insgesamt marschiert?

Pia:
Genau kann ich das nicht sagen. Ich habe die Strecke auf der Karte ausgemessen und habe dabei die Höhenmeter nicht berücksichtigt. Laut meiner Messung haben wir fast 1200 km hinter uns gelassen.

Tatsächlich muss es doch einiges mehr gewesen sein, da wir doch viel bergauf und -ab marschiert sind. Allerdings haben wir uns auch dreimal fahren lassen insgesamt 150 km weit.

Pengpeng:
Ich kann mich noch gut an so manche Bergschinderei steil hoch erinnern und so manches abenteuerliche Steilabhangschlittern.

Prinz:
Keine Ahnung, wovon ihr da redet?

Interviewer:
Und wie viele Monate waren Sie unterwegs?

Prinz:
Nicht Monate, wir haben viele Ewigkeiten gebraucht!

Pia:
Also unsere Wanderung hat genau 115 Tage gedauert und davon waren 36 Tage wanderfrei.

Interviewer:
Wenn ich das mal so grob überschlage, dann hatten Sie an ihren Wandertagen eine durchschnittliche Tagesstrecke von nicht mal 13 km zurückgelegt. Das ist nicht besonders spektakulär!

Pia:
In unserer leistungsorientierten Gesellschaft mag das wohl nicht spektakulär sein, aber es ist ein Ausdruck der hohen Kunst der Langsamkeit. Ich bin mir ziemlich sicher, dass wir ohne dieses Maßhalten die Wanderung körperlich nicht durchgehalten hätten und vor allem nicht mit so viel Freude. Nur in ganz wenigen Ausnahmefällen sind wir über unsere körperlichen Grenzen gegangen. Ganz ehrlich wird

„kilometergeiles" Qualwandern eigentlich erst nachträglich zu einem „geilen" Erlebnis, wenn alle Blessuren verheilt und alle Schmerzen vergessen sind. Im Moment ist es nur reine Folter für Körper und Geist.

Prinz:
Ich hatte aber ziemlich oft Muskelkater!

Interviewer:
Hohe Kunst der Langsamkeit?

Pia:
Eigentlich bin ich von Natur aus ein neugiergetriebener und sehr zielorientierter Mensch, was mich zu einem regelrechten Workaholic machte mit dem Motto: So schnell wie möglich ans Ziel und der Spaßfaktor spielt da absolut keine Rolle. Zu Anfang bremsten mich vor allem gepäcktechnische Schwierigkeiten aus. Kurz vor Start hatte ich eine Art Startschusspanik und war handlungslahm. Blind und zuversichtlich hatte ich die Generalprobe einfach ausfallen lassen. Später war es dann mein Zenmeisterpony, das mich streng und kompromisslos zur Langsamkeit zwang. Ich hatte ungefähr zwei Monate für unsere Wanderung angesetzt, aber als mir klar wurde dieses Zeitlimit niemals erreichen zu können, habe ich das Zeitrennen aufgegeben. Und ich begann allmählich im Moment zu sein, bei mir zu sein. Ich begann doch tatsächlich, im Fluß des Tao zu schwimmen! Alles ergab sich ganz selbstverständlich: Unterkunft, Essen, Hilfe bei Schwierigkeiten, …. Das war natürlich kein passives Dahintreiben. Ich musste aktiv die Zeichen erkennen, annehmen und dann natürlich auch entsprechend handeln.

Interviewer:
Das hört sich jetzt schon ziemlich spirituell an oder fast schon kitschig nach heiler Welt!

Pia:
Heile Welt, das hat so einen verträumt, naiv-negativen, so einen unmündigen Beigeschmack. Das Schwimmen im Fluss des Tao ist sehr aktiv und bewusst. Es erfordert Achtsamkeit, Bei-Sich-Sein und Handeln. Allerdings erfordert es auch Loslassen!

Interviewer:
Loslassen? Das ist ein abgegriffenes Schlagwort, mit dem praktisch niemand irgendetwas anfangen kann.

Pia:
Vor unserer Wanderung war ich genau so ein Niemand. Ständig wurden mir Sätze wie „Du musst ihn endlich loslassen" oder „Es hat so sein sollen" um die Ohren geschlagen. „Vergiss ihn endlich" und „Finde dich damit ab", war meine Interpretation der wahrscheinlich auch gutgemeinten Bedeutung. Im Laufe des Wanderns wurde mir allerdings allmählich bewusst, was Loslassen eigentlich meint: Loslassen heißt, in das Wirken einer höhere Ordnung zu vertrauen.

Interviewer:
Eine höhere Ordnung? Also ist Loslassen quasi nur was für religiöse Menschen?

Pia:
Nicht allen ist es bewusst, aber jeder Mensch glaubt irgendwie an irgendeine höhere Ordnung. Sei es an die Naturgesetze, die Menschheit, die Logik, an einen Gott, an ein ganz individuelles Glaubenssystem oder irgendeine andere Ordnung.

Interviewer:
Was musste denn auf ihrer Wanderung geordnet werden? Sie hatten doch sicher alles bis ins Detail durchorganisiert?

Prinz:
Vor allem die *Rudelordnung*!!! Es dauerte ewig, bis mein Rudel endlich funktionierte!!!

Pia:
Fest stand das Ziel. Um dahin zu gelangen, folgten wir mehr oder weniger strikt einer Route, die sich aus verschiedenen Fernwanderwegen zusammensetzte. Im Laufe der Zeit wurde ich immer entkrampfter und ich suchte flexibel wie Wasser unseren Weg. Hund und Mensch schliefen im Zelt, doch unser Pony war auf die Gastfreundlichkeit anderer angewiesen. Ganz zu Beginn waren wenige Übernachtungen im Voraus sehr flüchtig vereinbart worden. Alle anderen Unterkünfte ergaben sich spontan entlang des Weges. Da darf man keine Scheu haben, an Türen zu klingeln und Leute zu fragen.

Interviewer:
Wurden Ihnen Dreien denn Tür und Tor gerne geöffnet?

Pia:
Ganz ehrlich wurden wir sogar mit unserem aggressiv bellenden Schäferhund an der Leine nur sehr selten abgewiesen. Selbst Familien mit kleinen Kindern ließen uns unerschrocken in ihren Garten oder Hof.

Pengpeng:
Ganz ehrlich grauste es mir vor jedem Erstkontakt. Bei so manchem abschätzenden Blick schauderte es mich.

Pia:
Also ich war sehr berührt, wie freundlich und großzügig die meisten Menschen waren. Und auch wie viel Freude wir diesen Menschen brachten. Durch unsere bloße Anwesenheit wurden sie ein Teil

unseres Abenteuers.

Prinz:
Mich interessierten nur mein Zelt und ein gutes Fleisch zum fressen. Diese vielen Fremdrudel und Fremdreviere strengten mich total an und waren mir absolut zuwider. Ich wartete immer auf den Moment, an dem ich endlich in unserer Schlafhöhle verschwinden konnte, an dem ich endlich meine Ruhe hatte.

Pia:
Wir waren bei insgesamt 78 verschiedenen Gastgebern. Dabei waren nur sehr wenige, die uns etwas widerwillig aus einer Art Pflichtbewusstsein heraus aufnahmen und nicht weiter an uns interessiert waren.

Pengpeng:
Wenn dann aber ein annehmbarer Platz für mich gefunden war, fand ich es spannend alles genau zu erkunden. Am meisten freute ich mich über Gesellschaft aller Art und ich genoss es Geschichten zuhören oder meine eigenen zu erzählen.

Interviewer:
Wie wurde die gemischte Wandergruppe überhaupt mit Futter- und Lebensmittel versorgt?

Prinz:
Manchmal war es ziemlich knapp mit dem Futter. Manchmal gab es nur langweiliges, manchmal sogar widerliches Trockenzeugs. Manchmal hatte ich sogar richtig Hunger! Aber das war nur manchmal. Meistens funktionierte der Zauberstab und unsere *Rudelführung* zauberte mir ganz unterschiedliche Köstlichkeiten aus Dosenfleisch, Frischfleisch oder ganz andersartigen Sachen. Ich durfte alles kosten!

Pengpeng:
Bei der Futtersuche war ich meistens ganz auf mich allein gestellt. Also fraß ich, sobald mir was Geeignetes vor die Nüstern kam. Ich hatte ja keine Ahnung, ob und wann was auf mich wartete. Andererseits gefiel es mir unabhängig zu sein und selbst zu entscheiden was ich wo und wann fresse. Ich konnte mir ganz gezielt genau die Gräser und Kräuter aussuchen, die ich gerade am liebsten mochte.

Prinz:
Ja der Peng ist ein richtiger Kräutermeister! Wie oft habe ich mir gewünscht, auch nur Gras zu fressen! Wie oft hab ich es probiert, um auch unabhängig zu sein! Echt schade, das Zeug ließ sich nur ganz schlecht runterwürgen!

Pia:
Unsere Grundausstattung waren belastbare Lebensmittel und zwei Wasserflaschen, die ich in einer Fahrradgepäcktasche auf unserem Pony verstaute. Das Dosenfutter für den Hund kam in meinen Rucksack. Meistens wurden die Einkäufe von unserem Nachtquartier aus erledigt und sehr oft mit Hilfe von den dortigen Gastgebern oder anderen Freiwilligen. In der Regel versorgten mich an unserer Station die Hausfrauen und -herren und manchmal sogar die ganze Nachbarschaft mit leckerem Essen. Für den Hund fiel dabei auch ab und zu was ab. Sehr oft wurde mir noch Proviant beim Abmarsch zugesteckt. Selbst unterwegs rannten Leute aus ihren Häusern, um mindestens einem von uns was Essbares zu bringen. Natürlich gab es auch seltene Zeiten, zu denen wir nur noch an einer kargen Notration knabberten. Bei all der Großzügigkeit überraschte mich der abschließende Kassensturz von 1200 € für die komplette Wanderung. Das ergab einen durchschnittlichen Tagesverbrauch von knapp 10,50 €. Die gesamten Sonderkosten für Unterkunft mit 85 €, Pferdehängerfahrten mit 150 €, Tierarzt 40 € und Sattlerin mit 80 € fielen dabei nicht wirklich ins Gewicht.

Pengpeng:
Das kann doch wohl nur am vielen Hundefutter liegen!

Interviewer:
Gab es denn bei ihrem Wandertempo auch körperliche Auswirkungen?

Prinz:
Also ich hatte vom vielen hin und her und hoch und runter rennen ziemlich oft Muskelkater!

Pia:
Tatsächlich hatte jeder von uns einmal unabhängig von unserem Wandertempo mit einem akuten Problem zu kämpfen, das uns jeweils zu einer längeren Genesungspause zwang. Peng hatte von einem drückenden Sattel einen geschwollen Rücken, Prinz hatte von mehreren Hitzeschlägen eine schlimme Erkältung und ich hatte von meinen orthopädischen Schuheinlagen aufgeschnittene Fußsohlen. Für den Hund war das viele Laufen dagegen ganz positiv eine nachhaltige Rosskur. Seine arthritische Schulter und sein gereizter Darm funktionierten wieder reibungslos.

Prinz:
Rudelliegen fand ich aber auch ganz schön!

Pia:
Leider waren meine gesundheitlichen Verbesserungen nur kurzzeitig. Solange ich wanderte, hielten sich die Migräneattacken weitgehend zurück und selbst der beim Laufen scharf krampfende Schulterbereich verzog sich nach fast zwei Monaten. Im Nachhinein betrachtet kann ich nur immer wieder ungläubig den Kopf über mich selbst schütteln. Wie ich, die ich mehrfach pro Woche komplett von Migräneattacken außer Gefecht gesetzt wurde, nicht einmal einen

zaghaften Gedanken an meine Wandertauglichkeit verschwendet hatte. Gesundheitliche Verschlechterungen durch das Wandern waren zum Glück auch nicht dauerhaft. Ein halbes Jahr nach Wanderschluss wurden meine tauben Füße wieder empfindsam.

Interviewer:
Wollte einer von Ihnen die Wanderung zu irgendeinem Zeitpunkt vorzeitig abbrechen?

Pengpeng:
Ich denke, unser Zivilisationshund hatte öfters so seine Probleme mit unserem wilden Leben. Aber wir zwei anderen sind fürs Wandern gemacht!

Pia:
Nach knapp einem Monat wollte ich nicht das Wandern an sich, aber das Wandern mit *dauerkläffendem* Hund aufgeben. Ich wusste zwar von Prinz und seiner *Pferdeankläfferei*, aber ich rechnete nicht mit seiner Ausdauer. Mir gingen nicht nur die Nerven aus, ich hatte wirklich Angst, dass Prinz vor Überanstrengung tot umfällt. Nachdem ich einige gute Ratschläge von einem pensionierten Schäfer bekommen hatte und sowieso keiner zu Hause Zeit hatte, um den Hund abzuholen, blieb Prinz im Wanderteam. Und nach einem weiteren Monat beschränkte der Hund sein Kläffen tatsächlich nur noch auf die Sattelpackzeit und er wurde insgesamt ruhiger.

Prinz:
Ich war aber nicht der Einzige, der ruhiger wurde! Und jajaja, wirklich aufgeben wollte ich nie, aber so ein richtiges Zuhause habe ich schon oft vermisst, sehr oft.

Interviewer:
Wie lief es denn mit der Gruppenharmonie?

Pengpeng:
Am Anfang harmonierte nur das Frauen- und Hundegekreisch, sehr ausdauernd! Doch irgendwann beruhigten sich die zwei Sturköpfe und dann waren wir ein fröhliches und funktionierendes Team. Jeder schaute nach dem anderen! Jeder erledigte seinen Job: Prinz sicherte uns gegen Angreifer, Pia führte und versorgte und ich trug alle Last.

Pia:
Ja, unser Pengpeng war wirklich unglaublich! Er ruhte meisterhaft in seiner Mitte und trug zu all dem Gepäck auch noch unseren psychischen Ballast. Er ist so fröhlich und unkompliziert.

Prinz:
Ja, der Peng ist ein klasse Typ! Sehr fürsorglich! Ein echter Freund! Und der Peng hat absolut keine Scheu vor Fremdkontakten! Ein echter Wanderer! Er hat immer Lust auf was Neues!

Pengpeng:
Ich bewunderte die endlose Energie von Prinz! Wau, ein enormes Kraft- und Energiepaket von Hund! Leider hatte er so einen Dickschädel, da ging einfach nichts rein. Ja und meine Strickführerin, die war so unglaublich flexibel! Sie fand überall irgendeine Möglichkeit! Sie hat so eine gewissenhafte Fürsorglichkeit und strenges Durchhaltevermögen. Wir konnten ihr absolut vertrauen!

Prinz:
Ja, die *Rudelführung* war zuverlässig! Und ich mochte, wie sie lachte!

Interviewer:
Was war Ihre schönste Wandererfahrung?

Alle drei im Chor:
Das Wandern!!!

Prinz:
Und das *Rudelliegen*!

Pengpeng:
Kräuter sammeln und sich immer wieder überraschen lassen, gehören natürlich dazu!

Pia:
Einfach nur wandern! Einfach die Freiheit nur im Moment zu leben! Einfach nur die Kraft der Natur spüren!

Interviewer:
Haben Sie sich durch die Wanderung verändert?

Prinz:
Ich habe mich verwandelt! Aus einem kleinen Knappen wurde ich zum edlen Ritter! Mir wurde ein Leben geschenkt! Plötzlich musste ich mich bewähren. Ich hatte Aufgaben, hatte Konfrontationen. Ich konnte endlich an etwas reifen! Ich konnte endlich mein Ding machen! Ich bin jetzt viel ruhiger! Alle sagen, dass ich jetzt ein ganz anderer Hund bin!!!

Peng:
Ich bin der Gleiche geblieben. Hmmmm, vielleicht bin ich jetzt erfahrener und noch offener.

Pia:
Nein, ich habe mich auch nicht verändert! Die Wanderung hat mich nur von äußeren Zwängen befreit. Und sie hat mir gezeigt, dass die Zahnräder des Universums tatsächlich funktionieren können. Ansonsten blieb mein Leben nach wie vor unklar! Allerdings hat die Wanderung das Verhältnis zwischen mir und meinen Eltern verändert! Es ist leichter für mich geworden, leichter anders zu sein!

Interviewer:
Wie ging Ihr Leben nach dieser Reise weiter?

Pengpeng:
Nie hätte ich gedacht, dass ich so schlecht landen werde! Schreckliche Ställe, schreckliche Menschen, schreckliche Pferde! Ich wurde von Pia von Stall zu Stall geschleppt! Jedes Mal mit dem Versprechen, dass alles besser werden würde! Und jedes Mal war mindestens eine Sache schrecklich, manchmal sogar alle drei gleichzeitig! Alles ganz unerträglich! In den ersten Ställen war ich eingesperrt. Ich konnte mich überhaupt nicht bewegen! In anderen Ställen herrschte absolutes Herdenchaos! Ich musste um mein Leben fürchten! Natürlich war ich unglücklich und das alles machte mich krank! Ziemlich schnell entwickelten sich an meiner Brust zwischen den Vorderbeinen massig Sarkoide (warzenartige Hauttumore). Ich konnte nicht mehr frei traben oder galoppieren, immer tat irgendwas irgendwo weh. Oft verschmierte klebriges Kotwasser meine Hinterbeine. Und damit nicht genug, jeden Winter kitzelten mich Milliarden von Haarlingen in den Wahnsinn. Und all das, obwohl ich nicht einmal an das kleine Mädchen verschenkt wurde, sondern bei Pia bleiben durfte!

ICH WILL WIEDER ZURÜCK ZU MEINER HERDE NACH SCHENKENHORST!

Momentan passt der Stall. Und nachdem Pele, ein Pferdeheiler, mehrmals an mir rumgedrückt hat, geht es mir langsam besser. Jetzt warte ich nur noch auf den versprochenen Freund! Ich muss mich wohl wie immer überraschen lassen, mir bleibt ja nichts anderes übrig!

Prinz:
Am Anfang war alles gut! Ich hatte ALLES! Ich war froh und zufrieden wieder zu Hause beim ganzen Rudel zu sein UND jeden Morgen mit Pengeng und Pia zu wandern UND endlich ordentlich

Frischfleisch zu fressen! Ziemlich schnell war alles vorbei! Mein Rudel und mein Herz brachen auseinander! Pia ging mit dem Pony fort, SEHR WEIT FORT! Ich wurde traurig, sehr traurig! Ab und zu konnte ich die beiden besuchen. Aber das war mir nicht genug! Mein Herz wurde krank und irgendwann konnte ich auch nicht mehr richtig schlucken. Mir ging es gar nicht gut! Irgendwann als ich fest schlief und der Tierarzt nur einen schlechten Zahn ziehen sollte, wurde der Wucherkrebs an meinen Mandeln entdeckt. Man ließ mich nicht mehr aufwachen und schickte mich gleich weiter in die andere Welt.

Pia:
Mein Buchprojekt „Der Prinz und sein Schimmel" war das Einzige, was nach unserer Wanderung ganz klar vor mir lag! Allerdings war die Durchführung eine sehr anstrengende und langwierige Odyssee durch Deutschland, Österreich und vor allem durch tiefe Abgründe der menschlichen Seelen. Ich suchte NUR einen ruhigen Ort, wo ich Disziplin und Kreativität für das Schreiben aufbringen und gleichzeitig mein Pony und mich durch Stallarbeiten versorgen konnte. Zu Hause bei den Eltern fehlte meine Disziplin! Nach wenigen Monaten brach ich wieder mit meinem Pony auf. Wie wohl allen schon immer klar war, konnte ich mich von meinem Peng nicht trennen. Zuerst nach Vorarlberg, dann ins Allgäu und nach Tirol, in die Eifel, auf die Schwäbische Alb. Überall wurde ich mutwillig in tiefe Gewissenskonflikte gestürzt, überall wartete die gleiche Lebenslektion auf mich: Freiheit! Zuletzt nach vier Jahren und nur fünfeinhalb geschriebenen Kapiteln blieben die Eltern im Schwarzwald meine letzte und einzige Zuflucht um mein Buch endlich zu beenden.

Interviewer:
Möchten Sie noch abschließend irgendetwas sagen?

Alle drei im Chor:
Wahnsinn, wir sind doch TATSÄCHLICH fast vier Monate lang einfach so durch Deutschland gewandert!

Ich möchte mich bei ALLEN - wie auch immer - Beteiligten ganz herzlich für ihren Mut, Interesse, Mitgefühl, Großzügigkeit, Gastfreundlichkeit, Herzlichkeit, Zeit und Hilfe bedanken.

DANKE FÜR EIN UNGLAUBLICHES WANDERABENTEUER!

Ganz besonderen Dank gilt meinen lieben Eltern für ihr wertfreies Verständnis und ihre geduldige Unterstützung bei diesem *langwidrigen* Buchschreiben.

Für die behutsame emotionale und fachliche Unterstützung meines *Schreiberseelchens* bedanke ich mich herzlichst bei meiner Lektorin Claudia Perc und meinem Mentor Hans-Peter Burkard.

Anhang

Packliste

Fürs Gepäck:
Packtaschen aus festem Material ohne Versteifung
Spanngurte zum Verschnallen des Gepäcks
3-Mannzelt (für Hund, Mensch und Gepäck)
Wanderreitzaun
Wanderkarten
Kompass
Wäscheleine aus Baumwolle (2 x 40 m)
Taschenlampe
Taschenmesser
Kugelschreiber
Papier
Streichhölzer/Feuerzeug
Teelicht
Feste Schnur
Nadel und Faden
Regenschutz fürs Gepäck (z.B. Regencape)
Fotoapparat
Wanderkarten

Fürs Pferd:
Salzleckstein
Hufkratzer
Putzzeug
Nylonhalfter mit Namen und Telefonnummer eingestickt
Pferdepass
Ohrenkappe gegen Fliegen (insbesondere Kribbelmücken)
Strick
Langer Strick oder Longe

Für den Hund:
Napf
Wasservorrat (2 X 1,5 l Plastikflaschen)
Trockenfutter als Sicherheitsration
Bürste
Decke
Anti-Zeckenmittel
Impfpass
Hundegeschirr mit eingesticktem Namen und Telefonnummer

Für den Menschen:
Zahnbürste, Zahnpasta
Kamm/Bürste
Kombi-Haar/Körpershampoo (auch zum Wäschewaschen)
Kleines Handtuch
Antimücken-und -zeckenmittel
Isomatte
Warmer Schlafsack
Feuchte Tücher
Nüsse und Trockenfrüchte (besonders Rosinen) als Energiefutter
Salziges Knabberzeug für den Salzhaushalt
Bankkarte
Personalausweis
Versichertenkarte
Klopapier
Instantgetränk (z.B. Tee als Durstlöscher)
Nagelschere/Nagelknipser
Sicherheitsnadel
Zahnstocher/Zahnseide
Instantgemüsebrühe
Regencape
Warme Kleidung (auch im Sommer!)

Halstuch
Regenjacke
Lederfett für die Schuhe
Sonnencreme
Wandersocken
Sonnenhut/Baseballkappe

Für die Wander-/Reiseapotheke:
Desinfektionsmittel
Bachblüten: Rescue-Tropfen
Homöopathisch D12:
    Arnica (stumpfe Verletzungen z.B. Prellungen)
    Apis (Insektenstiche)
    Euphrasia (Bindehautentzündung)
    Ledum (tiefe Wunden, Tierbisse)
    Belladonna (Sonnenbrand, Sonnenstich, Entzündungen)
    Nux vomica (Stress, beruhigt Magen und Nerven)
Pinzette
Schere
Pflaster in verschiedenen Größen
Notfallverbandstasche
Melkfett mit Ringelblumenextrakt
Sterile Kochsalzlösung zum Spülen (Wunden, Auge)
Obstessig gegen Juckreiz
Teebaumöl